U0578383

批发市场主导模式下

生鲜蔬菜流通效率评价

及提升路径研究

张磊 王娜◎著

本书得到教育部人文社会科学研究青年基金项目(18YJCZH237)、国家自然科学基金青年科学基金项目（71903080）、山东省本科教学改革研究项目（M2021311）资助

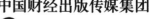

中国财经出版传媒集团

经济科学出版社
Economic Science Press

图书在版编目（CIP）数据

批发市场主导模式下生鲜蔬菜流通效率评价及提升路
径研究/张磊，王娜著．－－北京：经济科学出版社，
2022.5
ISBN 978－7－5218－3686－8

Ⅰ．①批…　Ⅱ．①张…②王…　Ⅲ．①蔬菜－商品流
通－研究－中国　Ⅳ．①F724.723

中国版本图书馆 CIP 数据核字（2022）第 083214 号

责任编辑：于　源　李　林
责任校对：李　建
责任印制：范　艳

批发市场主导模式下生鲜蔬菜流通效率评价及提升路径研究

Pifa Shichang Zhudao Moshixia Shengxian Shucai Liutong

Xiaolü Pingjia Ji Tisheng Lujing Yanjiu

张　磊　王　娜　著

经济科学出版社出版、发行　新华书店经销

社址：北京市海淀区阜成路甲 28 号　邮编：100142

总编部电话：010－88191217　发行部电话：010－88191522

网址：www.esp.com.cn

电子邮箱：esp@ esp.com.cn

天猫网店：经济科学出版社旗舰店

网址：http://jjkxcbs.tmall.com

北京密兴印刷有限公司印装

710×1000　16 开　13.75 印张　240000 字

2022 年 5 月第 1 版　2022 年 5 月第 1 次印刷

ISBN 978－7－5218－3686－8　定价：58.00 元

（图书出现印装问题，本社负责调换。电话：010－88191510）

（版权所有　侵权必究　打击盗版　举报热线：010－88191661

QQ：2242791300　营销中心电话：010－88191537

电子邮箱：dbts@ esp.com.cn）

前　言

　　"菜篮子"工程是重大民生工程，如何保障"菜篮子"产品供给安全已成为我国政界和学界高度重视的议题。蔬菜是城乡居民日常生活必需的副食品，随着蔬菜生产技术的不断发展及物流技术的不断改善，蔬菜流通格局实现了由区域性、短距离流通向全国性跨区域、远距离流通的巨大转变。目前，我国已基本形成了批发市场主导、物流配送中心或加工企业主导和电商主导等多种模式并存的生鲜蔬菜流通格局。据统计，70%左右的生鲜蔬菜都要经由批发环节进入各类零售终端，目前发展较为迅速的"农超对接"、生鲜电商等模式，其经营的相当数量生鲜蔬菜仍需从批发市场采购，以补品种、数量、品牌之缺。在全国性跨区域、远距离的大流通背景下，由批发市场、批发主体及各类支撑要素构成的生鲜蔬菜批发体系为克服我国小生产与大市场之间的矛盾发挥了不可替代的作用，其效率的提升对于增加农民收入、促进民生改善、推进产销对接、助力乡村振兴具有极其重要的意义。在新冠肺炎疫情肆虐期间，农产品批发市场充分发挥了蓄水池和调节器的作用，成为农产品保供稳价、解决卖难问题的重要渠道。

　　在批发市场主导模式下，生鲜蔬菜依次经历蔬菜收购、产地批发、销地批发、零售终端（农贸市场、超市等），最终到达消费者手中，具有流经环节多、渠道长、环节间连接不紧密、交易活动松散、交易主体组织化程度低等特点。但是近些年蔬菜质量安全问题突显，"最前一公里""最后一公里"及价格变动频繁、大涨大跌等问题交替出现，这与批发市场主导模式下蔬菜流通中存在的诸如流通主体规模小、交易方式单一、流通设施和技术落后、损耗率居高不下、流通费用高等问题都有着密切的关系，成为阻碍现代农业高质量发展的羁绊，这既有来自批发市场、批发主体以及支撑要素等不同层面的单方原因，也有来自批发体系各构成要素之间以及与上下游相关主体间协同程度的深层原因。这些问题的存在不仅阻碍了蔬菜流通的发展，也影响了我国农业乃至国民经济的进一步发展，同时，以上问题的存在也从不同侧面反映出我国生鲜蔬菜流通效率尚有较大的提升空间。因此，我们必须对该模式下的流通效率进行全面审视和综合考量，拓宽流通效率内涵的深度和广度，再谈治理之道。那么，生鲜农产品流通效率如何界定，当前批发市场主导模式下的农产品流通效率如何测度和评价，影响因素有哪些，作用机理是怎样的，如何提升农产品流通效率，这一系列问题的提出和解决倍显基础且重要。

本书的研究特色及可能的创新之处包括：(1) 提出对生鲜蔬菜流通效率进行多维测度，通过拓宽研究视域实现效率的多维度考察。通过打开蔬菜批发过程的"黑箱"，构建一套多维测度方案，借助该测度方案既可以鸟瞰蔬菜批发体系的整体运行态势，又可以洞察各类市场间的整合情况以及各类流通主体的运营绩效，形成对批发市场主导模式下蔬菜流通效率整体性把握和全局性认识，在一定程度上弥补单一视角下效率测度的缺陷。(2) 生鲜蔬菜批发一端连着农民，一端连着市民，在大流通背景下，研究这一兜底性民生课题正切合了质量变革、效率变革和治理现代化要求。当下，生鲜蔬菜批发体系在流通产业中处于中心地位的格局短期内不会改变，必须将效率提升作为批发体系建设的重要目标。对于这个"难以廓清边界"的独特产业来说，只有对多主体、多市场、多区域进行资源整合、体系搭建以及协同推进，做到既维护市场秩序又保证主体利益，才能从根本上解决积习已久的农产品流通之困，推动生鲜农产品批发体系建设更好地融入国家公共服务发展战略。(3) 对批发市场主导模式下蔬菜流通效率进行多维测度时，采用 DEA 分析方法，计量经济的随机前沿分析模型 (SFA)、Tobit 模型、协整模型，问卷调查与统计分析以及典型商户访谈与案例分析等组合方法，利用年鉴、信息平台以及详实的田野调查数据，从整体到局部再到具体进行分层逐项测度，定量与定性相结合，逐步深入、全面系统，在研究方法应用方面具有探索性。

本书在研究与写作过程中借鉴了众多学者的相关研究成果，这些研究成果对本书的顺利完成是不可或缺的，在此表示衷心的感谢。同时，在本书的调研过程中，北京市新发地农产品批发市场、寿光农产品物流园有限公司、鲁南蔬菜批发市场、上海市江桥批发市场、上海市中山副食品批发市场、上海市江杨农产品批发市场、上海鼎俊食品有限公司等单位的相关负责人提供了许多有价值的信息和资料，在此深表感谢。此外，作者调查了山东省济南市、青岛市、烟台市和潍坊市的若干消费者，在此向参与调研的鲁东大学在校学生及配合调查的消费者表示感谢。最后，感谢经济科学出版社于海汛副社长和编辑们的大力支持。

作　者

2022 年 1 月 20 日

目录
Contents

第一章

导 论

党的十九大提出，以供给侧结构性改革为主线，推动经济发展质量变革、效率变革、动力变革。其中效率变革，就是要排查并治理高速增长背后被隐藏和忽视的低效率因素。在当前供给侧结构性改革的大背景下，我国农业迎来了发展的转折点，蔬菜流通效率的提高对于增加菜农收入、促进民生改善、构建现代化蔬菜流通体系具有重要的意义。

第一节 研究背景与意义

一、研究背景

流通业在国民经济中起着基础性、先导性、战略性作用，习近平总书记在 2020 年中央财经委员会第八次会议中指出，必须把建设现代流通体系作为一项重要战略任务来抓。① 农产品流通产业作为现代经济体系的重要组成部分，发挥着"连接供需、连接城乡、引导生产、引导消费"的重要功能。目前，我国已基本形成了批发市场主导、物流配送中心或加工企业主导和电商主导等多种模式并存的农产品流通格局。目前发展较为迅速的"农超对接"、生鲜电商等模式，其经营的相当数量生鲜农产品仍需从批发市场采购，以补充品种、数量、品牌的缺失。在新冠肺炎疫情肆虐期间，农产品批发市场充分发挥了蓄水池和调节器的作用，成为农产品保供稳价、解决卖难问题的重要渠道。可以说，农产品批发市场在我国农产品市场体系中处于中心地

---

① 习近平主持召开中央财经委员会第八次会议［OE］.新华网，2020 - 09 - 09.

位的格局，短期内不会改变。在全国性跨区域、远距离的大流通背景下，由批发市场、批发主体及各类支撑要素构成的生鲜农产品批发体系为克服我国小生产与大市场之间的矛盾发挥了不可替代的作用，其效率的提升对于增加农民收入、促进民生改善、推进产销对接、助力乡村振兴具有极其重要的意义，特别是对于易腐性、季节性和地域性极强的生鲜农产品更是如此。

蔬菜是城乡居民日常生活必需的副食品，随着蔬菜生产技术的不断发展及物流技术的不断改善，蔬菜流通格局实现了由区域性、短距离流通向全国性跨区域、远距离流通的巨大转变。目前，生鲜蔬菜流通主要存在四种模式：批发市场主导模式、合作经济组织主导模式、"农超对接"模式以及电子商务模式，其中批发市场主导模式这种传统流通模式是蔬菜流通中占比最大的一种模式。据统计，我国大中城市生鲜蔬菜供应的70%左右都要通过批发这一环节进入各类零售终端。在该模式下，生鲜蔬菜依次经历蔬菜收购、产地批发、销地批发、零售终端（农贸市场、超市等），最终到达消费者手中，具有流经环节多、渠道长、环节间连接不紧密、交易活动松散、交易主体组织化程度低等特点。但是近些年蔬菜质量安全问题突显，"最前一公里""最后一公里"及价格变动频繁、大涨大跌等问题交替出现，这与批发市场主导模式下蔬菜流通中存在的诸如流通主体规模小、交易方式单一、流通设施和技术落后、损耗率居高不下、流通费用高等问题都有着密切的关系，成为阻碍现代农业高质量发展的羁绊，这既有来自批发市场、批发主体以及支撑要素等不同层面的单方原因，也有来自批发体系各构成要素之间以及与上下游相关主体间协同程度的深层原因。这些问题的存在不仅阻碍了蔬菜流通的发展，也影响了我国农业乃至国民经济的进一步发展，同时，以上问题的存在也从不同侧面反映出我国生鲜蔬菜流通效率尚有较大的提升空间。因此，我们必须对该模式下的流通效率进行全面审视和综合考量，拓宽流通效率内涵的深度和广度，再谈治理之道。那么，生鲜农产品流通效率如何界定，当前批发市场主导模式下的农产品流通效率如何测度和评价，影响因素有哪些，作用机理是怎样的，如何提升农产品流通效率，这一系列问题的提出和解决具有一定的基础性、重要性。

二、研究意义

梳理相关文献发现，农产品流通综合效率评价研究是研究热点。实际上，不同类别农产品、不同流通模式或不同流通节点的流通效率评价往往存在较大差异，如何对其进行理论创新将是未来农产品流通效率研究的一个方向。学者们虽然对农产品批发渠道、产业组织、主体及其利益协调、制度等各个领域进行了深入研究，且大多数的研究目标最终都是指向效率的提高，但对农产品批发体系流通效率进行有针对性研究仍然较少，特别是针对生鲜蔬菜批发体系流通效率的系统研究更是少见。因此，有必要在整合现有研究成果基础上，对我国生鲜蔬菜批发体系流通效率进行综合研究，解释和解决现存的主要问题和矛盾，在当下有着重要的理论和实践意义。

（一）本项目研究的理论价值

从理论上探索生鲜蔬菜流通效率的内涵和外延及批发市场主导模式下流通效率的评价指标体系，将蔬菜流通过程中与流通效率相关的多维因素贯穿起来进行综合研究，形成一个较为全面的批发市场主导模式下生鲜蔬菜流通效率的定性和定量相结合的分析框架，进一步丰富我国农产品流通效率评价及提升的理论体系，同时，系统梳理地缘相近、文化相似的发达国家和地区的蔬菜流通管理制度、支持政策及其调整路径，为推动我国蔬菜流通体系高质量发展提供理论支撑。

（二）本项目研究的实际应用价值

运用本项目建立的分析框架，对我国批发市场主导模式下蔬菜流通效率进行测度，通过对流通体系的有机分解，梳理出蔬菜流通全产业链条中影响流通效率的主要因素，进而分析各因素对流通效率影响方向、程度和作用机理，并有针对性地设计蔬菜流通效率提升路径，为政府解决蔬菜市场失灵问题提供决策依据。

第二节　国内外研究现状及发展动态分析

一、关于农产品批发体系研究的学术史梳理

（一）国外研究现状

发达国家市场经济确立较早，关于流通效率的研究成果丰富，研究方法呈现出跨学科、跨领域的特点。但是专门针对农产品批发方面的研究相

对较少，一则与国外农产品流通渠道与模式已趋于成熟有关。二则国外的农产品批发市场多半都是政府牵头兴建的，具有公益属性，并且批发市场的运作与制度相对比较健全。因此国外学者对农产品流通问题的研究主要是基于合作组织、物流运输、供应链管理、追溯系统等层面开展。

1. 关于流通效率概念的研究

在国外众多相关研究中，流通效率被赋予了多种内涵。弗雷德·克拉克（Fred E. Clark，1921）提出，可以通过利润高低和成本大小来衡量流通效率即单个企业视角，也可以综合考察流通服务水平和服务成本对流通效率进行研究即社会公众视角。谢帕德（Shepherd，1963）指出：流通效率＝流通产品的总价值/流通总成本×100%。数值越大，效率越高。劳泽等（Rauser et al.，1987）研究认为食品营销系统的效率分析可以对子系统进行分析，例如加工厂、物流系统等；也可以对组织结构如组织制度、流通系统运行的政策限制等进行分析。埃利亚斯（Elias，1981）在研究孟加拉国蔬菜流通效率时，将中间商的运销成本和差价考虑进来，认为农产品生产与零售价格的差价是"评价流通效率的另一种措施"。安德森和达尔马万（A. Angelsen and A. Darmwan，2001）提出，可通过流通差价率和市场一体化程度来评价流通效率。安吉洛（Anrooy，2003）认为，流通效率（Marketing Efficiency）指资源的有效配置，达到最大可能的消费者满意度，影响流通效率的因素包括市场控制力、外部性和信息可获得性。

2. 关于农产品营销渠道与绩效评价的研究

国外关于农产品营销渠道研究可大致分为三个方向：一是结构范式，注重研究农产品营销渠道效益和效率。韦尔德（Weld，1916）在农产品营销渠道的效益和效率问题上做出了开拓性的研究，认为中间商的分工和专业化程度越高，越有利于提高农产品营销渠道的效率。布雷耶（Breyer，1924）结合心理学、社会心理学观点，提出了一种系统导向方法来描述和量化营销渠道管理。奥尔德逊（Alderson W.，1957）则把经济效率标准看作是影响营销渠道设计和演进的主要因素。阿南蒂娅（Anantia，2008）通过分析发现生产者从消费者支付的价格中获取的份额取决于不同的营销渠道，平均而言，对于蔬菜和水果生产者从流通环节获取的份额在33%～75%。希玛·巴特拉（Seema Bathla，2015）以哈里亚纳邦的380户农户为例对比分析了3种农产品营销渠道：将农产品卖给乡村商人、卖给批发商和卖给有组织的生鲜食品连锁店（零售连锁店），结果显示，与零售连锁店签订销售合同的农户比选择其他销售渠道的农户每千克至少多获得

1～1.5 卢比（100 印度卢比约合 9.83 元人民币，2016）。二是行为范式和关系范式，关注农产品营销渠道各成员间的行为和关系。斯特恩（Stern L. W，1969；1992）认为，分工和专业化使渠道成员间的依赖和合作更为紧密，也使承诺和契约在调节彼此行为和关系中的作用愈加重要，并认为应从效果（Effectiveness）、公平（Equity）和效率（Efficiency）（简称"3E"）三个角度来衡量流通渠道，其中，效果包括可及性（Delivery）和激励（Stimulation），效率则表现为生产力（Productivity）和获利能力（Profitability）。海德（J. B. Heide，1992）进一步强调了渠道成员间建立联盟关系对维持彼此渠道关系的重要性，并指出对渠道关系进行专用性投资有助于提高营销渠道的整体绩效，同时还提到了农产品营销渠道冲突问题。罗斯和萨哈姆（G. M Rose and A Shoham，2014）认为，情感冲突和任务冲突是对渠道绩效都有影响的两种基本类型的渠道冲突。三是行为和关系范式的融合，着重研究农产品营销渠道一体化。科尔士（Kohls R. L，1940；1955）较早就指出，农产品流通渠道的纵向一体化存在一定的潜在优势，但也会面临相应的管理、协调问题。后来的一些学者（Alderson W，1996；Stern L. W，2011；McCmmon B. C，2015；W. J. Abernathy，2017）认为，渠道权力水平差异大、彼此间依赖关系紧密是流通渠道实现纵向一体化的必要基础，一旦既有的内部利益和权力结构失衡，或者上述基础发生严重动摇，则会有新型的流通渠道产生。

3. 关于农产品供应链管理与流通效率的研究

20 世纪 80 年代以来，"供应链"（Supply Chain）理念逐渐被众多企业、管理者所接受并广泛应用（M. E. Porter，1985；M. Christopher，1992），各种关于供应链管理（Supply Chain Management，SCM）的研究大量涌现，这一理念的深入研究和推广应用已经对企业管理、物流及流通业产生了巨大影响，可称其为"一场某种意义上的变革"。从 20 世纪 90 年代起，这一理念被许多学者引入到农业及农产品流通领域，这便是农产品供应链管理问题。奥登等（M. D. Ouden et al.，1996）认为，农产品供应链是农产品流通组织为提升农产品营销渠道整体绩效所实施的垂直一体化协调模式。关于农产品供应链管理的研究主要涉及参与主体间的关系及其协调、供应链管理成本与绩效、供应链整合几个方面。关于供应链成员（流通主体）间的关系，弗兰茨等（S. D Franks et al.，1992）通过对美国食品工业供应链垂直协调问题的研究，指出垂直协调对降低食品供应链（Food Supply Chain）交易成本起着关键作用；克里本斯坦等（Kliebenstein

J. B et al., 1995）则以美国猪肉供应链为对象，探讨了其中的垂直协调问题，并指出所有权的整合及各种契约协议的达成、签订和履行是垂直协调活动的核心内容，而提高参与主体的竞争能力才是协调与合作的根本目的。克拉里斯等（C Lages et al.，2005）提出，信息共享、沟通质量、长期的关系定位和满意度，是决定供应链参与主体间关系是否稳定的四类决定因素。关于供应链管理成本与绩效，卡里奎利（M. A Carriquiry，2004）认为，为保证农产品市场畅通无阻，可以对农产品流通进行供应链管理，以便降低流通成本，提高流通效率，其中的关键因素便在于市场规模、专业化和管理技术。戈兰等（Golan et al.，2004）详细分析了美国牛肉流通过程中可追溯系统的成本问题，并指出这一成本包括：供应链管理成本、食品质量安全控制成本、产品差异化管理成本。张圣佑和切瑞·克莱因（Wooseung Jang and Cerry M. Klein，2011）在他们的研究中开发了专门面向小农户的农产品供应链模型：B2C 和 B2B，B2C 是农民在零售市场直接面对消费者的形式，而 B2B 主要表现为通过农民专业合作社来进行交易；威勒森尼等（Wilasinee et al.，2010）对泰国两个大米的供应链进行了研究，认为高生产成本和物流成本是泰国大米供应链中的薄弱环节，并为米厂优化了采购模型以降低成本，并为模型设计了可追溯系统；菲茨·邦达哈瑞等（Fethi Boudahri et al.，2013）以现实中的一个家禽产品供应链为例研究了易腐产品的供应链，并设计了一个基于聚类分析的位置路由模型，这种模型可以最大限度地减少农业食品供应链的经济和生态成本；钱德拉塞卡等（Chandrasekhara N Rao et al.，2015）认为，印度的农业食品供应链正处于快速转型期，他们对印度农业经济新供应链进行了综述研究，并得出结论：通过直接向超市出售，农民可以获得更高的回报，然而当前政府支持的小生产企业由于基础设施和资金等限制并不能将小农户连接到现代供应链上来，政府应通过对物流配送中心、冷库及设施的投资加强对超市直接采购的支持，还可以通过增值税免税等优惠鼓励合作社向超市出售；法蒂玛·穆罕默德·阿尔沙德（Fatimah Mohamed Arshad，2015）认为，在 20 世纪 90 年代中后期，一些跨国零售连锁超市在马来西亚开业，马来西亚形成了新型的供应链，农户应随着农业结构的转换提高自己的议价等能力，来参与到新型的供应链结构中来。关于农产品供应链整合，有学者认为，农产品独特的自然属性与特殊的市场需求，是促进既有农产品供应链重新整合并提高其流通效率和农产品价值的源动力（Den Quded，2014）；同时，如何通过在供应链成员间建立稳定的联盟与合作关系，进而实现农产品供应链上下游间的合作，也是提高农产品流通效率的关键（A Fearne，2016）。

4. 关于流通效率评价方法的研究

国外学者对商品流通效率实证测度的探讨源于对技术效率的研究。早在 20 世纪 50 年代，国外就有学者开始研究经济活动中技术效率的测度方法。法瑞尔（Farrell，1957）和勒宾森（Leibenstein，1966）分别基于投入和产出角度提出技术效率的概念和测度方法，标志着技术效率理论的产生。随着研究的不断深入，技术效率的测度大致分为两类：第一类非参数方法，包括自由可置壳法（FDH）、数据包络分析法（DEA），以及第二类参数方法，包括随机前沿法（SFA）、自由分布法（DFA）、厚前沿方法（TFA）和递归厚前沿方法（TRFA）。

也有学者认为对于流通效率，通过对流通结构进行分析是可行的，所以从产业组织的角度入手，用市场结构－市场行为－市场绩效（SCP）的分析方法分析产业绩效（Bain，1959；Stern，1977；福井清一，1995）。而另一些学者认为生产价格与零售价格的差价是评价流通效率的另一种方法（Shahiduzzaman M. Elias and Muhammad S. Hussain，2000；Delima A. Darmawan and Efendi Pasandaran，2000；Aida R. Librero and Agnes C. Rola，2000；Kumar，2002；Chahal，2002；Ziping WU，2003；Sung-wook Min，2010；Rangasamy，N.，2012；Wang，Rong－Tsu，2016）。

事实上，通过调查流通环节的价差、利润衡量流通效率的方法有非常明显的局限性[14]，并且调查样本的选择会显著影响调查结果。由于现实市场中产品价格基本能够充分反映供求，因此，流通效率的研究重点逐渐从最初价差结构研究转移为用不同市场间价格的相关程度反映市场整合研究[17]。从 1967 年 Lele 第一次使用数量经济的方法对市场整合程度进行测定至今的五十多年里，学者们一直致力于测定方法的改进[15]。目前，可用于测定市场整合程度的方法大致可分为以下几种：相关系数法、Ravallion 模型法、协整检验（Co-integration）、比价界限模型法（Parity Bounds Model）和单一价格法则模型（LOP 模型即 Law of One Price）[12][13]。这些方法都各有其优点，也存在不足之处。

5. 关于农产品流通效率影响因素及提升对策的研究

国外分析农产品流通效率致因因素和提高农产品流通效率的对策研究颇为丰富。部分学者认为，中间商的职能专业化程度（Baker M. J，2008；Carriquiry M. A，2014）、市场控制力、外部性和信息可获得性（Anrooy

R. V, 2013；Cameron，2016）是影响流通效率的主要因素。还有学者认为，消费者行为、市场情况、政府支持等因素也对流通效率的影响十分巨大（Griffith G. R, 2012；Sykuta M & James H. S, 2016；Das B., 2016）。除此之外，如何通过在供应链成员间建立稳定的联盟与合作关系，进而实现农产品供应链上下游间的合作，也是提高农产品流通效率的关键（Fearne A，2015），并且有学者提出了旨在提高流通效率、降低流通成本的农产品供应链协作策略的整合路径：市场自然形成的产业化－完全纵向一体化、合同制不完全纵向一体化－垂直协作－垂直协作与横向集聚协作的综合一体化（Wilson N，2013；Kennett J et al.，2016）。

（二）国内研究现状

改革开放以来，我国商品流通体制逐步完善，流通领域日趋活跃。学者开始从效率角度来研究流通业发展。而对农产品流通效率问题的关注始于 20 世纪 90 年代，尽管起步较晚，但随着研究的深入和具体，在借鉴国外经验的基础上，国内关于农产品流通效率研究取得了丰硕成果。

1. 关于农产品流通效率概念的研究

通常，对流通效率内涵的界定都是服务于研究对象或研究视角，因此对内涵的理解各异。许文富（1984；1990）作为较早关注农产品流通效率问题的国内学者，虽未明确提出流通效率，却对农产品运销效率做了深入研究，并开创性地将之分解为技术效率（或运营效率，operational efficiency）与定价效率（或经济效率，economic efficiency），如此思路较具操作性和可行性。吴隽文（1990）从流通力与流通效率的关系角度探讨了流通渠道的效率问题，认为由经营者、商品及流通条件共同构成的流通力是流通效率的内在因素，而流通效率则是流通力的表现形态。李辉华与何曙（2001）基于买方市场占主导的认知，将商品流通效率看作是商品在单位时间内通过流通领域所实现的价值量与流通费用之差，衡量的是流通的整体质量。宋则（2003）从时间和空间两个维度探讨了流通效能（与效率有所区别）的本质，认为流通效能在时间维度上是"减少耽搁和停顿"，在空间维度上是"优化资源配置"，并将流通效能的提高视作加快实现流通现代化的终极目标和轴心。晏维龙等（2004）则在研究城市化与商品流通的关系时，指出流通效率与流通费用成反比关系。李辉华等（2005）认为单位时间内商品流通所创造的差价利润即为流通效率。寇荣和谭向勇（2008）则在前人研究的基础上，将流通效率看成一个总括性、多维度的复合概念，是农产品流通各个环节及整体效率的总称，通过农产品流通过程中各种产出与投入的直接或间接比较来反映。陈耀庭等（2015）、张永强等（2017）认为农产品流通效率应该是流通收益与流通成本之比。

2. 关于农产品流通效率评价的研究

欧美学者构建效率评价指标大体上都是基于某个数学模型或假设，并且评价指标数量较少，这和国内学者构建的指标体系有很大区别，这也许与欧美成熟的农产品供应链体系有关。国内学者借鉴西方的效率评价方案，基于中国流通实践，设计出各种评价标准和指标体系，虽然对流通效率评价指标的设定观点不尽一致，研究思路大体一致：基于内涵界定与数据获取的可行性，认为单一指标不能精准测度流通效率高低，需要借助指标体系多维度对流通效率进行衡量。综合来看，评价方法大体有六种。

（1）多指标综合评价农产品流通效率。学者们根据被评价对象的特点，从不同视角设计相关指标（体系）来综合评价流通效率（包括农产品），但是，由于研究视角不同，设计的评价指标差异较大，代表性成果见表1-1。

表1-1　　　　多指标综合评价农产品流通效率代表性成果

年份	作者	评价对象	评价指标
1982	杨锡之	商业经济效果	劳动效率、流通费用率、资金利用率、资金利润率4个指标
1992	姚力鸣	比较分析欧美和日本的流通效率	流通生产率、流通毛利率和商品库存率三个指标
2003	甘碧群、王文超	整个社会分销系统的运作效率	人均劳动生产率、投入产出率、营销费用以及资金周转速率等
2008	周应恒、卢凌霄	生鲜蔬菜不同流通渠道的流通效率	流通层次及费用、损耗率、生产者分得比率等指标
2008	寇荣、谭向勇	农产品流通效率	从社会、生产者、流通者和消费者等视角设计了评价农产品流通效率的立场指标，每类立场指标又细化为时间效率、成本效率、质量安全效率和综合效率等测度指标
2009	杨宝宏、郭红莲、魏国辰	生鲜农产品流通效率	流通利润、流通速度、流通损耗和质量保证
2011	张磊、王娜、谭向勇	农产品流通效率	市场整合度、市场集中度、技术效率、消费者满意度、流通差价、交易费用、流通时间
2012	洪涛	商品流通效率	从流通者效率、生产者效率、消费者效率和社会公共效率4个方面评价流通效率

续表

年份	作者	评价对象	评价指标
2013	王伟新、祁春节	农产品流通效率	农产品批零业总资产周转率、农产品批零业总资产报酬率、农产品批零业固定资产周转率、农产品批零业存货周转率、农产品批零业利润率、农产品批零系数等
2015	李燕京	农产品流通效率	三类流通效率测量指标：在市场方面，有市场整合度和集中度两个测量指标；在操作层面，主要有农产品的交易费用、技术效率两个测量指标；从消费者角度出发，有消费者满意度、流通差价、流通时间三个指标

（2）基于 DEA（数据包络分析）的农产品流通效率评价。DEA 模型是效率测度的常用方法，该方法可以进行多投入、多产出的效率评价，具备无须确定投入产出之间具体的函数表达式、无须考虑各指标量纲不一致而带来的度量困难等优点，在效率测量及决策领域得到了广泛的应用，目前也成为农产品流通效率评价的主流方法之一，代表性成果见表 1 – 2。

表 1 – 2　　　基于 DEA 模型的农产品流通效率评价代表性成果

年份	作者	评价对象	模型
2002	刘雅娜	城市集贸市场经营效率	CCR 模型和 CC GSS 模型
2008	王彬、傅贤治、张士康	鲜活农产品流通模式效率	"DEA—偏好锥"模型
2009	张浩、孙庆莉、安玉发	中国主要农产品批发市场的效率	DEA – BCC 模型
2011	欧阳小迅、黄福华	农产品流通效率	DEA – Malmquist 指数
2012	张学文	农产品流通效率	CCR、BCC、Malmquist 指数
2013	吴自爱、王剑程、王丽娟、项桂娥	皖江城市带七个城市的农产品流通效率	因子分析和超效率数据包络分析（SE – DEA）
2014	郭艳、王家旭、仲深	农产品流通效率	DEA – Malmquist 指数
2014	王仁祥、孔德树	对农产品流通效率进行横向与纵向比较	SE – DEA、DEA – Malmquist 指数

年份	作者	评价对象	模型
2015	王家旭、岑磊	齐齐哈尔市农产品流通效率	DEA – Malmquist 指数
2016	彭晖、南昕峪	东西部地区蔬菜流通效率	DEA – Malmquist 指数
2016	王晓东、王诗桐	商品流通效率及其影响因素	拓展的两阶段 DEA 模型、Tobit 模型
2017	刘天祥、林媚	农产品批发市场对农产品流通效率的影响	DEA – Tobit 两阶段法
2017	郭锦墉、黄强、徐磊	合作社"农超对接"的流通效率及影响因素	运用 DEA – Tobit 两阶段模型
2017	封玫	合作社社员素质对"农超对接"流通效率的影响	利用 DEA – Tobit 两阶段方法
2018	何小洲、刘丹	电子商务视角下的农产品流通效率	DEA – Malmquist 指数
2018	丁宁、刘旭	中国流通效率增长的区域差异与周期波动性	DEA – Malmquist 指数

（3）基于因子分析法的农产品流通效率评价。采用这种方法的学者一般认为流通效率是整个流通体系的综合效率，因此要准确把握流通效率的大小，需构建一个具有多个层面的复合型指标体系来进行测度，代表性成果见表 1 – 3。

表 1 – 3　　　基于因子分析法的农产品流通效率评价代表性成果

年份	作者	评价对象	评价指标
2009	李骏阳、余鹏	商品流通效率评价	包括周转率指标、规模性指标和效益性指标三大类共 10 项指标
2011	孙剑	我国农产品流通效率	包括农产品流通速度指标、流通效益指标和流通规模指标三大类，共 12 项指标
2013	郭守亭、俞彤晖	我国商品流通效率	从市场、企业、资本、人员 4 个层面，选取 15 个基础性指标构建了一个复合型流通效率测度指标体系

续表

年份	作者	评价对象	评价指标
2014	俞彤晖	广东省流通效率测度及演进趋势	从市场、企业、资本及人员等四个层面选取10项基础指标，构建了流通效率测度指标体系
2014	赵锋	广西农产品流通效率及其演进趋势	3个一级指标、10个二级指标构成，其中：一级指标分别从速度效率、规模效率和经济效率进行定量评价
2015	陈金叶	黑龙江省农产品流通效率测度及其演进趋势	农产品流通速度指标、流通规模指标、流通效益指标和流通经济指标4大类共11项指标
2016	金赛美	我国农产品流通效率及其演进趋势	从流通速度、流通业发展状况、流通经济效率三个方面建立农产品流通效率测评指标体系
2017	李定珍、王星欣	武陵山片区五个产茶基地的茶叶流通效率	从流通规模、流通速度、流通效益三个方面构建了10个评价指标
2017	张永强	我国农产品流通效率及其演进趋势	从流通速度、流通规模、流通成本、流通效益四个层面构建了11个基础指标
2018	李琼	长江经济带商贸流通效率	从资本层面、企业层面、人员层面以及市场层面四个层面构建了9个评价指标

（4）基于层次分析法的农产品流通效率评价。层次分析法是一种定量和定性相结合的多目标决策分析方法。该方法可以定量人的主观评判，用数学方法解决问题，适用于多目标、多准则、难以全部量化的复杂系统，近年被应用于农产品流通效率的评价，代表性成果见表1-4。

表1-4　　基于层次分析法的农产品流通效率评价代表性成果

年份	作者	评价对象	评价指标
2009	郭红莲、侯云先、杨宝宏	用AHP-MAUT方法对北京市禽蛋流通效率进行评价并分析其影响因素	选取流通利润、流通速度和禽蛋质量三类指标作为衡量禽蛋流通效率的指标
2009	肖艳丽、冯中朝	用AHP法分析油菜流通效率的影响因素	选取流通利润、流通环节数量、流通速度和菜籽油质量安全作为衡量油菜流通效率的指标

年份	作者	评价对象	评价指标
2011	韩立民、周海霞	用 AHP 法分析水产品流通效率的影响因素	选取流通利润、流通损耗、流通速度和水产品质量作为衡量水产品流通效率的指标
2013	吕丹	用 AHP 法和模糊评价对农产品流通效率进行评价并分析其影响因素	选取市场效率、生产效率、周转效率、成本效率和信息效率作为衡量农产品流通效率的二级指标
2014	刘晓亮	用 AHP 法与熵值法进行组合的层次熵值组合赋权法对流通效率进行评价	选取市场效率、企业效率、人员效率和资本效率作为衡量流通效率的二级指标
2014	姜鹏、郝利、任爱胜	北京市蔬菜流通效率评价及影响因素分析	以蔬菜流通的五大环节（加工处理环节、运输环节、仓储环节、配送环节和销售环节）为基础，选取有代表性的 14 个评价因子
2018	梁鹏、黄晴晴、何燕玲	用 AHP 法对北京市农超对接模式流通效率进行评价分析	从农产品流通速度、流通经济效率、农产品流通业发展状况三个方面构建流通效率测算指标体系

（5）基于主成分分析法的农产品流通效率评价。主成分分析是数学上对数据降维的一种方法。由于主成分分析仅仅是变量变换，而因子分析需要构造因子模型，因此，主成分分析法在评价农产品流通效率时用得较少，代表性成果见表 1 - 5。

表 1 - 5　　基于主成分分析法的农产品流通效率评价代表性成果

年份	作者	评价对象	评价指标
2016	俞彤晖	中国流通效率区域差异演进趋势分析	从流通的市场效率、企业效率、资本效率和人员效率等四个层面选取 12 项基础指标
2017	林翊、吴碧凡	运用主成分分析方法评价各地区流通效率水平	从市场、产业和企业层面构建流通效率综合评价指标体系
2018	郑丽芬	商品流通效率评价	由商品流通渠道效率、商品流通组织效率、商品流通产出效率三个方面组成

年份	作者	评价对象	评价指标
2018	丁静	对安徽、山西、江西、河南、湖北、湖南六个省份农产品流通效率进行实证研究	从农产品流通速度、农产品流通规模和农产品流通经济效益三个方面构建农产品流通效率评价指标体系

（6）基于结构方程的农产品流通效率评价。结构方程模型（SEM）用于进行多变量统计分析，该方法充分考虑了各变量之间的复杂关系，并用简洁的因子与路径准确描述数据所蕴含的特征及规律，对理论模式做出评价，以检验观测变量与潜变量之间的假设关系。但应用该方法评价农产品流通效率并分析其影响因素的成果还比较少见。赵晓飞等（2012）研究了美、日农产品流通渠道变革过程和特征并与我国情况进行对比，运用结构方程模型（SEM）对农产品流通渠道变革的影响因素进行实证分析并得到"渠道权力变迁是推动农产品流通渠道变革的主要内因"等结论；张复宏、霍明、柳平增、郑军（2015）利用山东省7个地市207份苹果产销的调查数据，以计划行为理论与结构方程模型为主要分析工具，对苹果产销流通效率的主要影响因素及其运行机制进行了实证分析。

除此之外，学者们利用市场整合方法（武拉平，1999；乔娟等，2006；肖小勇等，2014；潘方卉等，2016；马述忠等，2017）研究了我国农产品的市场整合问题，利用随机前沿生产函数方法（SFA）（张磊等，2009；郭亚军等，2013；郜亮亮等，2015；王力等，2016；曾雅婷等，2018）测度了农产品生产或流通主体的技术效率，利用SCP分析范式（曹睐等，2005；兰小林等，2014；周清杰等，2015；闵锐等，2017）分析了农产品流通相关行业的市场结构与市场绩效。

3. 关于农产品流通效率影响因素及提升对策的考察

对农产品流通效率影响因素的考察，通常集中在农产品市场体系及相关基础设施水平（杨启荣，1999；马凤才，2008；崔振红，2013；俞彤晖，2014；刘天祥，2016）、流通组织（罗必良，2000；李春成、李崇光，2005；章寿荣，2006；张闯，2005；赵锋，2014）、市场主体（刘召勇等，1998；欧阳小迅，2013；陈金波，2017）、销售组织化程度（李晓波，2004；郭守亭，2013；陈金波，2014）、流通渠道（李春成、李崇光，2010；周忠丽，2014；茹永梅，2017）、流通制度（汪凤桂，2000；周立群、曹利群，2001；祝合良，2004；寇荣，2008；崔振洪，2013；王仁祥，2014；陈耀庭等，2015）、流通技术及信息服务（崔晓文，1996；胥爱贵，2002；张敏，2007；关海玲等，2010；吕丹，2013；郭艳等，2014；胡钰，2015）等方面。也有一些学者从不同视角对农产品供应链效率及其影响因素进行了研究（杨志宏等，2011；乐婷，2012；石英，2013；俞彤晖，2014；浦徐进等，2017）。

学者们根据影响因素分析结论，提出了一系列提升农产品流通效率的建议。健全农产品市场体系、完善基础设施及配套设施是提高农产品流通效率和农产品竞争力的重要途径（柯炳生，2003；蒋华东，2007；张雯丽，2014；李为，2017）。针对农产品批发市场出现的质量安全检测系统，农产品可追溯系统等设施普遍利用率不高的问题，提出全面实施大幅税收减免措施促进农产品批发市场交易技术进步，提高农产品流通效率（马增俊等2011）。部分学者提出可以通过大数据平台，信息化建设，减少交易费用，降低农产品流通的成本，提高流通效率（乔银，2014；胡钰，2016；刘璐，2016；王娜，2016；杨向阳，2017；张磊，2018），并提出加快公益性农产品批发市场建设（刘雯，安玉发等，2011；徐柏园，2011；马增俊，2012；曾寅初，2013；李志博，2013；张闯，2015；古川，2015；马龙龙，2016；王秀杰，2017）。但是当前电子商务不能完成农产品批发市场的职能，其功能的发挥离不开批发市场这个交易平台（马增俊，2014；王秀杰，2015）。电子商务发展的短板在"硬瓶颈"和"软制约"两个方面，加强信息基础设施、冷链运输、仓配体系建设（王珂，2016；李昌兵等，2017；黄福华等，2017），加快农产品批发市场法律法规体系的建设（依绍华，2015；章胜勇等，2016；李丰，2016）。而流通各环节在其协调过程中，需要建立起企业化的批发市场和超市为核心企业的鲜活农产品供应链管理模式（潘丹丹，2014；李崇光，2015），进而达到提高流通效率的目的。罗必良（2000）主张应当充分考虑农民的弱势地位，大力发展以农民专业合作社为核心的农民合作组织，推进农产品流通组织创新，建立适应现代化要求的农产品流通体系（刘军，2007；洪涛，2012；龚梦，2012；陈耀庭，2014；田野，2016；王志国，2017；李靓、穆月英等，2017）。而作为我国农产品流通主要环节的超市和农贸市场，则应该树立现代化及一体化的经营管理理念，并通过横向和纵向协调来提高流通效率（王静，2004；周洁红等，2004；赵京，2010；杨守德，2013；李爽，2014；张有望，2016）。农产品流通制度方面学者们提出唯有加强流通体系的制度建设，才能有效提高农产品竞争力及流通效率（李炳坤，1999；李春海，2000；牛霞、安玉发，2003；赵锋，2011；赵锋，2014；刘天祥，2017）。流通制度建设与流通体系发展还应顺应国际形势，使国内农产品流通融于国际大流通、大循环体系之中（魏国臣，2005；郭丽华等，2007；蔡荣等，2007；孙剑，2011；苏威，2012；吴自爱，2013；王思聪，2014；周峻岗，2015；游婧，2016）。

二、国内外研究评述

国外学者对流通效率的研究主要聚焦在流通效率内涵、指标设计、评价等，在理论分析框架和评价指标及方法设计方面为我国对该领域的研究提供了重要参考。近几年欧美国家学者们将农产品流通研究重点转移到农产品供应链上，研究成果中较少涉及农产品流通。此外，发达国家的农产品批发市场多数是由政府主导建设的公益性批发市场，对以传统流通模式为主导的发展中国家的农产品流通关注较少。而印度尼西亚、马来西亚、菲律宾等国学者对流通效率的评价更多是针对不同流通渠道流通差价及流通主体的利润率，分析不够全面，因此，其提倡的降低零售企业的固定成本、扩大其经营规模、加强合作营销等观点并不一定适合我国农产品流通的情境。实际上，不同国家农产品流通政策的出台及其变革有着各自独特的复杂背景，且受到自身农业发展历史、政策理念的时代变迁、利益集团动向、执政者政治判断、国际社会发展趋势等诸多因素影响，因而若要考察其流通政策的效果，就必须综合分析其农业生产特征、内部市场结构、农产品流通历史及其相互作用，这也是学术本土化的客观要求和必然结果。

国内学者基于不同的视角，采用不同的评价方法对农产品流通效率进行了广泛的研究，可以说在农产品流通效率的理论及实证研究方面均取得了丰富的成果。研究成果从以定性主观分析为主逐渐向以定量实证研究为主转变，在研究方法上，DEA 方法、多指标综合评价法、层次分析法、因子分析法成为评价农产品流通效率的主流方法，而且出现评价方法不断优化，由静态分析向动态分析发展的趋势，同时，出现对流通效率影响因素分析更多建立在流通效率评价模型基础上的研究趋势，并且，流通效率提升对策的研究与流通效率评价及影响因素分析的融合度也越来越高，提出的对策建议也更具针对性。但值得一提的是，在现有的研究成果中，学界更偏重农产品流通综合效率评价研究。实际上，农产品流通是一个涉及多环节、多渠道、多主体、多节点，物流、商流、信息流、资金流交错的复杂过程，不同类别农产品、不同流通模式或不同流通节点的流通效率评价往往存在较大的差异，如何对其进行理论创新及实证分析将是未来农产品流通效率研究的一个方向。特别是在评价指标体系完备性以及实证数据可得性等条件的约束下，不论是对评价指标体系的设计还是实证分析，都存在较大的研究空间。

目前，学者们虽然对农产品批发过程中的渠道、产业组织、主体及其利益协调、制度等各个领域进行了深入研究，且大多数的研究目标最终都是指向流通效率的提高，但对农产品批发体系流通效率进行有针对性的专门研究仍然较少，特别是针对生鲜蔬菜批发体系流通效率的系统研究更是少见。在着眼于对新模式、新渠道、新业态探索研究的同时，整合现有研究成果，对当前我国蔬菜批发体系流通效率进行全面细致研究，解释和解决现存的主要问题和矛盾，在当下有着重要的理论和实践意义。根据生鲜蔬菜批发过程呈现的特点，对照现有的农产品流通效率评价指标体系及评价方法，本书认为，现有的评价指标体系和方法不能完全适用于蔬菜批发体系流通效率的评价。

首先，不管是 DEA 方法还是层次分析法、因子分析法、主成分分析法，所用的数据基本来自各省乃至全国农产品的面板数据或者是专家打分数据，由于所用数据缺少微观基础，所以很难从研究结论中捕捉到中观或微观层面的影响因素。另外，目前有关农产品流通投入与产出的国家或分地区数据并没有明确的统计，学者们在研究过程中更多是利用代理变量间接衡量农产品流通环节的产出及成本，这往往会导致研究结果的偏误。因此，农产品流通综合效率评价的结论及对策建议对农产品流通效率提升的指导意义将大打折扣。

其次，利用结构方程对农产品流通效率进行评价，虽然可以利用调查数据，分析流通效率与各影响因素之间的结构关系，但是，该模型无法直接测度农产品流通效率的高低，只能分析各影响因素对流通效率影响的路径、方向及程度。而且，对于蔬菜批发体系而言，影响流通效率的因素众多，很难通过结构方程这一个计量模型将众多的影响因素包含在内。再加上，模型中的流通效率也需要观察指标去反映，如何选择合理的观察指标也是一项重要的研究内容。

最后，通过多指标综合评价农产品流通效率，虽然可以克服通过单一指标（评价方法）评价流通效率的片面性，也可以利用现有官方统计数据或一手调查数据对农产品流通效率进行综合评价。但现有的评价指标体系都不是专门针对蔬菜批发体系流通效率评价而设计的，而且，在现有的研究成果中，绝大多数都缺少指标体系设计的理论解释，指标间的内在逻辑关系论证不足，理论支撑薄弱，导致对评价指标（体系）设计众说纷纭，难以达成共识。

第三节　研究目标与研究内容

一、研究目标

首先，构建一个评价批发市场主导模式下生鲜蔬菜流通效率的多维度、复合型指标体系，综合反映该模式下蔬菜流通效率运行质量和价值实现速度，以期在评价体系设计的广度和深度上有所突破。

其次，分别从流通渠道要素（批发主体）、流通载体要素（批发市场体系）和流通支撑要素（流通技术、流通制度）、批发体系综合流通效率评价四个方面挖掘出对批发市场主导模式下的蔬菜流通效率的影响因素，准确把握作用机理。

最后，借鉴发达国家成功经验，立足中国的国情，设计一条指向明确、脉络清晰的批发市场主导模式下的生鲜蔬菜流通效率提升路径，推动蔬菜流通产业现代化、高质量发展。

二、研究内容

在我国以效率变革为主线来提高全要素生产率的背景下，本书选择"生鲜蔬菜流通效率评价及提升路径"为研究对象，采用"概念界定——评价体系设计——指标体系评价及因素分析——发达国家和地区经验梳理——提升路径设计"的研究逻辑，具体如图1-1所示。

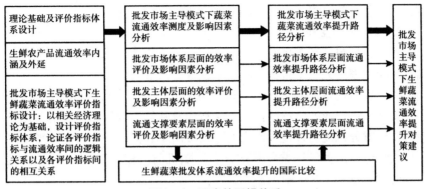

图 1–1 研究的逻辑关系

（一）生鲜蔬菜流通效率评价：理论基础及评价指标体系设计

该部分着重探讨生鲜蔬菜流通效率的内涵与外延，依据相关理论构建一套生鲜蔬菜流通效率的指标体系。考虑到批发市场主导模式下生鲜蔬菜流通特点，流通效率评价指标体系总体分为两大类，一类是经济指标，另一类是非经济指标。

本著作在评价体系的设计上，采用经济指标和非经济指标相结合，宏观、中观及微观相结合，定量与定性分析相结合的设计理念，形成了一套多元化、全方位、立体式的复合型指标评价体系。

（二）批发市场主导通模式下生鲜蔬菜流通效率度量及影响因素分析

实证部分借鉴汪旭辉（2008）对流通体系的分类方法，从流通载体要素（流通市场体系）、流通渠道要素（流通主体）和流通支撑要素（流通技术、流通制度）三个层面对流通效率进行度量并分析其影响因素。

1. 蔬菜流通市场体系

评价指标包括市场整合度、市场的运行效率。首先，考虑到批发环节在流通体系中的重要性，本部分以蔬菜产销地为例，应用 JJ 协整检验方法过收集各批发市场官方网站、中国蔬菜网、中国农业信息网等信息平台发布的近十年间部分大宗生鲜蔬菜（例如白菜）的每日价格，测度我国产销市场整合水平，分析决定因素。其次，根据对农业农村部全国定点蔬菜批发市场的抽样调查数据，利用 DEA – Tobit 模型，对批发市场的经济和社会效率进行评价，并分析影响因素。再次，基于相关区域布局理论，就批发和零售市场的规划布局对蔬菜流通效率的影响进行分析并提出优化布局合理对策。最后，运用模糊数学方法，对零售终端进行消费者满意度调研，根据调研结果提出改造和升级零售终端的方案。

2. 蔬菜流通主体

评价指标包括蔬菜批发、零售主体的经营绩效（销售收入利润率、流动资产净利率、人均销售额、人均毛利等）及其技术效率。

基于实地调查数据，首先，利用 SCP 分析方法，分别探讨蔬菜流通链中批发、零售行业的市场结构、市场行为及其经营绩效。在分析各绩效指标时，同时分析流通过程中发生的各项费用及其构成，准确把握影响蔬菜价格大幅波动的关键因素。其次，利用随机前沿模型（SFA），评价批发主体的技术效率及其影响因素。

3. 蔬菜流通技术

评价指标包括损耗率、流通时间、交易费用、抽检合格率等。首先通过深入访谈和典型案例，剖析批发市场主导模式下蔬菜流通过程中采用的运输、包装、装卸搬运、仓储等物流技术对蔬菜的损耗率、流通时间的影响。其次，分析涵盖电子结算体系、市场信息采集发布体系、追溯体系、质量安全检测体系、电子商务技术等交易技术对蔬菜流通效率的影响。

4. 蔬菜流通制度分析

评价指标包括抽检合格率、交易费用等。根据交易费用理论和制度变迁理论，从宏观（我国蔬菜流通体制变迁过程）、中观（对与区域性、部门性、行业性有关的蔬菜流通制度进行案例研究）和微观（以典型市场为例，对其内部管理制度创新进行案例分析，如蔬菜检测制度、交易制度等）三个层面分析制度因素对蔬菜流通效率的影响。

（三）蔬菜流通的国际比较

农产品批发市场在国外已有上百年的发展历史，形成了北美模式、欧盟模式和东亚模式。本章系统考察这三种流通模式及相关国家农产品流通管理制度、政府的支持政策及其调整路径的异同，总结其经验启示。

（四）蔬菜批发市场主导模式流通效率提升路径分析

根据以上分析结论，本著作从政策层面（市场规划、资金扶持、税费政策、产销区对接等）、流通市场体系层面（市场基础设施改造、市场公益性回归、交易方式升级等）、经营主体层面（购销商、流通中介组织、龙头企业等）、信息技术层面（大数据平台、质量追溯、检测技术等）整合要素资源，设计我国批发市场主导模式下蔬菜流通效率提升机制。

第二章

中国生鲜蔬菜流通发展概况

近四十年流通实践，我国已基本形成了四种生鲜农产品流通模式即直销模式、批发市场主导模式、物流配送中心或加工企业主导模式以及生鲜电商主导模式。初步测算，我国大约70%以上的生鲜蔬菜都要流经批发市场再进入各类零售终端。即便在发达国家，批发市场的经由率也保持在较高水平[①]，因此从中国的实际来看，农产品批发市场在我国生鲜农产品流通体系中处于中心地位的格局将会持续。随着农产品跨区域流通的不断发展，经直销模式流通的农产品比例越来越小，被其他流通模式替代的趋势明显；在物流配送中心或加工企业主导模式中，虽然配送中心或加工企业有自己的生产基地，但其经营的相当数量的农产品仍然需要从批发市场采购，以补数量、品种和品牌之缺；就是当下倍受推崇的生鲜电商模式，对生鲜类农产品的渗透率也达不到1%，作为农产品流通模式的新业态，其交易功能先进性的发挥只有与批发市场的业务结合后才能充分地体现出来（马增俊，2013）。此外，受中国蔬菜种植规模小、合作社发育不完善等因素制约，连锁超市主导的北美模式和合作社主导的西欧模式在中国推行范围有限。可见，未来相当一段时期，批发市场对生鲜类农产品，特别是生鲜蔬菜的"集货"和"散货"功能仍是无法取代的，小农户和大市场的对接离不开批发市场这个平台。

第一节　中国蔬菜种植及流通现状

我国既是农业大国，也是人口大国，无论从蔬菜产量还是消量上来

---

① 有关资料显示，美国农产品批发市场的经由率（农产品经过批发市场进行流通的比率）约为20%，欧洲约为50%，日本为60%～70%，中国为70%～80%（马增俊，2010）。

看，中国都可以称得上是世界最大的。目前蔬菜的种植面积占中国农作物总种植面积的比例，仅次于粮食作物，是最有发展空间和前景的经济作物。正所谓"民以食为天，食以菜为先，无食则无命，无菜则无质"。如果说粮食稳产保供，是稳经济、稳全局的压舱石，那么"菜篮子"产品保供稳价，就是稳预期、稳民心的基本盘。因此作为城乡居民重要的民生商品，蔬菜生产是关系到国计民生的大事。

一、蔬菜种植现状

（一）蔬菜种植面积和产量逐年上升

目前，中国的蔬菜产量占据全球总产量的 60% 左右，已然成为世界第一蔬菜生产大国，年产能可以满足 150 亿人的吃菜需求。20 世纪 80 年代，我国农村经济体制改革为国内蔬菜产销体制变革带来了新的契机，蔬菜生产无论从结构还是技术手段都有所调整和提升，极大地丰富了蔬菜种类，增加了菜农的收益，也使设施农业技术得到了广泛推广，至此设施蔬菜的产量和种植面积连年提高，蔬菜成为我国种植业中仅次于粮食的第二大农作物。数据显示，2010~2020 年，我国蔬菜种植面积由 17431 千公顷增加到 21485 千公顷，蔬菜种植面积扩大了 23%（见图 2-1）；蔬菜产量也从 5.73 亿吨增加到 7.49 亿吨，总产量增加了 31%（见图 2-2）；蔬菜种植面积占农作物总种植总面积的比重从 10.99% 提高到了 12.83%，比重也增加了 17%（见图 2-3）。除少部分年份有所下降以外，整体处于上升态势。

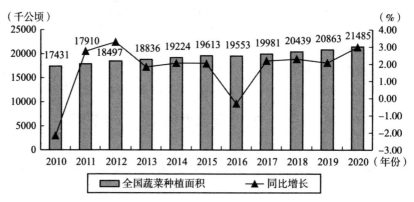

图 2-1　2010~2020 年中国蔬菜种植面积及增速

资料来源：根据《中国农村统计年鉴》《中国农业统计资料》整理。

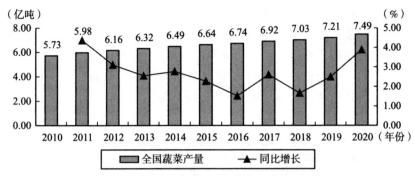

图 2－2　2010～2020 年中国蔬菜产量及增速

资料来源：根据《中国农村统计年鉴》《中国农业统计资料》整理。

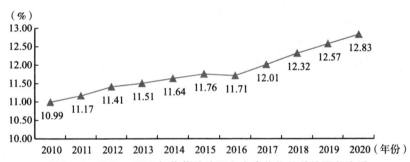

图 2－3　2010～2020 年蔬菜种植面积占农作物总种植面积比重

资料来源：根据《中国农村统计年鉴》《中国农业统计资料》整理。

这一发展趋势反映出蔬菜对于种植者和城乡居民的生活越来越重要，蔬菜产业一端连着农民，一端连着市民，既是蔬菜生产者的主要收入来源，也关乎着市民的菜篮子问题。在当前市场开放、菜源扩大、品种增多的情况下，消费者对蔬菜品质的要求越来越高，绿色蔬菜、有机蔬菜等高品质蔬菜受市场欢迎程度日益增加，蔬菜生产由数量向质量转型。因此，蔬菜总量在结构性、区域性和季节性方面明显过剩的情况下，以质取胜无疑是蔬菜种植行业再上新台阶的出路。[1]

（二）省域间蔬菜生产情况差异性明显

我国各省份农业发展历史、自然优势、政府政策推动以及交通条件等

---

[1]　2018 年中国蔬菜市场发展现状及趋势分析，蔬菜消费量稳步提升［OE］. 产业信息网，https：//www. chyxx. com/industry/201908/767972. html。

方面要素禀赋迥异，因此各省份的蔬菜产业发展差异性较大，就是同一个省份地区间蔬菜种植情况也不均衡。以 2020 年为例，蔬菜种植面积排名前十位省份的蔬菜种植面积占全国种植总面积的 80% 以上，前三位省份分别是河南省、广西壮族自治区和贵州省，其蔬菜种植面积分别是 1753.8 千公顷、1535.9 千公顷和 1511.3 千公顷（见图 2-4）。

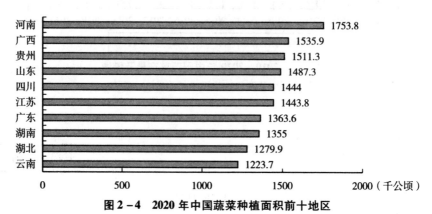

图 2-4 2020 年中国蔬菜种植面积前十地区
资料来源：根据《中国农村统计年鉴》《中国农业统计资料》整理。

从蔬菜产量来看，2020 年，我国蔬菜产量排名前十位省份的产量约占全国蔬菜总产量的 80%。其中前三位省份分别是山东省、河南省和江苏省，蔬菜产量分别是 8434.7 万吨、7612.4 万吨和 5728.1 万吨。仅仅山东产量就占据全国的 1/7，"天下菜园"名不虚传，在国内蔬菜市场，寿光和兰陵（苍山）作为山东的优势产区，素有"北寿光，南苍山"，两地的蔬菜也成为北京、上海等特大城市的主要供给地。可见国内省际以及省域内的蔬菜生产情况差异性巨大（见图 2-5）。

从经济圈划分来看，长三角优势产区主要是江苏和浙江，珠三角地带蔬菜种植主要集中在广东，京津冀经济圈腹地种植区主要在河北省，中部省份蔬菜种植面积较大的省份为四川省和湖北省，东三省和西北部地区由于地理气候等原因，其蔬菜种植面积和产量都很低。作为蔬菜大省的山东，除了供应满足本省蔬菜市场外，大部分蔬菜主要供给北京、上海等地，成为大城市外埠蔬菜供给主要来源地。

从地理气候来看，北部高纬度、云贵高原和黄土高原三个产区以夏秋蔬菜为主，6 月~10 月为上述地区蔬菜集中上市时节，用以确保国内夏秋两季的蔬菜供应。而华南与西南热带以及长江流域地带的蔬菜产区以春冬

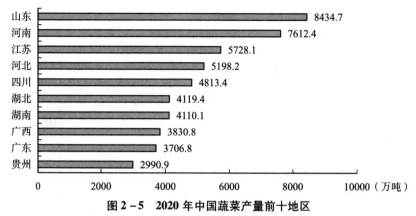

图 2 - 5　2020 年中国蔬菜产量前十地区

资料来源：根据《中国农村统计年鉴》《中国农业统计资料》整理。

蔬菜品种为主，用以确保国内春冬两季的蔬菜供应，12 月～翌年 4 月为蔬菜集中上市期。黄海、淮海以及环渤海地区，设施蔬菜和大棚蔬菜是该产区主要特色，基本上可以保障蔬菜全年不断供。

全国范围内优势产区时空格局的形成有利于品种互补、错峰上市、区域间协调，缓解产销区蔬菜供需不平衡带来的矛盾。同时，大流通背景下，大体量、大范围的蔬菜跨区域流通保障了市场供应，增加了菜农的收入，也引导了蔬菜流通业向高质量方向发展。

（三）成本上升压缩菜农收益空间

从农业农村信息中心获悉的数据分析，我国蔬菜种植业的成本利润率呈下降趋势，2006 年，蔬菜成本利润率高达 76%，2018 年，这一数据下降到 40.09%，12 年间断崖式下降 36 个百分点（见图 2 - 6）。

蔬菜利润连年下降源于行业成本的上升，劳动力成本作为蔬菜生产成本的最主要部分，上升速度明显。当前劳动力成本攀升是我国正面临的一大社会问题，而蔬菜生产、加工和流通等全产业链均属于劳动密集型产业，劳动力成本的持续上升，一方面让蔬菜批发价格不断上涨，另一方面也让蔬菜利润率不断走低。

从农作物品种来看，大豆类、棉花类产品因劳动力成本较高，进一步导致利润率走低（见图 2 - 7），劳动成本的上升也让更多种植业从业者选择种植省工蔬菜，如叶菜类、根茎类蔬菜，而需要嫁接、不定期整枝打杈或吊蔓、人工辅助授粉的茄果类、瓜类、豆类等费工蔬菜的种植面积都有所调减。

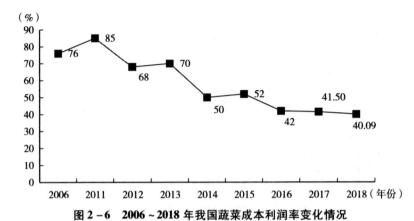

图 2 - 6   2006 ~ 2018 年我国蔬菜成本利润率变化情况

资料来源：根据《中国农村统计年鉴》《中国农业统计资料》整理。

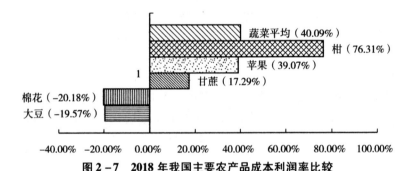

图 2 - 7   2018 年我国主要农产品成本利润率比较

资料来源：根据《中国农村统计年鉴》《中国农业统计资料》整理。

（四）蔬菜生产标准化程度低、产业化发展有待升级

在我国，蔬菜生产处于一种自发的、分散的、碎片化状态，机械化程度和组织化程度不高，生产模式属于劳动密集型，因此，相对于蔬菜质量而言，生产更加重视蔬菜的产量[44]。当前农业生产提倡以化肥农药减施增效为重点的绿色高效生态栽培标准化、产业化模式，种植方式的转变势在必行。对于采后对蔬菜的处理和再次加工的技术也要求提高升级，这其中涉及标准化生产规程、田间档案管理，还包括采收、检测、包装、冷藏技术等。就目前我国蔬菜生产来看，缺乏蔬菜工艺流程和衡量指标，无法满足消费升级下的市场对品牌蔬菜和鲜切菜等便利化加工蔬菜的需求，蔬

菜质量安全问题时有发生。①

随着蔬菜生产规模的不断扩大，大流通背景下，蔬菜跨区流通的体量也越来越大，流通半径也越来越大，蔬菜从田间地头搬上餐桌，这个过程要经过菜农、经纪人、收购商、批发商、销售商，在各类经济主体间形成蔬菜产业链，进行着价值分割。由于当前蔬菜生产模式以分散经营为主，明显缺乏系统性及组织性，难以有效形成产业化发展趋势。除个别优势产区可以实现产销精准对接外，大部分蔬菜生产后都是经过经纪人收购，集中到各级批发商手中，再经批发商运往各地批发市场进行分销，再进入各类零售终端。因此从收购环节，菜农的渠道相对单一，批发商或是经纪人不收购，基本就会滞销，因此在定价权上处于劣势，生产什么，生产多少没有科学合理的依据，信息不对称、生产盲目带来的丰产不丰收的情况时有发生。虽然个别产区成立农村合作社，但是组织关系相对松散，风险共担机制不健全，合作领域比较窄，交易中仍然处于交易链的底层，在解决小生产与大市场的对接功能比较弱，因此现有蔬菜产业的生产经营方式和产业组织形式已经无法解决产量过剩和区域间失衡带来的一系列产前、产中和产后问题。

在我国相当数量的省市县已经将蔬菜产业作为当地经济的支柱产业，蔬菜生产区域化、规模化明显，然而蔬菜种植的家庭传统模式并没有改变，单个农户蔬菜种植面积和产量小。有研究发现，近六成蔬菜种植农户种植面积不到五亩，种什么、种多少完全由农户自己决策，多半情况下都是盲目跟风，蔬菜季节性和品种结构性滞销问题时有发生。伴随着城市化进程的加快，耕地面积的减少，蔬菜的产区与消区的距离越来越远，"大生产、大流通"的蔬菜发展格局对农民的营销能力提出了更高的要求，短期内小农户营销能力很难提升，再加上传统"重生产、轻流通"的农户思想已然存在，流通形式也是小批量、多频次，流通主体也以个体运输户和个体经销商为主，因此当前市场对接问题成为提升农产品流通效率的羁绊。而蔬菜种植产业化升级方面，特别是优势产区成立重点农业园区，大力推行农业标准化、智慧化、品牌化、组织化、融合化发展将是未来蔬菜种植业发展的方向。

---

① 王建永，路云广. 我国蔬菜产业标准化生产的问题与发展建议［J］. 中国果菜，2021，41（04）：76-80.

二、蔬菜流通现状

（一）蔬菜大流通格局基本形成

几年来，我国蔬菜市场自我调控能力增强，蔬菜大流通格局日臻成熟。六大蔬菜重点优势产区发展势头良好，批发市场为在蔬菜流通网络中的主体地位依旧存在，产销对接精准度和冷链储运技术显著提高，逐步形成了"买全国、卖全国"的大趋势，特别是蔬菜经由各地蔬菜批发市场周转后，多少蔬菜品类已然实现了全年有序供应、均衡上市。例如北京新发地农产品批发市场，蔬菜来源地在北方和南方轮流切换，种植方式既有露地蔬菜，又有设施蔬菜，众多蔬菜来源地以山东、河北等优势产区为主，依存度较高，两省蔬菜在该批发市场的份额约为22%和17%，随着各地蔬菜产业结构的调整，这一比例呈下降趋势，缺口由华中、华南、西南和东北等地的产区蔬菜补齐，蔬菜品种越来越丰富，拓宽了品种间余缺调剂空间。

随着人均收入提高，人们对蔬菜的需求不仅仅是数量上，更是注重品质、安全、健康等因素，特别是人口集聚的大城市更是如此，京津冀、珠三角、长三角城市群的兴起，城市化快速发展带来城市人口膨胀和城市周边耕地面积的不断减少，京郊自产蔬菜在种类和数量上已经无法满足消费需求，对外埠蔬菜的依存度越来越大。日益发达的工业化水平和高速跟进的交通运输业为中国农产品"大市场、大流通"格局业的形成提供了可能，城市决策者纷纷着眼于北京、上海等大城市"菜篮子""米袋子"等民生问题制定了一系列富有成效的措施规划，蔬菜产区例如山东、江苏、河北以及海南等省份结合当地的地理气候、人力资源、耕地情况在确保大城市蔬菜供应方面调整种植结构，使得城市的食品空间供应格局发生了根本性变化，原有的市场平衡和价格取向被打破。外埠蔬菜的供应不仅成为主力，且直接影响到城市居民的多元化蔬菜消费和生活的保障。因此为保障城市蔬菜供应，大规模蔬菜需求促成了全国范围内的蔬菜流通体系化建设，保证了全国菜、四季菜不断供，至此国内蔬菜生产格局总体上呈现东密西疏的特征。这和我国人口分布、城市化发展水平、农产品需求结构不无关系。

（二）蔬菜流通体系框架构建完成

现代农业的发展已经不再局限于生产领域，建立和完善农产品流通体系对加快农业现代化意义重大。目前，全国已初步完成了以批发市场为核心，以集贸市场和超市等零售终端为基础的覆盖城乡的蔬菜流通体系构建。经过近40年的实践探索，我国已基本形成了4种农产品流通模式：直销模式、批发市场主导模式、物流配送中心或加工企业主导的流通模式和电商主导模式，在各种流通模式中的不同的功能环节，都有相应的功能主体完成相应的经济活动，蔬菜产业链主体包括种植主体、合作经济组织、经纪人、第三方物流组织、蔬菜加工企业、蔬菜批发主体、蔬菜零售主体以及消费者（见图2－8）。

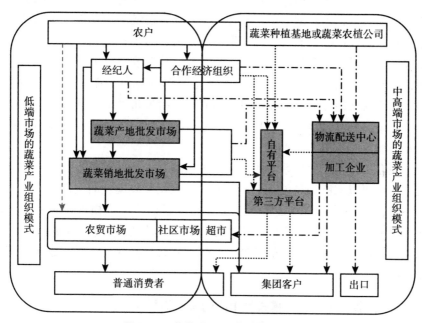

图2－8　蔬菜流通渠道的整体框架

注：----▶代表直销模式；——▶代表批发市场主导模式；
………▶代表电子商务主导模式；--—▶代表物流配送中心或加工企业主导模式

由于不同类别的流通模式适用于不同种类的农产品，满足不同层次消费者需求，因此，农产品在各种流通模式下，其经历的流通时间，发生的流通成本、交易成本和达到的质量安全水平各不相同。根据目标市场定位不同，我国农产品流通模式可以归并为面向低端市场和中高端市场两种类型。面向中高端市场的农产品流通模式包括上述的电子商务主导模式及物流配送中心或加工企业主导模式，其目标市场定位于那些注重农产品质量安全、喜欢在超市购买农产品的消费者以及诸如酒店、宾馆等集团客户和出口贸易。而面向低端市场的农产品流通模式包括上述的直销模式和批发市场主导模式，其目标市场一般为价格低廉、产品差异性小的农贸市场、社区市场等低端市场。

农产品生产模式的多样化决定了四种农产品流通模式将长期并存，但目前小规模的农户分散生产仍占主导地位，这就决定了面向低端市场的农产品流通模式是农产品流通的主要模式，其中又以批发市场主导模式最为典型，因为随着农产品跨区域流通的不断发展，经直销模式流通的农产品比例越来越小，会逐渐被其他流通模式所替代。在物流配送中心或加工企业主导模式中，虽然配送中心或加工企业有自己的生产基地，但其经营的相当数量的农产品仍然需要从批发市场采购，以填补蔬菜在数量、品种和品牌上的不足。目前倍受推崇的生鲜电商，作为农产品流通交易模式的创新，与传统的批发市场主导模式也不是简单的竞争关系，而是互补性更多，其交易功能先进性的发挥只有与农产品批发市场的业务结合后才能充分地体现出来（马增俊，2013）。因此小农户和大市场的对接离不开各类批发市场这一集散功能平台。

现有的蔬菜流通体系与我国蔬菜种植的基本条件是分不开的。我国蔬菜生产主要以家庭为单位，不容易形成组织化、规模化的生产方式。因此多环节、多渠道的农产品流通模式可以更好地适应规模参差不齐、区域化、季节性以及种类繁多的蔬菜生产与多样性消费者需求之间的矛盾，是在现有国情、农情和菜情的条件下，经过实践检验的，并富有成效的蔬菜流通体系。

（三）批发市场主导模式为中心的流通格局

区域间蔬菜供需缺口为跨区域、远距离蔬菜流通创造可能。由于我国蔬菜种植规模小且分散，再加上受规模效应、交易成本及运输风险等因素的限制，蔬菜种植户无法直接对接各类批零市场，因此辗转于蔬菜种植户与产销市场间的蔬菜批发商或经纪人成为农户与市场对接的唯一通道。国内市场蔬菜批发商分为一级批发商和二级批发商。所谓一级批发商，其菜源直接来自菜农，选择在产地市场或中转地市场销售给二级批发商，而二级批发商的蔬菜或者来源于蔬菜生产者，或者来源于蔬菜一级批发商，其下游客户主要来自各种零售终端的经营主体（如农贸市场的菜贩子、超市、便利店等）。两者本质区别在于其下游客户的不同。由于批发商收购半径广、数量大且种类多，一般不会直接与种植户接洽，而是委托经纪人来完成具体的收购业务。①

一直以来，北京市内农产品批发市场有近 70% 的蔬菜依靠外埠供应，北京市最重要的蔬菜来源地之一的山东寿光最具代表性。以寿光农产品物流园为例，该园区辐射 20 多个省份和 10 多个国家及地区，已成为全国最大的蔬菜集散中心、信息交流中心、价格形成中心和物流配送中心。寿光农产品物流园集散的蔬菜分为南菜北运和北菜南调两种阶段，其时间分别是 11 月至次年 5 月，8 月至 11 月。在物流园 6 栋交易大厅中，既有当地菜的收购大厅，也有省内菜和省外菜的交易大厅。寿光农产品物流园主要的功能是全国调配蔬菜，园区的蔬菜来自全国各地，汇聚到物流园后再发往全国各地，"其他地方卖不动的蔬菜，拉到寿光来，一定能卖个好价钱！"这句话在蔬菜行业广受认可。目前寿光农产品物流园蔬菜交易品种300 余种，日交易量近万吨，日交易额 3000 余万元，年交易量 300 余万吨，年交易额 70 亿 ~ 100 亿元，商品辐射东北、华北、西北、京津等地及20 多个省份，远销东南亚及俄罗斯等国家。②

（四）蔬菜流通渠道和流通方式创新步伐加快

近年来，农产品流通变革加速，新的流通方式不断涌现。蔬菜流通格局发生嬗变，传统模式与现代模式不断交互融合，呈现多元并行趋势，蔬菜生产模式的多样化及消费的异质性，使得不同类型的流通渠道和流通方式都具有一定的适用性。

"农超对接"流通模式成为当下比较受推崇的一种生鲜农产品流通渠道，"农超对接"就是种植户直接对接大型连锁超市，超市依据自身菜品和数量的需要，与种植户签订订单或采购协议，利用自有运输或租赁第三方物流将农产品直接上架。该种模式极大地缩减了中间环节、节省了流通时间。同时超市采购部门可以直接接触种植户，掌握一手的、准确的农产

①　该部分内容为作者 2018 年发表于《农业经济问题》期刊论文《中国蔬菜批发行业结构、行为及绩效研究——以山东寿光到北京的蔬菜流通为例》的部分内容。

②　"蔬菜之乡"寿光的日与夜：集散全园蔬菜，近期供应充足［OE］. 澎湃新闻网，https：//baijiahao. baidu. com/s？ id = 1644475004784691186&wfr = spider&for = pc.

品生产信息,根据需要提出生产指导建议,提早干预或控制农产品供需;在食品质量安全方面,也可以快捷地定位和追溯来源,极大地提高了食品安全性。此外,借助农产品批发市场这一集散平台,蔬菜种植大户、农业合作社、大型生产基地等也可以接直接对接需求采购方,以产品直供方式销售和购买农产品。有些经营状况良好,资金实力雄厚的大型农产品批发市场扩充了自己的经营范围,通过自建生产基地的方式向后延伸;还有些知名农产品批发市场引入金融资本构建农产品批发市场网络平台,提高辐射半径,将农产品批发业务蔓延到全国。

数字经济时代下,以互联网、大数据、云计算为代表的数字技术正深刻变革着农业生产模式和经营模式,生鲜电商作为农村生产、流通和消费与互联网信息技术结合而产生的一种新兴业态,通过实际信息流带动商流、物流、资金流协同流转对传统生鲜农产品流通体系进行了分解与重构,形成"大供应、大市场、小配送"流通格局。农产品电子商务已经成为促进农业发展方式转变,推进农业产业结构转型升级和推动农业现代化的重要手段和引擎。近几年,农村电商的发展与国家战略的结合越发紧密。农村电商发展成为促进农业转型、农村发展、农民增收的重要手段,也是实现农村现代化和乡村振兴、脱贫攻坚的关键突破口之一。特别是疫情期间,消费者出于对恐慌本能的避险情绪,开始大量抢购,此时低迷许久的生鲜电商大展拳脚,平台电商、垂直电商、社交电商等纷纷发力,知名主播、县长等纷纷上阵,生鲜网购数量增加,生鲜电商迎来了契机,也带来了挑战,品控、价格、反向物流、顾客黏性等,暴露出传统电商在解决农产品产销对接中的弱点,公益心态带来的短期、局部效应,不能持久。因此从根本上解决这些问题既是当前之计,又是长远之计。

三、蔬菜贸易情况

从体量上分析,我国蔬菜产业供给能力持续上升,从增速来看,产量增速大于种植面积的增速,得益于我国蔬菜产业生产效率的提高。如果按照现有种植面积和在田蔬菜的生长测算,为我们国家 14 亿人每人每天提供 3 斤菜是完全有保障的,这个水平是世界平均水平的 3 倍以上,因此除了满足国内市场对蔬菜的需求,还有较大供应出口的能力。中国是蔬菜出口大国之一。2020 年中国蔬菜出口数量为 1017 万吨(见图 2 - 9),同比增长 3.9%;中国蔬菜出口金额为 1195113 万美元,同比下降 4.9%。中国鲜或冷藏蔬菜出口逐年增加（见图 2-10）；2020 年中国鲜或冷藏蔬菜出口数量为 692 万吨，同比增长 6.3%；中国鲜或冷藏蔬菜出口金额为 577020 万美元，同比增长 4.1%。由此可见在全球范围内我国也是蔬菜供应的主要国家。

图 2-9　2016~2020 年中国蔬菜出口数量及金额
资料来源：根据《中国农村统计年鉴》《中国农业统计资料》整理。

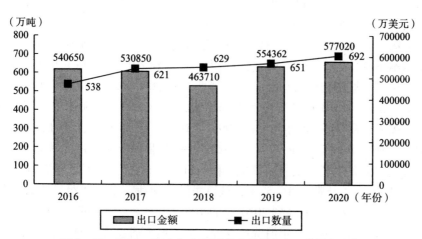

图 2-10　2016~2020 年中国鲜或冷藏蔬菜出口数量及金额
资料来源：根据《中国农村统计年鉴》《中国农业统计资料》整理。

自 2015 年以来，蔬菜生产稳居我国第一大出口优势农产品地位，蔬菜出口额约占我国农产品出口总额五分之一，相反进口占比相对较低，大约为 0.6%。总的来说，我国贸易优势中蔬菜出口的贡献率比较高。

分析蔬菜出口结构发现，我国出口的蔬菜主要是生鲜或冷冻型、腌制和脱水型蔬菜，随着中国蔬菜深加工技术的改进，冷链保鲜设施不断完善，蔬菜出口格局也发生了变化，更加符合世界蔬菜消费品的大众口味，表现出传统蔬菜与国外引进品种相融合的局面（车斌、李英娇，2016）。此外我国蔬菜出口区域布局也发生变化，各地蔬菜产区结合自己的地域自然条件和产业化发展的特点，都可以找到合适的蔬菜出口品类，供应出口的蔬菜生产地分布较广，各省份均有涉及。相对来讲，山东、辽宁、河北、江苏等省份蔬菜主产区的出口份额较大。从出口国家分布来看，蔬菜出口基本涵盖全世界 190 多个国家和地区，以亚洲、欧洲、北美洲和澳洲为主，市场动态调整的较快，日韩和俄罗斯是我国蔬菜出口的主要国家。

四、蔬菜消费情况

蔬菜富含多种维生素、微量元素、纤维素和矿物质等，这些都是人体所必需的营养物质。世界上绝大多数国家蔬菜都是主要的膳食品，在我国，食品消费结构中蔬菜消费的比重最大，成为重要的民生商品。我国城乡居民蔬菜消费情况如下。

第一，城镇居民蔬菜消费总量高于农村居民，两者之间的差距从起初的基本不变，到 2002 年开始逐步增大，最后到 2013 年又趋于并行稳定。

第二，城镇居民人均蔬菜全年消费量在 2000～2004 年处于波动上升趋势，2004～2013 年处于波动下降趋势，2014～2020 年则趋于平稳；农村居民人均蔬菜全年消费量在 1995～2004 年维持于中心波动，2004～2012 年则一直快速下降，2012～2020 年一直保持较为平稳的状态。农村居民人均蔬菜全年消费量从 2000 年的 112.0 千克/人，下降到 2020 年的 93.5 千克/人，下降了 16.52%；城镇居民人均蔬菜全年消费量从 2000 年的 114.7 千克/人，下降到 2020 年的 105.4 千克/人，下降了 8.11%。综合城乡居民人均蔬菜全年消费量发现，中国城乡居民蔬菜的需求量和消费量总体处于波动下降后趋于平稳的态势，尤其以农村下降更加明显。这可能是随着中国城乡居民生活水平的不断提升，居民对蔬菜的需求逐步转移至对肉蛋奶等高蛋白质高消费农产品的需求（见图 2-11）。

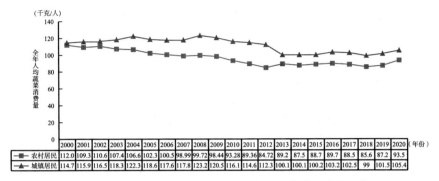

图 2 – 11　2000～2020 年城乡居民全年人均蔬菜消费量比较

资料来源：根据《中国农村统计年鉴》《中国农业统计资料》整理。

第三，蔬菜消费地域异质性强，品种多样。东北、华北等北方地区消费习惯中选择的蔬菜主要以白菜、西红柿、黄瓜等为主，特别是白菜比重最大。广东、江苏等南方地区民众消费主要以芽类蔬菜、多年生蔬菜为主。精品、高档蔬菜在南方地区比较受欢迎，价格偏贵，可能与经济发展水平有关，而北方居民消费蔬菜的总量要远远高于南方居民。当然各地农村居民因为习惯、气候、产能的因素，蔬菜消费情况差异性也较大。

第二节　蔬菜产业链组织模式分析

一、蔬菜产业链的结构及特点

作为农业产业链的一种重要形式，蔬菜产业链的链条相对其他农产品而言，产业链条从生产种植到最终消费所经历的环节更多，链条更长。其中涉及的相关主体包括：农户、专业农业合作社、物流企业、经纪人、批发商、零售商等。依据蔬菜流通各环节的关系，蔬菜流通产业链被定义为：蔬菜生产、流通、销售相关的产业和主体间缔结而成的相互联系、相互作用，有序参与蔬菜生产经销的活动过程。

基于产业链环节以及主体间缔结方式的不同，我们划分出不同的产业链模式：批发市场主导型模式是由菜农对接批发市场或中间商，再从批发市场进入零售环节；而农超对接模式是蔬菜经过农业专业合作社或加工企业进入超市卖场进行销售；经由电子商务平台售卖的，称为电商模式。无论采用怎样的产业链模式经销蔬菜，产业链起点和终点两端永远是生产端和消费端，这两个关键环节是任何一种产业链模式都无法跨越的，因此，生产者价格和消费者价格是度量蔬菜产业链价格变化的首选衡量指标，直接体现种植户收益和消费者效用水平。

本书基于产业链相关理论并结合我国蔬菜产业的发展现状展开对选择直销模式、批发市场主导型模式、物流配送中心或加工企业主导的流通模式、电商模式这四种主要的蔬菜产业链模式进行研究。

二、蔬菜产业链组织模式的类型

（一）直销模式

在蔬菜直销模式中，蔬菜种植户可以通过当地的农贸市场或者送货上门的方式将蔬菜售卖给个体消费者或者集团客户，相当于自产自销，当然消费者和集团客户也可以到菜农处上门购买或者订货，就是菜农与消费者直接对接。该模式适用于小城镇或城郊，流通链条短，损耗少。优点表现在销售自由、成本低、中间无利润分成，菜农收益较大。缺点表现在蔬菜销售量不大，流通半径小，无法形成规模效应，无组织、安全性无保障，同时因为没有初加工环节，甚至没有包装，附加价值极低。跨区域、大流通背景下，经由该模式流通的蔬菜比例会越来越小，被其他流通模式取代也是必然趋势[46]。

（二）批发市场主导的蔬菜流通模式

批发市场主导模式下的蔬菜流通一般是经由农户将蔬菜运往田头市场，再由经纪人将蔬菜运输到产地批发市场，再经批发商在各级批发市场批发出去，销往各类零售市场。经纪人发挥桥梁作用，担当中介，服务机构包括包装预冷企业、第三方物流公司等，各级蔬菜批发商是蔬菜购销活动的主要承担者，① 如图 2－12 所示。

批发市场主导模式可以分为四种渠道。

---

① 该部分内容参考龙文军，王慧敏.中国生鲜蔬菜流通模式：观察与探讨——基于山东、海南、北京三地的调查.经济研究参考，2014（62）：20－28.

渠道一："种植户＋蔬菜二级批发商＋销地二级批发市场＋零售终端（农贸市场、超市等）＋普通消费者"。该渠道主要适用于就地销售本地蔬菜，通常情况下，城郊的个体或合伙制的蔬菜经销商会亲自驾车到种植户田间看菜，订购，最后称重装车，运送至附近的批发市场，缴纳进场费后，在固定或临时档口对外批发。

渠道二："种植户＋产地经纪人＋［产地批发市场］＋销地批发市场＋零售终端（农贸市场、超市等）＋消费者"。

渠道三："种植户＋合作社＋［经纪人］＋［产地批发市场］＋销地批发市场＋零售终端（农贸市场、超市等）＋消费者"。

目前渠道二和渠道三是连接蔬菜产销两地市场的主体流通渠道。一般在蔬菜产区，都会有一个田头市场或者距离蔬菜种植区较近的收购点，这也是种植区多年自发形成的非正式的交易场所。经纪人掌握着大量种植户和经销商的供求信息，根据双方购销意愿进行牵线搭桥，及时回应各方要求，促成交易达成，中间赚取佣金。蔬菜完成收购后，通常由第三方物流公司负责装车运输，运往销地批发市场，经销商收到货后结清运费，在批发市场内完成批零业务。其中个别品类的蔬菜可能需要预冷或分级包装的，产地经纪人会将收购的蔬菜运往附近的冷库预冷后加冰装车再运送至批发商指定地点。"农超对接"模式的部分蔬菜也出自批发市场，超市采购人员委托大型蔬菜经销商采购蔬菜，省去到田间地头甄别和选购蔬菜的环节，以此节约交易成本，同时还可以保证货源的稳定。

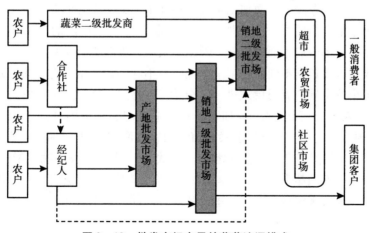

图 2 - 12　批发市场主导的蔬菜流通模式

渠道四："农户＋产地批发市场＋销地批发市场＋零售终端（农贸市场、超市等）＋普通消费者"。一般蔬菜种植地距离批发市场较近的情况下，蔬菜种植户往往会采用该种渠道。通常的做法是晚上采摘蔬菜，采选或包装，凌晨用农用三轮车、小型货车或拖拉机运送到蔬菜批发市场，蔬菜进场后的价格或者随行就市，或者与批发商协商形成，批发市场会收取成交额1%～2%的交易费用，之后物流公司组织装货，一般是拼花车，将各类收购的蔬菜运往全国各地的批发市场。[①]

（三）物流配送中心或加工企业主导的流通模式

该模式是借助物流企业或蔬菜加工企业完成的蔬菜经销模式。大多数的物流配送企业都是隶属于大型连锁超市，有些物流配送企业是具备独立法人资质的，专门从事蔬菜配送销售的物流企业，拥有标准化的检测中心、初加工车间和冷库，拥有相对固定的蔬菜来源地以及稳定的销售渠道，委托第三方物流企业或自有物流车队配送蔬菜。而加工企业主要是对采购的蔬菜进行初加工，增加附加价值后再出售给国内的高端客户或者做出口。加工企业拥有一整套厂房、标准化车间、冷库设备，可以根据客户或市场的需要订单式对蔬菜产品进行加工处理。还有些业内知名加工企业创建了品牌，这种类型的企业货源和渠道比较稳定，业内口碑好，物流方面会选择第三方物流或自建物流。物流配送中心与加工企业在功能上既有分化又有重叠，两者都对采购的蔬菜进行简单初加工，不同之处表现在物流配送中心重在配送，而加工企业重在加工，配送中心的业务主要面向区域内的超市、集团客户，而加工企业的业务除了区域内的超市和集团客户，还有一部分业务面向国外，做出口贸易，如图2-13所示。

我们可以依据不同的蔬菜来源地以及不同的销售渠道将物流配送中心或加工企业主导的流通模式进一步分为三种模式。模式一："农户＋合作社/经纪人＋物流配送中心/加工企业＋超市/出口/集团客户＋普通消费者"；模式二："自有基地/蔬菜种植公司＋物流配送中心/加工企业＋连锁超市/出口/集团客户＋普通消费者"；模式三："批发市场＋物流配送中心/加工企业＋连锁超市/出口/集团客户＋普通消费者"。他们之间的区别主要体现在蔬菜来源地不同，这里的蔬菜有一部分是由农业专业合作社或收

---

① 该部分内容为作者于2019年经济科学出版社出版著作《基于产业链视角的生鲜蔬菜流通效率的度量及提升对策研究——以山东到北京蔬菜流通为例》的内容。

购经纪人提供的菜源，经过初加工和包装再售卖，一部分出自蔬菜种植公司或是自有蔬菜基地，还有一部分蔬菜加工或配送企业的蔬菜也会来自批发市场，补齐和调剂货源和品种。物流配送中心或加工企业与上游农业专业合作社蔬菜种植户或种植公司签约，约定好种植蔬菜的品种、种植技术、采摘标准等等，物流配送中心或加工企业依据合同规定的价格和数量，以及时间来收购蔬菜。之后根据客户要求对蔬菜进行分拣、包装处理。最终配送给超市、集团客户或港口出关。

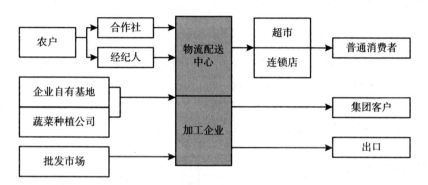

图 2 - 13 物流配送中心主导的蔬菜流通模式

值得一提的是，上述农超对接模式是物流配送中心或加工企业主导的流通模式的重要组成部分，在一定程度上使蔬菜种植户的生产更加规范，减少了农户的种植市场风险，大大缩减了流通环节，使产销对接更加精准，减少了蔬菜市场的价格波动，因此，该模式对于化解蔬菜小生产与大市场之间的矛盾、防止返贫、促进农村振兴有着重要的意义。根据蔬菜流通主体不同，农超对接模式也可以分为多种类型，本书重点以农超对接模式下的"农户 + 合作社 + 超市"类型下的蔬菜价格形成展开研究。

蔬菜流通过程中的生产经营主体可以分为农户、家庭农场、农业专业合作社和龙头企业四种。小而分散的种植方式使得农户的组织化极低，在对接超市过程中谈判能力处于弱势，并且协同成本极大。因此一般对接工作都是由合作社或龙头企业完成。考察蔬菜生产经营主体与超市对接方式，我国农超对接模式主要分为家庭农场 + 超市、蔬菜种植户 + 农业专业合作社 + 超市以及蔬菜种植户 + 龙头企业 + 超市三种类型。其中家庭农场 + 超市模式中，家庭农场无论从种植规模还是从生产经营专业化以及产品质量安全都是最具实力的，有利于超市追溯与监管其农产品质量安全；而在蔬菜种植户+农业专业合作社+超市模式中，合作社负责组织统一收购种植户生产的蔬菜，再将蔬菜销售给超市，减少了流通环节，保障了蔬菜质量安全；蔬菜种植户+龙头企业+超市模式中，龙头企业凭借在生产、仓储、销售等方面的优势，收购的蔬菜质量相对较高，比较符合超市高端人群的消费需求。

三种农超对接模式的区别在于种植户与中介的不同，合作社是一种互助型经济组织，在生产者与市场间构建了一座桥梁，在一定程度上弥补了农户单打独斗对接市场中的劣势和不足。因此该模式农超对接过程比较常见。

（四）电商主导的蔬菜流通模式

电商主导的蔬菜流通模式是通过电商和物流的对接实现蔬菜集散。在互联网开放的网络环境下，电商平台对蔬菜供求信息经过加工后，通过第三方物流对接蔬菜种植户和消费者，根据购方约定时间配送到位，互联网技术对农产品流通渠道的创新形式演化成一种全新的商业模式（见图2-14）。

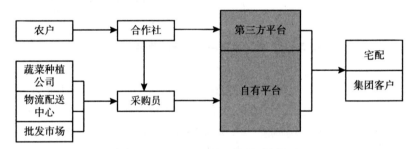

图2-14 电商主导的蔬菜流通模式

1. 电商主导型蔬菜流通模式的特点

（1）总体特征。电商主导型蔬菜流通模式的产生和发展得益于网络信息技术的兴起和网购消费习惯的培养，作为蔬菜产业链的一种新型流通模式，短时间内有效地实现了蔬菜生产经营者和消费者之间的对接，增大了蔬菜的流通半径。一般电商平台下经营的蔬菜品种以大路菜、品牌菜、特色菜为主，品质和等级较高。该模式的流通渠道比较简单，农户或蔬菜经营公司线上就可以完成订单交易，农户也可以借助农业专业合作社或蔬菜企业通过电商平台售卖，一般一到三个环节就可以完成交易，成本极低，时间极短，极大地提高了流通效率。

（2）交易主体特征。电子商务模式中的主体包括蔬菜农户、合作社、蔬菜企业，与其他农产品流通主体的区别不大；使用的平台可以是第三方，也可以是自有平台，主要用来展示蔬菜产品、功能介绍和电子结算，蔬菜买卖双方在平台上完成交易。后面的蔬菜配送交给第三方物流或自有物流按时间送达买家指定地点或代收点。

（3）交易关系特征。生鲜电商模式中各主体间的关系例如菜农与专业合作社之间、菜农与经销公司之间更接近于农超对接模式，蔬菜专业合作社或蔬菜经销公司与菜农通常都是会签订采购合约，对交易双方来讲都是有保障的。主体在与第三方电商平台在合同的约束下销售蔬菜产品，而且要遵守平台规定，遵守协议，第三方电商平台负责对各主体行为进行监督管理，一般农户、农业专业合作社以及经销商都会选择与多个平台合作，提高蔬菜销售机会，因此他们之间的合作关系相对松散，退出和进入壁垒较小。关于成交后的物流配送业务，买家可以自由选择第三方物流公司，支付一定的服务费用后完成配送，同样他们之间的合作相对比较自由，没有太强的约束。

2. 农产品电商六大模式

根据农产品上行渠道中各主体合作方式的不同，本书梳理六种农产品电商合作模式。①②

模式一：农产品生产者 + 社交自媒体 + 第三方物流 + 消费者

移动手机的使用和 PC 终端的普及，为农户在微博、微信、直播等社交自媒体上传图片或者录制视频来介绍和推销蔬菜产品提供了便利，在自媒体平台上传播交易需求、就产品回答网友提出的问题，随时接受网友的下单，通过第三方物流在约定的时间内派送到网友指定地点，完成订单。这是典型的 F2C 模式在农产品领域的应用（见图 2 - 15）。与传统的模式相比，该模式省却了经纪人和批发商这一中间商环节，使农户与消费者直接对接并完成交易。渠道两端的种植户和消费者无须认识、甚至不在同一个城市，消费者可以在社交自媒体上通过链接接收到商品的介绍，有消费意向就可以联系农户或者客服咨询详细情况（语音或文字形式），实现交易，达到集约交易成本、提高效率的目的。

该模式适用条件如下：首先，农产品生产者必须具备一定的现代信息

---

① 该部分内容参考邓进利. 农村电商热的"冷思考"与新模式［J］. 农村新技术，2019（05）：4 - 7.

② 该部分内容参考陈劲松，窦志慧，徐大佑. 供给侧视角下"农产品上行"电商渠道模式研究［J］. 商业经济研究，2018（14）：123 - 126.

技术素养，懂得使用硬件设备和社交软件来发布农产品图片和视频。其次，社交自媒体的基础农户拥有广泛的社交关系，善于开拓网络人际关系并形成自己的客户源。最后，交通情况、物流运输、冷链设备完备与否是保障后期农产品能否保质保量顺利送到客户手中的关键条件。

图 2 - 15 F2C 模式

模式二：农户 + 平台电商 + 第三方物流 + 消费者

在模式二中，农户将种植出来的农产品全权委托给平台电商，产品信息、产品介绍推广、包装、物流、发货等业务全部由平台负责。通常这样的电商平台比较专业，熟悉该类产品特性、市场，并与第三方物流形成长期的合作关系，同时对售后事件的处理有专门的团队。这就是 F2B2C 的模式（见图 2 - 16），由种植户与平台电商合作，将农产品送达消费者手里，该模式运营前景大好。事实上该模式中的平台电商取代了传统渠道中批发商、经纪人等中间商，同时又将电商在运作中的优势发挥到极致，对于熟悉电商知识，年纪大的种植户来说，加入进来没有任何门槛，提供了可能。

该模式的适用条件：首先，契约合同是农户与平台电商之间合作的重要保障，可以避免或降低因一方毁约给另一方带来的损失，最小化机会主义行为，合作双方通过各自的资源、信息整合，极大地提高了市场竞争力。其次，对因农产品滞销给农户带来的经济损失，作为合作方的平台电商可以基于一定的技术或政策倾斜和支持。最后，农产品送货的即时性、准确性和可靠性直接影响顾客的购物体验和回头率，因此在选择第三方物流合作伙伴要十分慎重。

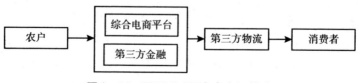

图 2 - 16 F2B2C（平台电商）模式

模式三：农户 + 垂直电商（或专业化本地电商）+ 消费者

垂直电商是专注于食品及生鲜产品网络零售的垂直网站，所售卖的农产品均来自农产品经销企业自采或自建基地，一般都拥有自己的冷链物流，电商企业参与生鲜农产品全产业链的各个环节，并严格把控产品质量安全（见图 2 - 17）。与传统交易程序不同，垂直生鲜电商将零售前置，将传统"组织货源 - 物流配送 - 零售环节"改为"货源组织 - 零售交易 - 物流运输 - 零售配送"，甚至是"零售交易 - 货源组织 - 物流运输 - 零售配送"即预售模式，并且还实现了零售交易的线上虚拟操作，买家查询、下单、支付在线上完成，实现了按需配送，降低了交易成本。

该模式的适用条件：垂直电商目标市场主要针对生鲜农产品品质、安全、健康要求较高的中高收入人群，特别是品牌类农产品，深加工半成品为主要的销售品类。而对于普通型的大众农产品销售推广有限。

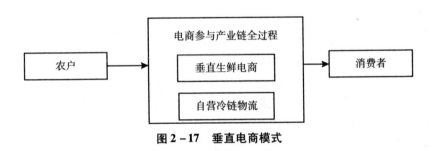

图 2 - 17　垂直电商模式

模式四：农产品生产者 + 政府搭建交易网站 + 第三方物流 + 消费者（采购企业）

在电商助力农产品上行过程中，出于农户切身利益考虑，削弱农户对第三方平台电商的依赖，政府利用技术和资金优势，为农户搭建适合各类农产品交易的平台，具有较强的公益属性。由政府搭建的交易平台为农产品网上交易进行背书，再通过第三方物流配送至消费者指定地点。交易平台由政府发起搭建即 C/B2G2B 模式（见图 2 - 18）。该模式除帮助农户售卖农产品外，对疏导本地区滞销农产品的作用更大，同时平台中动态发布关于农产品市场价格和供求信息，农户组织为下个周期的生产提供依据，极大地促进了农产品电子商务的发展。

该模式适用条件：首先既然该模式是政府主导搭建的平台，因此政府在资金、技术、人力、设备等方面的投入力度直接影响着平台业务量和功能。其次，农户电商思维与接受先进网络营销模式的能力也会影响平台在该领域的推广和服务范围。最后,商务运营人才是保证该模式交易平台运行效率的关键,线下新基建例如配送交通条件和信息条件,也是影响平台物流设施和设备的因素。

图 2 – 18　C/B2G2B 模式

模式五:农户 + 社区团购平台 + 第三方物流 + 消费者

社区团购平台在城市居民聚集区悄然兴起,它是以微信为载体,利用社区、社群资源,由商家集中化管理运营的预售 + 团购的电商平台,由社区团长在微信群里向社区居民时时发布更新推农产品,通过线上消费者社群裂变,极大地降低了获客成本,采用以销定采的预售模式,将不同社区消费者的需求汇总,向滞销区统一采购,农产品统一被运到中心仓,由中心仓发往各地区域仓,区域仓以社区为单位对商品进行再配置,最后一公里由社区团长来负责,通常采用用户自提的方式,节省物流成本及终端成本(见图 2 – 19)。

该模式适用条件:首先,该模式组织的货源通常涵盖很多门类,农产品只是其中的一部分,日用百货等工业品占比较大。其次,社区团长在产品推介中的作用至关重要,因此,团长通常是社区中社交面比较广、社交能力比较强的人,一般都有固定的场所驻地,快递点、个体商超等比较合适。

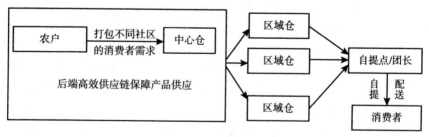

图 2 – 19　社区团购模式

模式六：农户 + 生鲜电商 + 机构客户

模式六属于 F2B2B 模式，是生鲜电商企业服务于机构客户用来集中采购农产品，不服务零售终端，电商企业依据机构客户对农产品的特殊需求，对其进行初加工或者部分深加工，经冷链运输至下游机构客户（见图 2 - 20）。根据服务的机构客户的不同，我们将该模式分为三类，第一类是服务于连锁餐饮、机关、学校等大客户的电商，如永辉彩食鲜、海底捞蜀海；第二类是服务于中小餐饮企业等小客户的电商，如美菜、美团快驴等；第三类主要业务就是给社区内的菜贩、生鲜店等中小零售商，提供采货配送和售后服务，例如"宋小菜"。该模式通过电商将农户和餐饮、零售商等机构客户连接起来，减去了批发环节，快速将农产品从产区销往各大城区。该模式下的客单价较高，市场竞争较弱，无需大量资金。而且下游客户多来自原有的临街店，不用配送到户，节省了最后一公里的到家成本。

该模式适用条件：首先，该模式的采购量极其庞大，配货的品种基本上是一站式，要求电商的货源组织能力极强，跨区长途运输对冷链技术的要求比较高。其次，配送一般拥有自己的专职配送人员，负责将农产品送达机构客户手中。最后，业务中涵盖一定的加工程序，以满足不同机构客户对产品的不同要求。

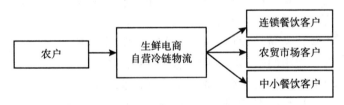

图 2 - 20　服务于机构客户的生鲜电商模式

三、蔬菜产业链组织模式面向市场类型

综合而言，目前我国蔬菜产业链组织模式大体有两种：面向低端市场的蔬菜产业链组织模式和面向高端市场的蔬菜产业链组织模式。

其中面向低端市场的蔬菜产业链组织模式分为直销模式和批发市场主导模式两种，该模式下产业链各功能环节主体之间的交易行为通常是短暂的、不稳定的。由于主体众多，缺少组织性，交易信息杂乱，很难分辨信息真伪，加大了对蔬菜质量安全监管的难度；目标客户多为收入不高的普通百姓，目标市场基本锁定在农贸市场、社区市场等低端市场。

而面向高端市场的蔬菜产业链组织模式包括以超市、集团客户和出口为终端的组织模式，流通模式为电商主导模式及物流配送中心或加工企业主导模式，其目标市场定位于那些注重蔬菜质量安全、喜欢在超市购买蔬菜的消费者以及诸如酒店、宾馆等集团客户及出口贸易。该模式下产业链各功能主体间的权责利依靠合同约束，环节之间连接较为紧密；蔬菜供给主体能够准确获取蔬菜市场供求信息，以此协调节点间业务，减少不确定因素带来的风险，节约交易成本；在农产品经销公司的组织下，农户实现了按订单安排种植计划，并且种植过程实施连续监管，保障了订单蔬菜的品质和安全。

从以上的分析可以看出，两种类型的蔬菜产业链是由具有不同特征的利益主体组成的。在蔬菜种植环节，传统蔬菜产业链中的蔬菜由农户分散种植，规模小，质量参差不齐。而现代蔬菜产业链中的蔬菜主要由合作经济组织或蔬菜种植基础及龙头企业组成，蔬菜种植规模大，品质高，质量较统一。在销售环节，传统产业链的蔬菜主要销往批发市场或直接进入农贸市场，蔬菜的贮、运、销基本在常温环境下进行，其消费群体主要是中低收入的普通消费者。而现代产业链的蔬菜一般销往超市或配送给集团客户或出口商。传统产业链上的各利益主体规模都偏小，而且数量众多，但其供给的蔬菜产量却占绝大多数，从蔬菜的种植到最终的零售，每个环节的集中度都比较低，基本处于完全竞争的市场状态。由此决定了在传统产业链中，市场化交易是各利益主体之间交易的最佳方式，因为各环节集中度低，进入、退出门槛不高，而且各种主体的资产专用性较低，其他交易方式，如合同方式，反而会增加他们之间的交易成本。当然在这种市场化交易方式下，增加了各交易主体的不确定性，导致蔬菜价格的波动性增大，经营风险提高，各利益主体的收益变得不稳定，同时，各利益主体受短期利益的诱惑，对提高蔬菜的质量安全性动力不足，导致传统产业链蔬菜质量普遍不高。这些都是由各环节经营主体规模小、资产专用性低造成的。而面向中高端市场的蔬菜产业链上的各利益主体规模都相对较大，各环节利益主体的资产专用性较高，在这种情况下，合同化、一体化的交易方式可以以较低的交易成本和更高的效率组织各环节的利益主体。在我国蔬菜种植环节，由于各种种植方式并存，特别是小规模的农户分散种植仍占主导地位，这决定了面向低端市场的蔬菜产业链将长期与面向中高端的蔬菜产业链并存。我国城市生鲜蔬菜流通模式主要是服务低端市场的蔬菜产业链组织模式,在众多流通模式中,批发市场主导模式最为典型。本书以蔬菜批发市场主导模式为重点,探讨该模式下蔬菜批发零售过程中流通效率的高低及其影响因素,为我国蔬菜流通效率的提高提供合理化的政策建议。[①]

第三节 批发市场主导的蔬菜产业链组织模式分析

30 多年的流通实践探索,我国农产品批发市场初具规模,总数量达到 4000 多家,全国占地 30 亩以上的农产品批发市场就有 3000 多家,全年约有 80% 以上的农产品经由各级批发市场进入各类零售终端,因此可以说农产品批发市场是流通体系与营销体系的核心环节。在国家相关政策的指导和推动下,农产品批发市场行业进入了发展的快车道,形成了遍布大、中、小城市的农产品批发市场网络,确保了城乡居民的农产品供应需求。

虽然生鲜电商在开拓农产品这个新市场中,试图颠覆人们传统"买菜"习惯,批发市场作为鲜活农产品流通的关键环节和主渠道并没有被撼动,反而越活越年轻,向标准化、国际化、数字化方向前进。特别 2019 年末,新冠肺炎疫情突发,农产品批发市场发挥了重要的保供稳价作用。例如河南万邦市场承担河南省 60% 以上、郑州市 80% 以上的农产品供应。2021 年,面对突发的洪涝灾情时,河南农产品批发市场人员不撤岗,全力救援车辆和货物,并坚决做到不加价、不断供、不停运,稳定了农产品供给,稳定了民众的预期。

一、批发市场主导型农产品供应链模式

批发市场主导型农产品供应链模式是以批发市场为中心,在上下游间建立起来的农产品供应链。全产业链中涉及五个环节:生产、收购、批发、零售和消费。供应链众多主体中批发商借助批发市场平台发挥了其在农产品集散功能方面的优势即规模、实力、信息等,供应链中的其他主体

---

① 该部分内容为作者于 2019 年经济科学出版社出版著作《基于产业链视角的生鲜蔬菜流通效率的度量及提升对策研究——以山东到北京蔬菜流通为例》第 38 页内容。

依附于批发商开展业务。五大环节中批发环节作为连接全链条两端的重要桥梁，为农产品交易提供场地，分为产地批发市场、销地批发市场以及中转地批发市场。批发市场利用自己强大的集散功能将众多且分散的种植户生产的各类蔬菜批发给来自全国各地的采购商，为买卖双方搭建一个共同的交易平台。

生鲜类农产品市场结构近乎完全竞争型，单个生产者和单个零售商都是价格的接受者。但是交易双方可以通过减少交易次数，控制单次交易规模来实现降低交易成本的目的。在交易总量既定的条件下，交易次数越少，交易成本就越低，而每次交易的规模越小，交易成本就越高，反之亦是。由此形成了以批发市场为中心的农产品产业链，汇聚而来的大量买家和卖家，将生产方面的信息以及需求方面的信息集中到批发市场，价格在这里被发现，农产品流通顺利进行。

（一）批发市场主导型模式下蔬菜流通特征

1. 总体特征

该模式下的蔬菜流通规模之庞大，品类之繁杂，跨地域之广，流通速度之快，覆盖城市之多是任何一种流通模式无法比拟的。从蔬菜品类和质量上来说，该模式下交易的蔬菜品类以大路菜为主，菜品质量中下等为主；从流通渠道和环节来分析，该模式下的流通渠道具有多样性和交叉性特点，经由的流通环节在 4 ~ 6 个；从流通时间和成本来讲，该模式流通环节较多，流通时间较长，这必然会增加流通成本、费用和损耗，因此经过层层加价，流通成本较高。[①]

2. 交易主体特征

该模式下的交易主体主要有种植户、经纪人或收购商、各级蔬菜批发商以及各类零售商。那么，依据蔬菜零售终端类型，零售商类型又分为农贸市场、社区、超市、路边市场、早市、便利店等等。

蔬菜种植户或生产者是蔬菜流通产业链的起始端，以家庭为单位的小农户种植主体无法决定收购价，在整个产业链中处于弱势地位。少数实力雄厚的蔬菜经销公司将业务拓展至生产领域，拥有自己的蔬菜生产基地，其本身就是生产者，主要经营有机、绿色蔬菜等高端深加工农产品，利用

---

① 该部分内容参考李靓. 基于产业链视角的蔬菜价格形成研究 [D]. 北京：中国农业大学，2018.

规模优势，市场竞争力极强。

收购商可以是企业法人，也可以是个体，例如经纪人，他们对当地蔬菜种植情况较为熟悉，有一部分人曾经就是蔬菜种植户。作为蔬菜批发商的收购代理人，负责为他们寻找菜源，简单分拣包装，最后发货，从中收取代理费。而蔬菜批发商是连接蔬菜生产者和消费者的桥梁，根据经营场所不同，蔬菜批发商可以分为产地批发商和销地批发商，一般活跃在蔬菜主产区所在地批发市场从事购销活动的主要是产地批发商，例如山东寿光农产品批发市场。而销地批发商主要在蔬菜主销区，一般是人口较多的大城市，例如北京岳各庄批发市场，上海江桥批发市场等从事蔬菜购销活动，利润核心是购销差价。

零售终端主要有农贸市场和超市，其中农贸市场是城市居民首选的购买蔬菜场所。主要由个体商贩通过租赁市场中的摊位销售蔬菜，品类以大路菜为主，一般一个摊位有 8 ～ 10 个品种，商贩们出售的蔬菜品类有差异，同品类的价格差异不大，但是一天中不同时段菜价变化较大，临近闭市菜价越便宜，当然菜品的质量也越差，市场交易都是现金结算。近年来，生鲜区作为超市集客力最强的业务发展较快，卫生条件较好，环境舒适，同时还可以购买到蔬菜以外的其他商品，完成一站式购物，到超市购买蔬菜产品被越来越多的人，特别是中青年人群所选择。但是由于在超市购买蔬菜，自由选购中的挑菜行为，使得损耗较大，另外超市进场费、人工、管理、冷藏等成本较高，因此超市蔬菜价格一般都高于农贸市场。而分布在人口集聚的社区周边的便利店，面积虽小但是比较卫生，而且便利性得到了社区居民的认可，所出售的蔬菜价格低于超市，但是高于农贸市场。

3. 交易关系特征

批发市场主导型下上下游各主体间的交易关系没有形成契约，因此比较松散，对手交易过程中出于自身利益的考虑，合作关系随时面临考验，可以瞬间瓦解，也可以转眼成交，因为没有规范的法律效应的约束，违约成本极低。收购商或经纪人与种植户之间的合作关系，光景好的时候，种植户可以选择出价高的收购商，放弃之前与之约定好的经纪人或收购商。而收购商与批发商的代理关系也不稳定，中间收购商对批发商的响应与否，在很大程度上履行也不受法律约束，全凭信誉。

（二）批发市场在农产品流通中居主导地位的必然性

多年来，我国生鲜类农产品种植基本上以家庭为单位小而分散，缺乏契约精神和保障，冷链和现代物流技术落后。加之我国人口众多，地域广袤，农产品消费具有生产的季节性、偏好的差异性和销售的分散性的特点，需要借助批发市场的集散功能完成商品向货币的惊险一跳，因此批发市场主导型农产品流通模式在众多流通模式中仍然处于主导型地位。随着农产品市场化不断演化升级，各主体长期博弈共生过程中批发市场主导模式成为一种相对稳定的构态。该模式下农产品批发市场经营的批发业务是缔结流通产业链条中生产端与消费终端的桥梁。随着农产品批发市场业务遍布全国，大流通格局逐渐形成，至此我国农产品流通效率得到了极大的提高。

1. 批发市场是农产品流通链的物流集散中心

传统的家庭个体种植方式，使得蔬菜种植户无法及时准确的对接市场，批发市场的集散功能是任何一种平台无可替代的，同时吸引各地的批发商进驻市场采购所需菜品，再发往全国各地，短时间出清。40 多年的农产品批发市场发育，各大批发市场无论从货源还是客源群体基本固定，市场业务的辐射范围越来越广。个别规模庞大、实力雄厚的批发市场，将业务前置，建立自己的生产基地或是直接与农户或农产品生产基地签订采购合同，在产前就保障农产品的销售，同时也稳定了批发市场该类农产品的货源和质量，也可以增加农民收入。此外，在农产品消费方面，我国的家庭结构越来越简化，基本上以核心家庭为主，同时城镇农产品零售布局越来越密集，因此一般每个家庭单次采购量少，家庭采购频率加大，购买渠道多样且便捷。城镇化水平的提高，人口越来越聚集于大中小城市中，在我国基本上各大城市都设立批发市场，特别是大城市批发市场的数量更大，据统计，大中城市 70% 的鲜活农产品均来自农产品批发市场。这有力地保障了城市居民的蔬菜数量供给，价格稳定。总之，农产品批发市场在一定程度上缓解了"卖难买贵"问题，在稳定农业生产和民众生活方面发挥了重大作用。

2. 批发市场是农产品流通链的信息交换中心

农产品一头连接着农户，另一头连接着消费者，其供给是不折不扣的民生问题。作为两者之间桥梁的批发市场将供给和需求信息汇聚起来，并第一时间传递给生产者和消费者，使其成为收集、分析、整理和发布市场信息的交换中心。种植户作为流通链条的起点，市场信息渠道以及认知能力使得他们仅仅凭借生产经验来决定生产什么，生产多少，跟风式的种植往往会出现丰产却不丰收的结果。在销路方面，农户大多数是等着收购商或经纪人上门，在谈判过程中往往是被动的，如果收购商拒绝收购，就会面临滞销，而且农产品不易储存，预冷费用高，因此采摘后需要迅速出清，在收购价格方面不占优势，同时农户的市场信息都是二手信息，因此无法判断市场价格的真伪。农产品批发市场通过整合上下游客户带来的供给和需求信息，再经过处理传递给生产端的种植户，使其提供的农产品更加符合市场需求。

3. 批发市场是农产品流通链的协调中心

农产品流经批发市场，再从批发市场进入各类零售终端，批发市场为各流通主体搭建了一个共同的平台。通过对农产品物流的协调控制，可以减少损耗，降低成本，提高效率，各流通主体都能获益。供应链可以依相反的方向将上游企业提供的农产品的品类、数量、产地等信息反馈给批发市场，批发市场再传导给下游的连锁超市、农贸市场等经销商。协调效果取决于链条中各环节的信息传递的是否顺畅，农产品批发市场作为链条中的关键环节，信息传递体量十分庞大，速度快、质量高，极大地减弱了信息延误产生的"牛鞭效应"。

4. 批发市场是农产品流通链条中的结算中心

批发市场传统型的交易方式采用"三现交易"，即现货、现金和现场。日常交易结算数额巨大，不仅烦琐而且还不安全。随着电子货币的普及，数字化时代的到来，农产品批发市场也逐渐地采用电子结算方式，该方式不仅省却了现金结算的烦琐程序，还提高了计算速度，杜绝了假币，提高了大规模资金跨省流转的安全性。同时电子结算还可以将交易农产品的产、供、销等信息储存在电脑中，便于对农产品大数据采集和跟踪，特别是为质量安全追溯系统的建立提供基础数据。

（三）批发市场主导模式与现阶段农业生产方式相匹配

我国农业呈现出人多地少、土地细碎的局面，在一定程度上制约了农业生产，久而久之，形成小生产与大市场之间的矛盾，短期内无法改变农业生产分散和组织化程度低的现实，为了化解这一难题，在坚持农村土地集体所有制基础上，家庭联产承包责任制应运而生，并作为一项农业改革的基本国策，在未来的农业生产中发挥出卓有成效的作用。在农产品流通产业链中，种植户本身无法实现对初级农产品进行标准分级、精细包装和深加工，只能进行简单的分拣和筛选，基本上是原生态出售，没有附加价值，无法高价出售，而在批发市场可以完成分级、包装，初级加工甚至是深加工，同时还备有冷藏库、保鲜库，延长农产品存放时间，以及满足长途运输中所需要的预冷等要求，从而提升了农产品的品质、档次以及价格，实现更大的利润。考虑到单个零售商所能消化的农产品数量不大，即便农户可以直接对接零售商，每次的交易量不多，随着交易频率提高，交易成本也随之提高，因此批发市场完成规模的农产品交易，批发商批发后再分流给零售商，这样就减少了交易费用和成本。

批发市场在我国农产品流通中的主导地位也和农产品的特殊性有关，农产品生产具有区域性、季节性、周期性，消费具有高频性、异质性、广泛性，此外生鲜类农产品不易储存，需要短时间内快速出清，因此批发市场中的冷藏库、保鲜库等基础设施可以延长生鲜类农产品的保存时间，此外，批发市场配备了食品安全检测系统，确保所售农产品的质量安全，同时也可以对问题产品进行追踪。

二、中国农产品批发市场发展沿革

伴随着经济体制和商业体制的改革浪潮，我国农产品批发市场的规模越发壮大，从早期的产地市场到与销地市场和中转地市场齐头并进，从社会资本主导到政府政策扶植，中国农产品批发市场发展大致可分为六个阶段。①

（一）自发萌芽阶段（1978 ~ 1984 年）

1978 年，党的十一届三中全会召开，正式拉开了改革开放的序幕，城乡集市贸易开始活跃起来，一些传统集市向批发市场发展，从而在集市母体中孕育出了我国最初一批农产品批发市场。1984 年 3 月，山东寿光蔬菜批发市场建立，成为我国农产品批发市场建设的划时代的转折点。到 1984 年末全国已建立起城市贸易中心 2248 个，其中农产品贸易中心 753 个，综合贸易中心 241 个。城乡集市贸易点由上年末的 4.8 万个增加到 5.6 万个。

（二）快速发展阶段（1985 ~ 1990 年）

随着农村商品经济迅速发展，国家因势利导加大流通体制改革步伐，

---

① 该部分内容参考马增俊. 中国农产品批发市场发展现状及热点问题 [J]. 中国流通经济，2014，28（09）：8 - 12.

1985 年初宣布废止已实施 30 多年的统购派购政策，农产品自由产销局面自此全面推开。除棉花等极少数品种外，批发市场成长为农产品批发流通的主渠道。

据工商部门统计，1986 年农产品批发市场有 892 个，总成交额 28.35 亿元，平均每个市场成交额 317.8 万元，到 1990 年，数量发展到 1340 个，是 1986 年的 1.5 倍，总成交额 115.79 亿元，是 1986 年的 4 倍多，平均每个市场成交额 864.1 万元，是 1986 年的 2.7 倍多。

（三）盲目发展阶段（1991~1995 年）

为改善农产品流通特别是城市农产品供应，国家于 20 世纪 80 年代末推出"菜篮子工程"，要求各地加强农产品批发市场建设。在此背景下，不少地方提出"谁投资，谁受益"方针，很快便在全国形成带有几分盲目的批发市场建设热潮。在许多地方，确实是建一个市场、兴一个产业、富一方百姓。至此，我国农产品批发市场已基本形成了以大中城市为核心，遍布城乡、多层次、多门类的市场体系。一些地方出现了有场无市的"空壳市场"，市场管理方面也出现了一些问题。

这一阶段，农产品批发市场由 1991 年的 1509 个增长到 1995 年的 3517 个，连续 5 年递增率超过两位数，其中 1995 年甚至高达 42.3%。每年增加 400 多个新建的农产品批发市场，在短短几年时间内增加近 1.3 倍。

（四）规范发展阶段（1996~2001 年）

1996 年前后，农产品供过于求，刺激了地方保护主义泛滥，对农产品批发市场造成很大影响。国家采取了一系列措施对批发市场进行规范：一是推行市场办、管分离；二是实行市场登记与年检制度；三是整顿市场秩序，打击车匪路霸和欺行霸市的违法行为，清理撤销地方政府不当的政策措施；四是调整基层工商行政管理机构，改由省局垂直领导，减少基层政府对市场管理执法的干扰等。这些措施，提高了农产品批发市场运行的规范化程度。

1996 年工商部门统计的农产品批发市场数量为 3844 个，总成交额是 1906 亿元，平均每个市场成交额是 4958.4 万元，2001 年是 4351 个，总成交额 3423.1 亿元，每个市场平均成交额 7867.4 万元，市场数量、总成交额及平均成交额都是逐年小幅增加，其中，2001 年市场数量 4351 个，比 2000 年 4532 个减少 181 个，首次在市场数量上呈负增长，这说明批发市场的数量发展已渐趋平稳。

(五) 质的提升阶段 (2002～2008 年)

入世后，随着市场的逐步对外放开，我国经济的发展客观上要求我国农产品批发市场进一步实现规范化、制度化和法制化，实现质的提升，农产品批发市场进入了二次创业阶段。

从 2002 年开始，商务部等有关部门先后启动了"国债项目（2003～2008）""标准化市场工程""三绿工程""双百市场工程""升级拓展5520 工程"等，支持农产品批发市场的提档升级和规范化水平。这一阶段，国家计委等六部委联合印发了《关于加快农副产品流通设施建设的若干意见的通知》，把农副产品流通设施明确为社会基础设施的一个重要组成部分。《农副产品绿色批发市场标准》《农副产品绿色零售市场标准》《农产品批发市场管理技术规范》等国家标准的颁布和实施，填补了我国农副产品流通领域内国家标准的空白。《流通领域食品安全管理办法》《农产品批发市场食品安全操作规范》推动了农产品批发市场的规范化、法制化进程。

(六) 集团化发展阶段 (2009 年至今)

此阶段之前的批发市场大多采取单体经营和发展的模式，而在这一阶段，我国农产品批发市场发展呈现出一系列新特征，其中，集团化发展不得不引起我们的重视，即一些有实力的批发市场通过多种方式，在全国各地投资建设批发市场和物流园的现象。2012 年 12 月，商务部出台《关于加快推进鲜活农产品流通创新指导意见》，其中提到"鼓励鲜活农产品流通企业跨地区兼并重组和投资合作，提高产业集中度"，进一步推动了批发市场集团化发展的步伐。

我国农产品批发市场发展是在经济体制转轨和改革的推动下完成的，具有企业化、盈利化的特征，为了提高流通中介主体的积极性，创办初期采取"谁投资，谁受益"的模式运营，至此农产品流通主体的积极性被调动起来，市场供需增加，各经营主体利润得以提高，保证了城市"菜篮子"产品提质增效。企业化运作的农产品批发市场坚持现代企业制度，自主经营、自负盈亏、科学管理和自我发展，实现农户、中间商、批发市场和消费者多方共赢。为了覆盖更大市场，争取更多的货源和客源，许多批发市场为了做大做强，开始尝试品牌化以提高自己的竞争力。这些批发市场定位明确，以消费者需求最大化为目标，依据顾客偏好，在所经营的农产品品类、服务和理念上有所突破，以求与同类市场的差异提高竞争优势，尽量避免货源和客源冲突带来的恶性竞争，同时批发市场的经营管理水平开始更加科学，运用多种市场营销手段，打造品牌，在中间商和消费者中建立口碑。在我国农产品流通供应链中积极承担核心企业的角色，树立企业形象，承担企业责任。并且与时俱进，积极利用数字化技术和平台，为农产品批发市场数字化、智慧化转型拓展空间，未来我国农产品批发市场在农产品流通领域中的主体地位不会改变。

第三章

批发市场主导模式下蔬菜流通
效率多维测度方案构建

在我国以效率变革为主线来提高全要素生产率的背景下，研究选择"批发市场主导模式下生鲜蔬菜流通效率评价及提升路径"为研究对象，采用"概念界定－评价体系设计－指标体系评价及因素分析－发达国家和地区经验梳理－提升路径设计"的研究逻辑。立足民生，践行效率变革，以生鲜蔬菜为例，构建一套批发市场主导模式下生鲜蔬菜流通效率多维测度方案，在诠释了流通效率研究核心概念的前提下，解读了流通要素之间的关联性，多维视野下梳理了评价指标之间层级以及逻辑性，实现了对流通效率的分层逐项测定，为后面的实证测度以及效率损失来源的研判提供蓝本。

第一节　核心概念界定

一、流通、效率及流通效率

1. 流通

商品交换经历了物物交换、以货币为媒介的商品交换以及以商人为媒介的商品交换，无论哪一种形式，本质上讲都是劳动产品或生产物从生产端转移到消费端。这种"转移"就是流通，也称为"流通一般"。这一概念是由我国著名经济学家孙冶方最早提出来的。[①] 他解释道："流通是社会

---

① 该部分参考孙冶方. 流通概论 [J]. 财贸经济，1981 (01)：6－14.

产品从生产领域进入消费领域所经过的全部过程。由不断进行着的亿万次交换所构成的流通，是社会化大生产的一个客观经济过程。有社会分工，就会有交换；有社会化大生产，就会有流通过程。"流通是社会实现再生产的基础，因为流通才能使社会化大生产循环永续的运行下去。马克思认为流通本身不创造价值，但是价值的实现又离不开流通。欧美等发达国家提出的分销就是市场营销学过程中，生产者将商品所有权转移给消费者，需要借助一定的渠道并且发生一定的费用，例如代理费以及批发、零售等各环节截留的利润等。而流通强调的是社会化再生产过程，这个过程服务于也服从于市场需求，是交易主体经济行为和商品形态不断循环的过程。其中涉及众多流通主体、流通环节以及流通客体等等才能完成社会化再生产。①

2. 效率

《现代汉语词典》将"效率"解释为单位时间内完成的工作量。"效率"一词，较早出现的拉丁文"efficient"是指有效的因素。后来主要被理解为有效的比率。效率作为一个经济学专有名词，通常指经济活动中投入与产出的比率，即经济活动中的各种要素的投入与产出物的比率。投入的要素包括资本、劳动、信息、管理技能等，而产出物可以是有形的产品，也可以是无形的服务。

3. 流通效率

本书中的流通效率特指流通体系的效率即在商品流通过程中，商品流通产出与流通成本的比值。所谓"流通是有效率的"即是以最小的流通成本获得既定的流通产出，或以既定的流通成本获得最大的流通产出。仅以其中的某一项来衡量流通效率是不全面的，二者要综合考虑。[53]一般来说，流通产出的增加，必然要求流通成本也要增加，不能一看到流通成本的增加，就认为整个流通过程是低效率的，要以二者最终的比值大小来决定流通效率的高低。②

二、农产品流通及农产品流通效率

1. 农产品流通

农产品流通可以界定为农产品的流通过程。不同的国别和学者对农产

---

① 该部分参考周强. 对流通基础性问题的再认识［N］. 国际商报，2017 – 06 – 22.

② 张磊，王娜，谭向勇. 农产品流通效率的概念界定及评价指标设计［J］. 华东经济管理，2011，25（04）：18 – 21.

品流通的内涵和外延理解不同，日本学者认为农产品流通专指鲜活类农产品的流通，包括生鲜蔬菜、肉蛋类、水产品等，不涵盖粮食作物等非鲜活农产品。反之，美国学者所指的农产品流通除了生鲜农产品，还包括经加工后的成本或半成品农产品以及食品，因此在美国学界更多是将农产品流通放在食品营销的大框架下进行研究。① 学者许文富认为农产品流通就是将农产品从产地转移至消地，满足需求者的各种经营活动。② 安玉发教授认为农产品流通是涉及农产品从生产到消费各个环节中的物流、资金流、信息流和商流的全过程。③

本书中所涉及的农产品流通是指农产品、农产品加工品和食品从生产地向消费地转移的全过程以满足消费者需求的各类活动。农产品流通是搭建在农产品生产者和消费者之间的桥梁，生产者生产的农产品要经过流通这一环节才能到达流通终端，对引导农产品生产、改善消费者福利、维护食品安全具有重要意义。在农产品流通中，分工是明细的，各流通主体只负责流通中的某一环节，农产品流通是一个体系，是由不同的流通从业人员履行不同的流通职能共同完成农产品买卖活动的系统，包括流通主体（如批发商）、流通载体（如批发市场、超市）、流通客体（如蔬菜、水产品）、流通支撑要素（如交易技术、交易制度）等要素。对于整个农产品流通体系来讲，它是由农产品流通直接引起或与农产品流通直接有关、直接由其派生并直接为其服务的商流、物流、信息流和资金流的总和或总称。

2. 农产品流通效率

农产品流通效率是指农产品流通过程中的流通产出与流通支出的比值。其中，农产品流通产出是农产品各流通环节附加价值的总和，流通支出包括农产品流通过程中发生的流通费用及交易费用。由于农产品流通经历环节较多，物质形态改变较大，加上政府部门没有全国范围内的农产品流通的统计资料，这使得农产品流通过程中的产出与支出很难获知。所以，农产品流通效率很难用单一指标进行评价。因此，农产品流通效率的高低只能从不同的侧面选取一组相关的指标体系间接地进行评价。[53]

不同种类的农产品表现出不同的流通特质，因此，有针对性地设计不

---

① ［美］库尔斯，乌尔著. 农产品市场营销学［M］. 孔雁译. 北京：清华大学出版社，2006：6.

② 许文富. 农产运销学［M］. 中国台湾：正中书局，1999：1.

③ 安玉发，张浩. 果蔬农产品协议流通模式研究［M］. 北京：中国农业大学出版社，2010：14.

同类别的农产品流通效率评价指标体系对其进行多维度综合评价十分必要。蔬菜作为城乡居民日常生活必需的副食品，其生产的季节性、地域性、分散性及易腐性决定了蔬菜流通成为我国农产品流通体制改革的热点和难点。蔬菜流通效率是蔬菜流通整体体系的效率，蔬菜流通体系是与蔬菜流通过程相关的各个要素相互作用、相互制约而形成的一个有机整体，借鉴汪旭辉（2008）对流通体系的分类，可以将蔬菜流通体系总体分为三类：一是蔬菜流通主体类要素，二是蔬菜流通载体类要素，三是蔬菜流通支撑类要素。流通主体类要素是指活跃在产地和销地市场间的各类蔬菜流通主体，包括蔬菜一级、二级批发商和蔬菜经纪人、合作经济组织等；蔬菜流通载体类要素是指从事蔬菜交易的各类流通组织，包括产地批发市场、销地批发市场和中转地批发市场、生鲜超市、生鲜电商等；蔬菜流通支撑类要素主要指确保蔬菜流通顺畅的技术支撑、信息保障与政策支持。三类要素相互联系，交织在一起，构成了蔬菜流通体系的基本框架，如图 3 - 1 所示。

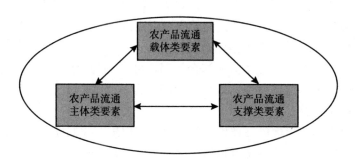

图 3 - 1　农产品流通要素间的关系

第二节　批发市场主导模式下蔬菜
流通效率评价指标设计

一、评价指标设计思路

考虑到蔬菜流通过程中的大部分产出和成本数据缺少官方统计资料以及采用单一指标或单一评价模型测度流通效率的局限性，本书认为应从不同侧面通过一组相关指标体系对流通效率进行多维度综合评价。根据生鲜蔬菜流通的特点，借鉴寇荣和谭向勇（2008）、张磊等（2011）、洪涛（2012）等学者所设计的流通效率评价指标体系，本书将批发市场主导模式下蔬菜流通效率评价指标总体分为两大类，一类是经济指标，另一类是非经济指标。

1. 经济指标设计思路

批发市场主导模式下的蔬菜流通产业链是由收购、批发、零售三个环节衔接而成的，评价这种松散产业链的运行效率，拟从宏观、中观及微观三个维度构建经济指标评价体系：宏观层面评价蔬菜流通产业链条整体的流通效率，综合反映产业链条整体运行绩效、运行质量和服务水平；中观层面评价蔬菜产业链条各个环节的运行效率；微观层面评价各流通环节内部不同流通主体（如蔬菜一级批发商）的运行效率。遵循这个逻辑，对于流通效率的评价，宏观层面借助市场整合度指标来考察产销地之间、批零市场之间衔接的紧密程度及其内部的协调程度；中观层面运用 DEA 方法测度流通产业链各环节的市场运行效率，特别是蔬菜批发市场的整体运行效率；微观层面利用单一性流通效率微观比值指标（人均销售额、流动资产净利率等）和技术效率指标测度流通主体和流通节点的运行效率。三个层面的评价从整体（蔬菜流通综合效率评价）到局部（市场的运行质量）再到具体（流通主体的技术效率以及绩效评价），三个维度的评价结论环环相扣，相互补充，相互印证，缺一不可。上述经济指标评价中，可能会出现三个维度的指标最终评价结果相对比较理想，我们能否就此认定蔬菜流通是有效率的？答案是否定的，此时还要考虑成本因素对流通效率的影响。通常流通产出与流通成本是成正比的，流通产出增加，流通成本必然相应增加，反之亦是。然而在流通效率评价过程中，不能仅凭流通成本增加，就判定流通效率在下降。关键是看在产出一定的情况下，流通成本还有没有降低的空间，进而对流通成本进行因素分析。此类指标在应用上可以借鉴学者杨小凯提出的交易成本理论即将交易费用划分为外生交易费用和内生交易费用。在此方法下，对于外生的交易费用，我们可以用蔬菜流通差价进行衡量，通过分析流通差价的结构，计算蔬菜流通所发生的各项费用组成，以此找出影响蔬菜流通效率的因素。对于内生的交易费用，借鉴制度经济学的分析方法，对蔬菜批发过程中所发生的交易费用及其影响因素进行深入分析。

2. 非经济指标设计思路

考虑到蔬菜易腐易损性、安全性、消费的高频性等产品特性，构建流通效率指标体系中还应涵盖衡量流通质量优劣的非经济指标，本书拟采用流通时间、抽检合格率、流通损耗率等非经济指标对流通效率进行测度，完善批发市场主导模式下蔬菜流通效率评价体系。

综上所述，在整个流通效率评价体系设计上，本书采用经济指标和非经济指标相结合、定量与定性分析相结合的多元化、立体式、全方位的复合型评价体系的设计理念，综合反映批发市场主导模式下的生鲜蔬菜流通效率。在这个评价体系中我们既可以鸟瞰整个批发环节的整体运行态势，又可以洞察各类市场间的整合情况，同时也能甄别影响批发环节流通效率功能发挥的具体因素。

二、评价指标体系分析

1. 宏观层面的评价指标及评价方法

宏观层面流通效率评价的意图是测度整体流通效率的高低及其影响因素，达到鸟瞰整个蔬菜流通体系运行态势的目的。前述流通效率评价方法中，层次分析法、因子分析法以及主成分分析法在指标选取上的主观性较强，容易导致效率测量存在人为误差（程书强，2017）。整个蔬菜流通体系由众多市场组成，包括销地市场、产地市场及中转地市场，这些市场既有区域性的地方市场，也有辐射区域更广的全国性市场，因此，宏观层面效率评价可以从各市场间整合程度的角度去评价。自从恩克（Enke，1951）提出了空间分离的市场均衡理论，经过半个多世纪的发展，市场整合理论已日趋成熟。蔬菜市场整合程度越高，蔬菜价格在不同市场间传递越高效，区域间的价格差异会刺激蔬菜购销商将蔬菜从价格低的地区转售到价格高的地区，获取更高的收益，最终使不同市场间的价格趋于一致（即价差等于各种流通成本之和）。因此，市场整合度越高，市场机制在调节供求及稳定市场方面的作用越强（喻闻、黄季焜，1998）。目前，市场整合度测度方法分为四大类：生产法、贸易法、价格法和经济周期法（潘方卉，2016），其中，价格法由于其较强的理论基础及数据的易得性应用最为普遍。价格法又包括相关系数法、Ravallion模型法、市场联系指数分析法、协整检验法等，其中协整检验法充分考虑了农产品市场价格的非平衡性特征，在农产品市场整合研究中应用最为广泛。

2. 中观层面的评价指标及评价方法

在测度蔬菜市场整合度并分析其决定因素之后，接下来就要深入各类蔬菜交易市场，包括批发和零售市场，分析市场的运行效率。可以基于蔬菜批发市场的经济性目标，基于农业农村部全国定点蔬菜批发市场的抽样调查数据，运用 DEA 方法，测度蔬菜批发市场的经济效率，提出更切合中国情境以及社会公众期望的、提升批发市场经济效率的对策。

3. 微观层面的评价指标及评价方法

在蔬菜流通体系中，活跃着不计其数的购销商，特别是那些依附于各级蔬菜批发市场的批发商，其运行效率直接影响着我国蔬菜流通体系效率的高低。可以从两个方面对蔬菜购销商的运行效率进行评价。

一是考察其经营绩效。蔬菜购销商投入大量人力、物力、财力实现蔬菜的跨区域流通，其终极目标是利益最大化。因此，获得合理的收益报酬成为购销商得以持续投入的重要前提。如果从事蔬菜流通活动收益低于其他行业，由于沉淀成本低，购销商会选择用脚投票，那么蔬菜流通的生态系统就会被破坏，呈现低效率运行。当然，如果购销商在蔬菜购销过程中获得了超出社会平均水平的超额报酬，最终会传递到消费环节，使得消费者支付更高的蔬菜价格，特别是低收入人群，基于经济归宿理论，蔬菜的价格弹性小，该部分人群的福利受损最大，那么，蔬菜流通也是低效率的。因此，我们可以借助销售收入利润率、流动资产净利率、人均销售额、人均毛利等指标反映蔬菜购销商的运营效率。那么，如何判定其利润率的合理性呢？可以借鉴 SCP 分析框架，首先基于实地调研数据测算批发市场集中程度，在分析蔬菜批发行业进出壁垒以及产品差异性的基础上来判定批发市场是否存在垄断成分，进而分析批发市场经营主体的市场行为（价格行为与非价格行为），最后根据人均销售额、销售收入利润率等绩效指标来评价市场经济效率，找出影响因素（张磊等，2018）。特别需要指出的是，在评价各绩效指标时，应重点分析批发过程发生的各项费用及其构成，以此找出影响流通效率的关键因素。

二是考察其技术效率。购销商作为蔬菜流通过程中流通职能的具体执行者，在流通活动中都有自己的一个投入产出函数，受社会、经济、人口学特征等因素的影响（张磊等，2011），绝大多数购销商的实际产出水平均处于产出可能性边界之内，因此，有必要利用技术效率指标考察购销商在蔬菜流通过程中是否有效率损失以及损失大小。如果存在效率损失，可以进一步分析影响技术效率高低的因素，并提出应对措施。由于 DEA 分析方法未考虑随机因素以及统计噪声的影响，同时对奇异值也非常敏感

（汪旭晖，2015）。而蔬菜批发过程通常是一个充满噪声、奇异值频繁出现的过程，因此可以采用参数法，以巴特恩与科埃利（Battese and Coelli，1995）提出的随机前沿模型（SFA）作为基础来考察蔬菜批发商的技术效率及其影响因素。根据实证分析结果，提出改进对策。

4. 流通成本指标及其评价方法

上述经济指标评价中，可能会出现三个维度的指标最终评价结果相对比较理想，我们能否就此认定蔬菜流通是有效率的？答案是否定的，此时还要从成本的角度对蔬菜批发环节的流通效率做进一步的分析。通常流通产出与流通成本是成正比的。然而在流通效率评价过程中，不能仅凭流通成本增加，就判定流通效率下降。关键是看在产出一定的情况下，流通成本还有没有降低的空间，这实际上是经济学中帕累托改进思想的体现，因此需要进一步分析影响流通成本构成的因素，并提对改进的对策。此类指标在应用上可以借鉴新兴古典经济学的代表学者杨小凯的研究成果即将交易费用划分为外生交易费用和内生交易费用。

（1）外生的交易费用是在交易过程中直接或间接发生的费用，是客观存在的实体费用，我们可以用蔬菜流通差价进行衡量，通过分析流通差价的结构，测算流通过程中产生的各项费用构成，并探究影响流通效率的关键因素。流通差价从结构上看，又可以分为两部分，一部分是蔬菜购销商执行相应流通职能所支付的实际费用，如包装费、装卸费、租车费等，另一部分是购销商获取的利润，它受市场竞争程度、流通损耗、业务量等众多因素的影响。用流通差价的高低来评判流通效率，关键是看每部分成本的合理性或有没有改进的空间，不能看到流通差价提高，就认为是流通效率下降了。有些学者认为，农产品流通环节越多，成本就越大，因此，建议缩减流通环节，提高流通效率，这个观点有待商榷。实际上，减少流通环节不一定能降低流通成本，特别是蔬菜跨区域流通的大背景下，海南的蔬菜运到北京，必须要经过一级批发、二级批发，有些蔬菜或许还要经过寿光中转之后才能进入北京的零售终端，因此，不能仅以蔬菜流通经历的环节多少、蔬菜加价的高低来判断流通效率的大小。根据杨小凯的新兴古典经济学的分工理论（杨小凯、张永生，2002），如果流通环节的增加能够实现分工细化，专业化程度提高，那么某个蔬菜流通环节存在的合理性与否取决于该流通环节所带来的流通收益是否大于分工细化所产生的流通成本，当流通活动的专业化收益高于其所产生的成本时，蔬菜流通效率将因流通分工的细化而提高。

（2）内生的交易费用是由于道德风险、逆向选择、机会主义等因素所导致的各种隐性费用，这里可以借鉴新制度经济学的分析方法，对蔬菜批发过程中所发生的交易费用及其影响因素进行深入分析。现有研究成果表明，低的交易费用意味着更多的贸易、更高的专业化和更高的生产率，然而交易费用受到来自体制、法律以及文化等因素的影响，难以量化（赵红军，2005）。因此，可以根据交易费用理论和制度变迁理论，从宏观、中观和微观三个层面分析制度因素对蔬菜批发流通效率的影响。宏观层面可以考察我国蔬菜流通体制发展历史，着重分析蔬菜流通体制变迁对蔬菜交易费用的影响、当前存在的不足及未来改进的方向；中观层面主要围绕一些与区域性、部门性、行业性有关的蔬菜流通制度进行案例研究，分析其对流通效率相关指标的影响，总结其实施的经验与教训；微观层面可以国内典型农产品物流园（如山东寿光农产品物流园、北京新发地市场、上海江桥批发市场）为例，对其内部管理制度（蔬菜检测制度、交易制度、产销融合制度等）的创新进行案例分析。

5. 非经济指标及评价方法

蔬菜流通活动所提供的价值增值服务，其产出除了服务数量，还应当包括服务质量，特别是对于生鲜蔬菜这种易腐、易损、保持期短、消费频率高的农产品，在流通过程中能否保证其新鲜度，能否降低损耗率，也是评价流通效率的一个方面，因此，除了设计反映经济属性的指标以外，还可以借助流通损耗率、抽检合格率、流通时间等反映非经济属性的指标来评价流通质量。

流通时间反映流通速度，在投入既定的情况下，蔬菜从产地最终进入消费者的厨房所用时间越少，蔬菜流通中的停滞就越短，蔬菜越新鲜，表明流通效率越高。抽检合格率反映蔬菜流通过程中的安全水平，流通环节的蔬菜检测是质量安全的重要保障，因此抽检合格率越高，说明蔬菜质量越安全，表明流通效率越高。损耗率是流通过程中的损耗与流通数量的比值，由于蔬菜产品的易腐易损性，蔬菜在包装、搬运、运输、销售等环节都会造成损耗，这些损耗会被各环节的流通主体记入其成本中，通过提高售价由消费者买单，可见，损耗率越高，中间发生的流通成本越大，流通效率越低。在利用这三个指标评价流通效率时，同样遵循帕累托改进的思想对效率高低进行判断，在成本既定条件下，看这三个指标是否有改进的空间，而不能仅凭指标值的大小得出评价结论。

三、测度方案设计

批发市场主导模式下蔬菜流通链长、环节多，若以评价指标为主线开展研究会使结果显得混乱。本书试图对蔬菜流通体系进行细化，探究各部分影响流通效率的关键因素。如同体检，需要对人体不同组织分别设立检查项目，根据检测结果综合判断一个人是否健康。因此，实证部分借鉴汪旭辉（2008）对流通体系的分类方法，从流通载体要素（流通市场体系）、流通渠道要素（流通主体）和流通支撑要素（流通技术、流通制度）三个层面对流通效率进行度量并分析其影响因素。

1. 蔬菜流通市场体系

评价指标包括市场整合度、市场的运行效率。首先考虑到批发环节在流通体系中的重要性，本部分以蔬菜产销地为例，应用 JJ 协整检验方法，通过收集各批发市场官方网站、中国蔬菜网、中国农业信息网等信息平台发布的 2012～2017 年度部分大宗蔬菜产品（如大白菜、土豆、胡萝卜）每日价格资料，测度我国产销市场整合水平并分析产销市场整合的决定因素；然后利用 DEA 模型，根据对农业农村部全国定点蔬菜批发市场的抽样调查数据，评价批发市场的经济效率并分析各自的影响因素。

2. 蔬菜流通主体

评价指标包括蔬菜批发、零售主体的经营绩效（销售收入利润率、流动资产净利率、人均销售额、人均毛利等）及其技术效率。基于实地调查数据，首先利用 SCP 分析方法，分别探讨蔬菜流通链中批发、零售行业的市场结构、市场行为及其经营绩效。在分析各绩效指标时，同时分析流通过程中发生的各项费用及其构成，准确把握影响蔬菜价格大幅波动的关键因素；然后利用随机前沿模型（SFA），评价批发、零售主体的技术效率及其影响因素。

3. 蔬菜流通技术

评价指标包括损耗率、流通时间、交易费用、抽检合格率等。首先通过深入访谈和典型案例，分析目前批发市场主导模式下蔬菜流通过程中采用的运输、包装、装卸搬运、仓储等物流技术对蔬菜的损耗率、流通时间的影响。其次，分析涵盖电子结算体系、市场信息采集发布体系、追溯体系、质量安全检测体系、电子商务技术等交易技术对蔬菜流通效率的影响。

4. 蔬菜流通制度

评价指标包括抽检合格率、交易费用等。根据交易费用理论和制度变迁理论，从宏观（我国蔬菜流通体制变迁过程）、中观（对与区域性、部门性、行业性有关的蔬菜流通制度进行案例研究）和微观（以典型市场为例，对其内部管理制度创新进行案例分析，如蔬菜检测制度、交易制度等）三个层面分析制度因素对蔬菜流通效率的影响。

第四章

批发市场主导模式下蔬菜流通效率
度量及影响因素分析

本章从流通市场层面、流通主体层面、流通技术层面以及流通制度四个层面测度相关效率指标，剖析影响蔬菜流通效率的因素，以期准确把握影响机理。研究中采用 DEA – Malmquist 方法和 DEA 窗口模型测度批发市场主导模式下的蔬菜流通综合效率及其动态演变特征，利用 Tobit 模型分析其影响因素；应用 JJ 协整检测方法测度蔬菜产销市场整合水平，基于面板门槛模型分析产销市场整合的决定因素；运用三阶段 DEA 方法测度蔬菜批发市场经济效率和社会公益效率，利用 Tobit 模型分析其影响因素；应用 SFA 方法分析蔬菜批发市场主体的技术效率及其影响因素。考虑到农产品流通问题多数是复杂的，可以利用经典案例分析方法，在案例中发现问题、检验假设、寻求解决方案。研究在分析蔬菜物流技术、电子商务交易及微观流通制度对流通效率相关指标的影响时，通过调研典型批发市场、代表性批发商户及第三方物流公司，对先前假设和理论推导形成的判断进行检验，筛查出关键影响因素。从而形成对批发市场主导模式下蔬菜流通宏观、中观、微观的多维度流通质量的整体把握和全局性认识，在一定程度上弥补单一视角下效率测度的缺陷。

第一节　蔬菜流通市场层面的效率测度及影响机理分析

一、生鲜蔬菜流通市场发展概况

作为农产品流通的主要载体，我国农产品市场体系发展迅猛，在协调市场供求，满足城乡对农产品的需求关系方面起到了至关重要的作用，本研究从批发市场体系和零售体系两个层面进行考察。

（一）农产品批发体系

我国农产品批发市场是农产品流通体制改革的产物，多年的发展已经成为农产品流通的主渠道和关键环节。[①] 据统计，我国70%以上的农产品都是经由批发市场后再销售到全国各地。农产品批发市场集物流、商流、资金流和信息流于一体，发挥着农产品集散、价格形成、信息传播、交易结算、质量追踪等一系列的功能。如今的批发市场已经在全国形成气候，发展成为一个制度较为完备、规模庞大的农产品批发体系，随着所承载的体量和规模的扩大，发展模式和流通渠道的多元化，市场运营管理日益现代化，硬件设施配备和质量安全检验检疫资质逐渐完备，在保供稳价、扩大就业、乡村振兴等方面做出了巨大的贡献。[57]

1. 农产品批发市场的类型

按所经营的农产品品类划分，批发市场可分为综合型和专业型两类批发市场。综合型农产品批发市场一般经营的农产品品类超过三种以上，例如北京新发地农副产品批发市场，该市场经营的品类一般有蔬菜、水果、肉类、水产、调味品等。而专业型农产品批发市场主要经营两类或两类以下的农产品，这类批发市场有粮油批发市场、果菜批发市场、副食品批发市场等，专业型农产品批发市场中还有只经营一个品类的，比如蔬菜批发市场、水产批发市场、水果批发市场、花卉批发市场等。

按农产品布局来看，农产品批发市场可分为产地、销地和集散地三类市场。产地批发市场一般是建在农产品产区附近的市场，这种批发市场经营的农产品种类通常是一种或多种。销地农产品批发市场一般位于城市近郊，有的也在市区，经营的品种多而杂，可以实现一站式采购。集散地农产品批发市场为了交易方便会选择在产地和销地之间的、交通便利的区域建立批发市场，经营的农产品品类也比较齐全，这样可以吸引更多的客户前来交易。

按农产品批发等级划分，农产品批发市场分为三个等级。一级批发市场的货源主要来自产地，交易后再销售给中间批发商。二级批发市场的货

---

① 该部分参考周强. 我国农产品流通效率及其提升路径研究 [D]. 北京：北京交通大学，2019.

源一般是来自一级批发市场，经过交易再销售给中间商或零售商。三级批发市场的货源来自二级批发市场，经过两次批发后再销售给零售商，该类批发市场一般经营的是进口农产品。

2. 农产品批发市场的功能①

（1）集散商品功能。首先从全国各地聚集的各种类农产品，货源庞大。其次，货源进入市场，伴随而来的还有来自全国的生产和需求信息，在调节市场供求方面提供了准确的、全面的依据，提高了调控的精准性。最后，批发市场强大便捷的物流体系可以将交易后的货物快速装车运往目的地，根据需要还可以提供仓储、冷链运输服务，确保向消费者提供新鲜的农产品。

（2）价格功能。公平交易是市场双方秉承的原则，市场根据成交数量和成交价格，形成了可以准确反映供求平衡与否的价格，并且被各交易主体所接受，最终实现市场均衡。

（3）结算功能。交易达成后买卖双方在场内就可以完成资金结算，提高市场交易的有效性和安全性，交易双方的合法权益都有保障。

（4）信息发布功能。通过上述功能汇集而来的各种供求信息、价格信息等，经过处理、加工和计算，再向生产者、批零者、批发市场、企业和政府相关部门提供生产、经营和优化调控的信息，促进农产品流通的现代化。

3. 农产品批发市场发展状况

（1）批发市场交易量与交易额不断增长②。伴随着我国农业生产能力的提升与居民消费水平的提高，农产品批发市场交易规模呈现快速增长态势。全国城市农贸中心联合会数据显示，我国农产品批发市场交易量已由2011年的5.75万吨增长至2019年的9.59万吨。从交易额来看，全国农产品批发市场交易额由2011年的2.54万亿元增长到2019年的5.66万亿元，年均增长率达到10.5%。国家统计局数据显示，我国亿元以上限额农批市场交易额同步由1.18万亿元增长至1.88万亿元，年均增长率达到6.0%。因此，农产品批发市场的流通、交易的功能是不可或缺和不可替代的。

（2）批发市场数量及摊位量不断减少。统计数据显示，自2013年以来我国亿元以上农产品批发市场数量逐年减少，2019年我国亿元以上农产品批发市场数量为796个，较2012年数量峰值期减少248个；摊位数同步从2012年的59.65万个减少至2019年的47.06万个。可见，面对农超对接、

---

① http：//m. lenw. cn/jishu/show - 6159. html.

② 马广旭. 我国农产品批发市场现状及发展趋势分析 ［OE］. https：//baijiahao. baidu. com/s？id＝1715840396006554743&wfr＝spider&for＝pc.

电子商务、基地直供等新兴农产品交易模式的分流压力，农产品批发市场发展空间受到一定限制，农产品批发市场当前正处在由"重数量"到"重质量"发展的重要转型期，势必要求农产品批发市场向专业化、规模化方向发展。

（3）果、蔬及水产批发是农产品批发市场的主要业务。在我国，多数农产品批发市场采用摊位制经营方式，摊位按照农产品类型分为粮油、肉蛋禽、水产、蔬菜、干鲜水果、棉麻烟及土畜等多种类型，其中果、蔬与水产批发为我国农产品批发市场中数量最多、交易额最高的三种摊位类型。据国家统计局数据，2019年我国农产品批发市场中蔬菜经营摊位数为17.26万个，可占到总摊位数的三分之一以上，其交易额占到批发市场所有农产品交易额的19.9%。水产品与干鲜果品摊位量分别占到农产品批发市场总摊位数的13.8%与13.3%，其中水产品由于商品单位价格高，2019年交易额占到农产品批发市场交易额的22.0%，是交易额占比最高的摊位类型；干鲜果品交易额同样占到农产品批发市场交易额的20%之多。

（4）农产品批发市场集团化发展速度加快。[58]国内很多大型农产品批发市场纷纷走集团化发展道路。这些批发市场以新建、合作、入股、收购、托管等方式，在全国各地兴建农产品批发市场和物流园区。据不完全统计，这样的集团化发展的批发市场已经有十多家。例如，深圳农产品股份有限公司作为农产品批发市场行业中的翘楚，已经在全国二十多个大中城市创建了三十家综合批发市场和网上交易市场，品牌下的批发市场农副产品年度总交易量超过2400万吨，年度总交易额超过1400亿元；雨润控股集团作为行业中的第一品牌，目前也拥有十二家农产品全球采购中心，批发零售业务几乎遍布全国；而北京新发地股份有限公司批发市场已扩张到现在的十余家。可见批发市场集团化意味着占地面积和经营范围的扩张，但主营业务仍然以农产品批发为主，农产品交易额度占80%以上。①

（二）农产品零售体系

零售处于农产品流通全链条的终端，是消费者购买农产品的直接通道，通常以实体场所或平台的方式完成交易。具体形式有农贸市场、社区菜店、个体经营菜摊、连锁超市、流动售菜车和农产品电子商务等，多构态下的零售终端之间是竞争关系。大体量且分散的农产品生产与消费的国

---

① 该部分参考洪岚. 我国城市农产品流通主要特点及发展趋势［J］. 中国流通经济，2015，29（05）：20-26.

情，使我国农产品零售市场分布广泛，数目庞大，辐射面高，主要面对普通城镇居民，因此高端的零售场所不多。

新冠肺炎疫情改变了我国农产品终端零售格局，超市消费没有受到太大影响，生鲜电商、社区菜店和社区团购消费比以往明显增加，平时受市民青睐的农贸市场交易量大幅度下降。渠道交融趋势明显，线上平台和线下实体紧密融合。[①]

根据商务部流通产业促进中心开展的线上调查显示，疫情期间社区社群集中消费得到了空前的发展，社区集中采购、统一配送普及较为迅速。其中社区菜店在各类零售终端中销售比重增长得比较快，比重仅次于超市，占比达41%，较疫情前提高19.2%。而江苏、山东、黑龙江、湖北、天津社区菜店消费增加比例在全国领先。社区团购在疫情期间得到了大众的推崇，比例由原来的2%增加到11.9%，且推广速度与疫情风险等级成正相关。

随着生鲜电商发展势头的强劲，一些大中型电商企业快速做出响应，为农产品，特别是滞销农产品开辟绿色通道，助力上行，解决滞销卖难问题，赢得了广大消费者和社会各界的支持，也提高了企业的知名度，更为自身带来较大销售额。据统计，我国生鲜电商日活跃用户数量春节前不到800万个，2020年春节后迅速突破1200万个。生鲜电商渠道销售占比增至33.1%，提高17.6个百分点。受疫情影响，农贸市场渠道占比明显降低，由58.1%降至30.6%（见图4－1）。

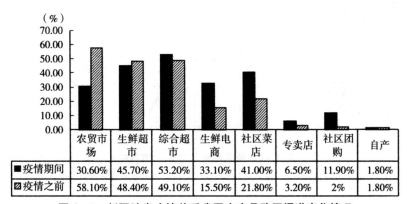

（%）	农贸市场	生鲜超市	综合超市	生鲜电商	社区菜店	专卖店	社区团购	自产
■疫情期间	30.60%	45.70%	53.20%	33.10%	41.00%	6.50%	11.90%	1.80%
▨疫情之前	58.10%	48.40%	49.10%	15.50%	21.80%	3.20%	2%	1.80%

图4－1　新冠肺炎疫情前后我国农产品购买渠道变化情况
资料来源：商务部流通产业促进中心、中商产业研究院整理。

---

①　马广旭. 我国农产品批发市场现状及发展趋势分析［OE］. https：//baijiahao. baidu. com/s？id = 1668560469463558117&wfr = spider&for = pc.

二、蔬菜产销两地批发市场的整合分析

（一）理论基础

学界一般用市场整合程度来考察市场机制发挥作用的有效程度和市场效率。通常整合程度越高代表市场对资源和商品配置效率越高。对于蔬菜市场来讲，我国自 1985 年就逐步实行蔬菜的自由上市、自由交易。经过三十多年的发展，我国基本建立了全国范围内的农产品网络，区域间农产品流通有效地调节了地区间余缺，满足了输入区及输出区各相关流通主体的供需平衡，改善了社会福利水平。[①]

为了从理论上进一步把握市场整合的本质及其对经济社会福利的影响，现利用有关贸易的理论对市场整合进行理论上的剖析[②]。

在完全竞争的假设前提下，两区域市场间的贸易和市场整合关系可以用图 4-2 说明，图中输入和输出区域分别反映产品输出地市场和输入地市场的情况，交换市场反映了输出和输入地两市场价格形成情况。P_a、P_b、P_c、P_m、P_x 为不同情况下的商品价格，T_c 为运费，ED、ES（ES'）分别为剩余需求曲线和剩余供给曲线。

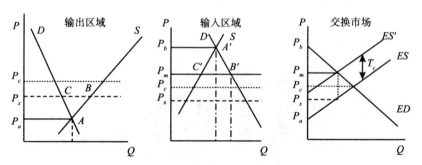

图 4-2　两区域市场之间的贸易关系

注：ES 为不考虑运费时，交换市场的剩余供给曲线；ES' 为考虑运费时，交换市场的剩余供给曲线。

---

① 该部分出自作者 2019 年在经济科学出版社出版的《基于产业链视角的生鲜蔬菜流通效率的度量及提升对策研究——以山东到北京蔬菜流通为例》第 113~120 页内容。

② 武拉平. 中国农产品市场行为研究 [M]. 北京：中国农业出版社，2002：46.

　　在不存在区域之间的交换时，输出区域的均衡价格 P_a 远低于输入区域的均衡价格 P_b。当两地进行贸易后，在没有运费的情况下，两地市场最后的均衡价格均变为 P_c。在有运费的情况下，交换市场的剩余供给曲线由原来的 ES 移动到 ES′，输入区域的价格由 P_c 上升到 P_m，输出区域的价格由 P_c 下降到 P_x，P_m 与 P_x 之间的差额即为运费 T_c。如果两市场持续保持这种状态，则说明这两个市场是整合的。

　　市场整合的意义在于整合的市场可以降低市场价格的波动，使社会总福利提高或使社会福利的损失最小。因为在市场分割的情况下，两个市场的价格是完全独立的，任何一个市场供给量的变动都将导致当地市场价格的改变大于在开放条件下当地市场价格的变化量，整合的市场有助于抑制价格波动的幅度。就两个市场福利变化来看，在市场整合情况下，输出区域向输入区域增加供给量后，输出区域总的福利增加了 $\triangle ABC$ 的面积，而对输入区域来讲，其总福利增加了 $\triangle A'B'C'$ 面积，从而，在市场整合的情况下，两个市场的社会总体福利增加了 $\triangle ABC + \triangle A'B'C'$。

（二）研究方法介绍[46]

1. 变量的单位根检验①

　　因为协整检验要求两列变量分别为非稳定变量，但其一阶差分稳定，并且这两列变量的一个线性组合稳定。所以要检验价格序列之间是否存在协整关系，首先要检验每个价格序列是否存在单位根，即对价格序列的稳定性进行检验。最常用的方法是 ADF 检验和 Philip – Perron 单位根检验。

　　本节利用 Dickey & Fuller 提出的 ADF 检验法对各变量进行单位根检验。ADF 检验模型有三种设定模式，选择正确的设定模式是十分重要的。ADF 检验法是对 DF 检验法的改进，在 DF 检验中，考虑一个 AR（1）过程：

$$y_t = \rho y_{t-1} + \varepsilon_t \qquad (4-1)$$

其中，ε_t 是白噪声。若参数 $-1 < \rho < 1$，则序列 y_t 是平稳的。而当 $\rho > 1$ 或 $\rho < -1$，序列是爆炸性的，没有实际意义。所以，只需检验 ρ 是否在（-1，1）区间内。在实际检验时，将式（4-1）写为：$\Delta y_t = \gamma y_{t-1} + \varepsilon_t$ 其中，$\gamma = \rho - 1$。检验假设为：

$$H_0: \gamma = 0 \quad H_1: \gamma < 0$$

---

　　① 本节主要参考了易丹辉（2016）、张晓桐（2016）、高铁梅（2017）对市场整合方法的相关介绍。

在 DF 检验中，常常因为序列存在高阶滞后相关而破坏了随机扰动项 ε_t 是白噪声的假设，ADF 检验对此做了改进。它假定序列 y_t 服从 AR（p）过程。检验方程为：

$$\Delta y_t = \gamma y_{t-1} + \xi_1 \Delta y_{t-1} + \xi_2 \Delta y_{t-2} + \cdots + \xi_{p-1} \Delta y_{t-p+1} + \varepsilon_t \qquad (4-2)$$

用 ADF 法进行单位根检验，由于检验结果对滞后期很敏感，选择不同的滞后期，ADF 检验的结果可能会有所不同，因此，确定滞后期很重要，滞后期根据赤池信息准则（AIC）和施瓦茨准则（SC）"少而精"的原则，结合调整拟合度和 DW 统计量，经过反复试验确定。

2. 协整检验

本节在进行协整检验时采用 Johansen 在 1988 年及在 1990 年与 Juselius 一起提出的一种以 VAR 模型为基础的检验回归系数的方法，基本思想和具体研究方法如下：

首先建立一个 VAR（p）模型：

$$y_t = A_1 y_{t-1} + \cdots + A_p y_{t-p} + B x_t + \varepsilon_t, \ t = 1, 2, \cdots, T \qquad (4-3)$$

其中 y_{1t}，y_{2t}，$\cdots$，y_{kt} 都是非平稳的 I（1）变量；x_t 是一个确定的 d 维的外生向量，代表趋势项、常数项等确定性项；ε_t 是 k 维扰动向量。将式（4-3）经过差分变换后，得到式（4-4）。

$$\Delta y_t = \prod y_{t-1} + \sum_{i=1}^{p-1} \Gamma_i \Delta y_{t-i} + B x_t + \varepsilon_t \qquad (4-4)$$

其中：

$$\prod = \sum_{i=1}^{p} A_i - I, \ \Gamma_i = -\sum_{j=i+1}^{p} A_j$$

由于 I（1）过程经过差分变换将变成 I（0）过程，即式（4-4）中 Δy_t，$\Delta y_{t-j}(j = 1, 2, \cdots, p)$ 都是 I（0）变量构成的向量，那么只要 $\prod y_{t-1}$ 是 I（0）的向量，即 $y_{1,t-1}$，$y_{2,t-1}$，$\cdots$，$y_{k,t-1}$ 之间具有协整关系，就能保证 Δy_t 是平稳过程。变量 $y_{1,t-1}$，$y_{2,t-1}$，$\cdots$，$y_{k,t-1}$ 之间是否具有协整关系主要依赖于矩阵 $\prod$ 的秩。将 y_t 的协整检验变成对矩阵 $\prod$ 的分析问题，是 Johansen 协整检验的基本原理。因为矩阵 $\prod$ 的秩等于它的非零特征根的个数，因此可以通过对非零特征根个数的检验来检验协整关系和协整向量的秩。

Johansen 协整检验主要包括两种检验方法，一种是特征根迹检验，另一种是最大特征值检验。

在特征根迹检验中，由 r 个最大特征根可得到 r 个协整向量，而对于其余 $k-r$ 个非协整组合来说，λ_{r+1}，…，λ_k 应该为 0，于是可得到原假设、备选假设为：

$$H_{r0}: \lambda_r > 0，\lambda_{r+1} = 0$$
$$H_{r1}: \lambda_{r+1} > 0，r = 0，1，\cdots，k-1$$

相应的检验统计量为：

$$\eta_r = -T \sum_{i=r+1}^{k} \ln(1 - \lambda_i)，r = 0，1，\cdots，k-1 \qquad (4-5)$$

η_r 为特征根迹统计量。当 $\eta_0 <$ 临界值，η_0 不显著，接受 $H_{00}(r=0)$，表明有 0 个协整向量，表明不存在协整关系。当 $\eta_0 >$ 临界值，η_0 显著，拒绝 $H_{00}(r=0)$，表明至少有 1 个协整向量，表明存在协整关系。

在最大特征值检验中，原假设、备选假设为：

$$H_{r0}: \lambda_{r+1} = 0$$
$$H_{r1}: \lambda_{r+1} > 0$$

检验统计量是基于最大特征值，其形式为：

$$\xi_r = -T \ln(1 - \lambda_{r+1})，r = 0，1，\cdots，k-1 \qquad (4-6)$$

其中，ξ_r 为最大特征根统计量。并依次检验这一系列统计量的显著性。当 $\xi_0 <$ 临界值，接受 $H_{00}(r=0)$，表明有 0 个协整向量，其不存在协整关系。当 $\xi_0 >$ 临界值，拒绝 $H_{00}(r=0)$，表明至少有 1 个协整向量，表明存在协整关系。

3. 误差修正模型

戴维森、亨德里、塞尔巴和约（Davidson、Hendry、Srba and Yeo）于 1978 年提出了误差修正模型即 DHSY 模型。[1]

对于一阶自回归分布滞后模型 ADL（1，1）。

$$y_t = \beta_0 + \beta_1 x_t + \beta_2 y_{t-1} + \beta_3 x_{t-1} + \varepsilon_t \qquad (4-7)$$

式（4-7）经过整理得到：

$$\Delta y_t = \beta_0 + \beta_1 \Delta x_t + (\beta_2 - 1)\left(y - \frac{\beta_1 + \beta_3}{1 - \beta_2}x\right)_{t-1} + \varepsilon_t \qquad (4-8)$$

式（4-8）被称为误差修正模型，记为 ECM，其中 $y - \dfrac{\beta_1 + \beta_3}{1 - \beta_2}x$ 是误差修正项，记为 ecm。

---

[1] 该部分出自作者 2019 年在经济科学出版社出版的《基于产业链视角的生鲜蔬菜流通效率的度量及提升对策研究——以山东到北京蔬菜流通为例》第 122～124 页内容。

式（4-8）解释了因变量 y_t 的短期波动 Δy_t 是如何被决定的。首先，它受到自变量短期波动 Δx_t 的影响，其次，取决于 ecm。ecm 反映了变量在短期波动中偏离它们长期均衡关系的程度。

式（4-8）可简记为：

$$\Delta y_t = \beta_0 + \beta_1 \Delta x_t + \lambda ecm_{t-1} + \varepsilon_t \qquad (4-9)$$

一般在式（4-7）中，$|\beta_2| < 1$，$\lambda = \beta_2 - 1 < 0$。因此，当 $y_{t-1} > \dfrac{\beta_1 + \beta_3}{1 - \beta_2}$ x_{t-1}，ecm_{t-1} 为正，则 λecm_{t-1} 为负，使 Δy_t 减少，反之亦然。

4. 格兰杰因果检验

检验一个变量的滞后变量是否可以引入到其他变量方程中通常采用格兰杰因果检验。如果一个变量受到来自其他变量的滞后影响，说明变量之间具有格兰杰因果关系。

在一个二元 p 阶的 VAR 模型中：

$$\begin{pmatrix} y_t \\ x_t \end{pmatrix} = \begin{pmatrix} a_{10} \\ a_{20} \end{pmatrix} + \begin{pmatrix} a_{11}^{(1)} & a_{12}^{(1)} \\ a_{21}^{(1)} & a_{22}^{(1)} \end{pmatrix}\begin{pmatrix} y_{t-1} \\ x_{t-1} \end{pmatrix} + \begin{pmatrix} a_{11}^{(2)} & a_{12}^{(2)} \\ a_{21}^{(2)} & a_{22}^{(2)} \end{pmatrix}\begin{pmatrix} y_{t-2} \\ x_{t-2} \end{pmatrix} + \cdots$$
$$+ \begin{pmatrix} a_{11}^{(p)} & a_{12}^{(p)} \\ a_{21}^{(p)} & a_{22}^{(p)} \end{pmatrix}\begin{pmatrix} y_{t-p} \\ x_{t-p} \end{pmatrix} + \begin{pmatrix} \varepsilon_{1t} \\ \varepsilon_{2t} \end{pmatrix} \qquad (4-10)$$

当且仅当系数矩阵中的系数 $a_{12}^{(q)}$ 全部为 0 时，变量 x 不是变量 y 的格兰杰原因，等价于变量 x 外生于变量 y。判断格兰杰原因的直接方法是利用 F-检验来检验以下联合检验：

$$H_0: a_{12}^{(q)} = 0, \ q = 1, \ 2, \ \cdots, \ p$$
$$H_1: \text{至少存在一个 } q \text{ 使得 } a_{12}^{(q)} \neq 0$$

其统计量为：

$$S_1 = \frac{(RSS_0 - RSS_1)/p}{RSS_1/(T-2p-1)} \sim F(p, \ T-2p-1) \qquad (4-11)$$

服从 F 分布。如果 S_1 大于 F 的临界值，则拒绝原假设；否则接受原假设：x 不是 y 的格兰杰原因。

本研究在分析大白菜市场之间的格兰杰因果关系时，利用价格序列建立以上模型，然后进行 F 检验。滞后期根据赤池信息准则（AIC）和施瓦茨准则（SC）"少而精"的原则，结合调整拟合度和 DW 统计量，经过反复试验确定。

（三）数据来源

本节所用数据来自商务部全国农产品商务信息公共服务平台公布的

2016 年 10 月 1 日至 2017 年 12 月 31 日大白菜的每日价格资料。因为蔬菜的每日价格存在波动，为了较为全面地反映大白菜的价格情况，本节选取每日大白菜的中间价作为观察价格。一般来说，如果市场间距离较远或研究长期整合时，总合程度较高的价格资料（如季度价格、月度价格、旬价格等）即可满足要求。如果市场间距离较近或研究短期市场整合，总合度低的价格资料才可满足要求。目前，由于移动互联网的普及，蔬菜价格信息在不同利益主体之间的传递基本没有时滞，所以本节所用价格数据为每日价格，满足研究要求。利用每日价格数据，在每个蔬菜批发市场得到 730 个大白菜价格的观察值。数据覆盖的蔬菜批发市场有山东寿光蔬菜批发市场（以下简称寿光）、山东兰陵鲁南蔬菜批发市场（以下简称鲁南）、山东章丘刁镇蔬菜批发市场（以下简称章丘）、山东淄博鲁中蔬菜批发市场（以下简称鲁中）、北京新发地蔬菜批发市场（以下简称新发地）、北京八里桥农产品中心批发市场有限公司（以下简称八里桥）、北京城北回龙观商品交易市场（以下简称回龙观）、北京京丰岳各庄农副产品批发市场（以下简称岳各庄）、北京锦绣大地农副产品批发市场（以下简称锦绣大地）。这九个市场中，寿光、鲁南、章丘、鲁中四个市场属于山东省代表性的产地批发市场，新发地市场是北京市的一级销地批发市场，八里桥、回龙观、岳各庄和锦绣大地四个市场代表北京市的二级销地批发市场。本节选取北京市蔬菜供应链上的三个主要流通环节产地批发市场、销地一级批发市场和销地二级批发市场，通过对三类批发市场之间蔬菜价格的协整关系判断山东与北京市场间的整合程度。本节应用 EViews 6.0 进行数据处理和模型运算。在模型运算之前，首先利用插入法对个别缺少的观察值进行补充。[①]

（四）山东省蔬菜价格协整关系检验结果

1. 单位根检验

表 4-1 和表 4-2 报告了主要蔬菜批发市场蔬菜价格序列单位根检验结果。从价格序列的水平值检验结果来看，各批发市场蔬菜价格序列单位根检验的 ADF 值均大于显著性水平为 10% 的临界值，不能拒绝零假设，即说明各批发市场蔬菜价格序列的水平值不稳定。对蔬菜价格序列进行一

---

① 该部分出自作者 2019 年在经济科学出版社出版的《基于产业链视角的生鲜蔬菜流通效率的度量及提升对策研究——以山东到北京蔬菜流通为例》第 118~119 页内容。

阶差分后进行检验得出的结果是,各一阶差分序列单位根检验的 ADF 值均小于显著性水平为 1% 的临界值,说明各批发市场蔬菜价格的一阶差分序列稳定,即蔬菜价格为 I(1)序列。接下来,就可以运用 Johansen 方法进行协整关系检验。

表 4 - 1   各批发市场蔬菜价格序列稳定性检验结果——水平值结果

省份	检验形式 (C,T,K)	ADF 值	1% 临界值	5% 临界值	10% 临界值
新发地	(C,T,3)	0.223	-4.060	-3.458	-3.155
寿光	(C,T,4)	-0.456	-4.061	-3.459	-3.155
鲁南	(C,T,4)	-0.467	-4.061	-3.459	-3.155
章丘	(C,T,1)	-0.983	-4.058	-3.457	-3.154
鲁中	(C,T,2)	-0.598	-4.059	-3.458	-3.155
八里桥	(C,T,3)	0.323	-4.060	-3.458	-3.155
回龙观	(C,T,2)	0.432	-4.060	-3.458	-3.155
岳各庄	(C,T,2)	-0.657	-4.059	-3.458	-3.155
锦绣大地	(C,T,1)	-0.833	-4.058	-3.457	-3.154

注:表中检验形式 C、T、K 分别表示单位根检验方程中是否包括截距项、时间趋势和滞后期数,N 是指不包括截距项或时间趋势。

表 4 - 2   各批发市场蔬菜价格序列稳定性检验结果——一阶差分结果

省份	检验形式 (C,T,K)	ADF 值	1% 临界值	5% 临界值	10% 临界值
新发地	(N,N,3)	-3.554	-2.588	-1.943	-1.617
寿光	(N,N,3)	-4.488	-2.588	-1.943	-1.617
鲁南	(N,N,3)	-4.334	-2.588	-1.943	-1.617
章丘	(N,N,0)	-7.767	-2.587	-1.943	-1.617
鲁中	(N,N,1)	-8.334	-2.588	-1.943	-1.617
八里桥	(N,N,0)	-4.447	-2.587	-1.943	-1.617
回龙观	(N,N,0)	-5.988	-2.587	-1.943	-1.617
岳各庄	(N,N,1)	-4.785	-2.588	-1.943	-1.617
锦绣大地	(N,N,0)	-5.443	-2.587	-1.943	-1.617

注:表中检验形式 C、T、K 分别表示单位根检验方程中是否包括截距项、时间趋势和滞后期数,N 是指不包括截距项或时间趋势。

2. 协整检验

任选两个批发市场蔬菜价格序列建立向量自回归模型，并检验矩阵∏的阶数，得到蔬菜价格协整检验结果（见表4-3）。

表4-3 各蔬菜批发市场协整检验结果

	寿光	鲁南	章丘	鲁中	八里桥	回龙观	岳各庄	锦绣大地
新发地	0.098** 18.675	0.085** 26.554	0.045** 35.377	0.058** 34.908	0.078** 24.674	0.045** 32.787	0.101** 37.655	0.213** 76.455
寿光		0.047** 51.655	0.038** 44.870	0.034** 52.245	0.042** 44.767	0.038** 33.441	0.056** 45.878	0.065** 48.656
鲁南			0.055** 56.671	0.045** 34.767	0.045* 10.478	0.021* 11.332	0.046* 9.553	0.028* 10.533
章丘				0.101** 75.883	0.054* 11.324	0.056* 16.523	0.074* 10.545	0.098* 9.721
鲁中					0.054* 11.054	0.046* 12.234	0.076* 8.434	0.087* 7.303
八里桥						0.036** 37.744	0.045** 31.421	0.065** 43.452
回龙观							0.041** 25.889	0.045** 25.901
岳各庄								0.046** 40.553

注：表中各组数值上面的数值为矩阵 ∏ 的最大特征值，下面数值为最大似然比值。*、** 分别表示在5%和1%显著性水平下拒绝零假设。

协整检验结果说明，除产地市场与销地二级市场间是在显著性水平为5%的情况下拒绝零假设外，其他配对市场检验都在显著性水平为1%的情况下拒绝零假设。这说明各蔬菜批发市场之间存在着协整关系，蔬菜产销地各蔬菜批发市场之间的联系是比较密切的，没有哪一个市场与其他市场是分割的，每一个市场都会受到其他市场变动的影响。并且由于蔬菜批发主体以个体经营户为主，经营规模不是很大，每一个蔬菜批发经营户所占的市场份额是很小的，蔬菜批发市场的大白菜市场的价格协整不是由少数大批发商通过合谋进行统一定价而形成的。因此，从各蔬菜批发市场大白菜的协整关系可以说明产销地之间的蔬菜批发市场大白菜市场的竞争性比较高，也反映了大白菜的流通效率比较高。其原因在于：一是从地理位置来看，这些蔬菜批发市场相互之间的距离不是很远，基本在两天内就可直达，相互之间进行蔬菜的调运是比较方便的。二是通信技术的发展，使蔬菜的价格等方面的信息在比较大的范围内得到共享，为蔬菜批发经营户进行经营决策提供了很好的帮助。手机和网络的普及为批发商及客户之间的有效沟通提供了较大的便利，各个市场的供给量、需求量以及交易价格可以在不同的市场主体之间及时有效的传递，从而也可以使各市场之间的蔬菜价格在长期保持一个较为稳定的变化趋势，没有哪一个市场可以完全独立于其他市场，制定一个相对较高或相对较低的价格来获取超额利润或吸引更多的外来客户。

3. 误差修正模型

误差修正模型表明了两个市场在存在长期稳定协整关系的前提下，某一市场受到外部因素影响偏离两个市场的长期均衡关系后，重新回到均衡关系所经历时间的长短。表4-4列出了存在市场之间协整关系的蔬菜市场利用误差修正模型估计后得到的检验结果。在误差修正模型系数等于0的零假设下，有27对市场的估计结果拒绝了零假设，说明这些市场之间在偏离长期协整关系后在短期内能够得到一定程度的调整。大多数误差修正项系数的绝对值较小，说明大多数市场在偏离长期均衡后调整的速度比较慢，需要几天才能重新回到原有的均衡。解释这种情况分为以下几个原因：一是每个批发市场都有自己的辐射半径，批发市场在自己的服务区域内，维持着一个相对封闭、稳定的蔬菜交易关系，蔬菜在当天基本不能从一个市场流向另一个市场。这种蔬菜批发制度基本限制了蔬菜在不同市场之间的流动。当某个市场由于某种因素发生价格上的剧烈波动，其他市场很难在短期内受到冲击和影响，该市场只能在以后几天的交易中，慢慢去消除该因素对价格的影响，使该市场的价格与其他市场的价格趋于同步。二是蔬菜流动资金的限制。目前，蔬菜收购环节仍然采用一手交钱、一手交货的对手交易，批发商每天需要的流动资金巨大。当A地蔬菜价格突然上升，B地的批发商如果向A地运输蔬菜，批发商在获取信息、联系货源、联系车辆等方面基本不存在问题，关键问题在于流动资金的筹集。很多批发商受流动资金的限制，无法顺利实现不同区域蔬菜调运，从而影响了蔬菜价格的调整速度。三是交易习惯的原因。蔬菜批发商与客户长期的交易过程中，有一部分客户成了批发商的固定客户，批发商为了稳定跟老客户的长期合作关系，或者吸引更多的新客户，即使价格出现了波动，批发商也不会立即调整其销售价格，以维护这种长期的批发网络。也就是说，由交易习惯而导致的批发商价格调整的滞后性，减慢了价格偏离长期均衡后调整到均衡状态的速度。①

表 4 - 4 各蔬菜市场误差修正模型检验结果

	寿光	鲁南	章丘	鲁中	八里桥	回龙观	岳各庄	锦绣大地
新发地	- 0.082 *** (- 5.224)	- 0.045 *** (- 4.665)	- 0.272 *** (- 5.691)	- 0.071 ** (- 2.441)	- 0.031 * (- 1.702)	- 0.029 *** (- 3.221)	- 0.043 *** (- 3.169)	- 0.075 *** (- 4.882)
寿光		- 0.051 * (- 1.677)	- 0.059 *** (- 4.334)	- 0.028 *** (- 4.343)	- 0.007 *** (- 3.667)	- 0.041 *** (- 3.054)	- 0.015 *** (- 4.021)	- 0.036 *** (- 5.476)
鲁南			- 0.054 (- 0.541)	- 0.061 (- 0.753)	- 0.005 * (- 1.607)	- 0.006 (- 0.695)	- 0.034 (- 0.073)	- 0.051 (- 0.576)
章丘				- 0.018 * (- 1.655)	0.041 * (1.017)	0.012 (0.421)	- 0.004 (- 0.352)	- 0.036 * (- 1.686)
鲁中					- 0.014 (- 1.421)	- 0.002 (- 0.256)	- 0.041 * (- 1.674)	- 0.071 * (- 1.671)
八里桥						- 0.026 * (- 1.597)	- 0.052 *** (- 3.761)	- 0.075 *** (- 3.571)
回龙观							- 0.053 * (- 2.571)	- 0.064 *** (- 3.691)
岳各庄								- 0.065 *** (- 4.632)

4. 格兰杰因果检验

表 4 - 5 列出了各蔬菜批发市场大白菜市场格兰杰因果检验结果。从检验结果看，大多数市场之间是具有双向的格兰杰因果关系，说明对大白菜市场而言，不同蔬菜批发市场之间的大白菜价格变化是存在双向影响关系的。在这 9 个蔬菜批发市场中，只有山东寿光蔬菜批发市场和北京新发地蔬菜批发市场在 5% 显著性水平上是其他全部 8 个蔬菜批发市场的格兰

---

① 该部分出自作者 2019 年在经济科学出版社出版的《基于产业链视角的生鲜蔬菜流通效率的度量及提升对策研究——以山东到北京蔬菜流通为例》第 122 页内容。

杰原因，说明寿光蔬菜批发市场和新发地蔬菜批发市场的大白菜价格变化对其他市场的大白菜价格变化引导性和影响性更强一些，其原因在于这两个批发市场分别是产地和销地蔬菜上市量最大的两个市场，其他蔬菜批发市场的蔬菜批发经营户有相当一部分是从这两个批发市场进菜或销售。[①]

表4-5 各蔬菜市场格兰杰因果检验结果

	新发地	寿光	鲁南	章丘	鲁中	八里桥	回龙观	岳各庄	锦绣大地
新发地	—	8.190**	17.798***	19.754***	11.500***	22.076***	13.013***	25.538***	11.661***
寿光	23.374***	—	11.193***	14.353***	16.435***	21.256***	32.232***	23.335***	16.335***
鲁南	15.321***	13.943***	—	1.768	1.843	15.744***	9.567***	10.726***	19.076***
章丘	13.945***	10.876***	8.465***	—	1.745	0.598	2.764*	0.875	20.956***
鲁中	11.512***	4.523**	2.634*	0.617	—	5.654**	11.643***	2.586*	2.993*
八里桥	15.932***	14.124***	1.326	0.943	0.436	—	11.541***	0.787	0.042
回龙观	8.043***	21.143***	0.307	0.372	4.422**	6.652**	—	9.843***	0.713
岳各庄	14.931***	6.443***	1.847	0.383	0.935	21.719***	10.494***	—	11.725***
锦绣大地	10.539***	10.145***	0.421	0.543	0.624	9.665***	13.458***	1.132	—

三、蔬菜批发市场技术效率分析

蔬菜流通中，从产地到销地一般需要经过产地批发市场、销地批发市场或集散中心批发市场中至少一个环节，所以农产品批发市场是蔬菜流通的重要载体，其技术效率的高低对整体蔬菜的流通效率有着重要的影响。本研究采用数据包络分析法（DEA）测度和分析农产品批发市场的技术效率。[②]

（一）分析方法

DEA是一种非参数前沿估计的数学规划方法。查恩斯、库珀和罗兹（Charnes，Cooper and Rhodes，1978）提出了假定不变规模报酬（CRS）

---

① 该部分出自作者2019年在经济科学出版社出版的《基于产业链视角的生鲜蔬菜流通效率的度量及提升对策研究——以山东到北京蔬菜流通为例》第124页内容。

② 该部分参考寇荣. 大城市蔬菜流通效率研究 [D]. 北京：中国农业大学，2019.

的 DEA 模型，之后，不少研究对这一模型进行了发展，班克、查恩斯和库珀（Banker，Charnes and Cooper，1984）提出了一个可变规模报酬（VRS）的 DEA 模型。以下对这两种 DEA 模型作一个说明。

1. 不变规模报酬（CRS）的 DEA 模型

首先对一些符号进行界定，假设有 N 个决策单元（DMU），每个 DMU 中有 K 种投入和 M 种产出，对于第 i 个 DMU，利用向量 x_i 和 y_i 来表示。投入矩阵 $X = K \times N$ 和产出矩阵 $Y = M \times N$ 代表了全部 N 个 DMU 的数据。介绍 DEA 最好的方法是通过比率的形式，对于每一个 DMU，我们可以得到全部产出和全部投入的比率，如 $u'y_i / v'x_i$，其中 u 是一个产出权重的 $M \times 1$ 向量，v 是一个投入权重的 $K \times 1$ 向量。为了选择最佳权重，需详细说明这个数学规划问题。

$$\max_{u,v}(u'y_i / v'x_i),$$
$$s.\,t. \quad u'y_j / v'x_j \leqslant 1, \ j = 1, 2, \cdots, N,$$
$$u, \ v \geqslant 0。$$

这个比率形式有一个问题，就是它有无穷多个解。为了避免这个问题，加上一个限制条件：$v'x_i = 1$，即：

$$\max_{\mu,\nu}(\mu'y_i),$$
$$s.\,t. \quad v'x_i = 1,$$
$$\mu'y_j - v'x_j \leqslant 0, \ j = 1, 2, \cdots, N,$$
$$\mu, \ \nu \geqslant 0。$$

以上符号从 u 和 v 变为 μ 和 ν 反映了这一转化。通过对偶变换可以得到以下形式：

$$\min_{\theta,\lambda}\theta,$$
$$s.\,t. \quad -y_i + Y\lambda \geqslant 0,$$
$$\theta x_i - X\lambda \geqslant 0,$$
$$\lambda \geqslant 0。$$

这里 θ 是一个标量，λ 是一个 $N \times 1$ 的常数向量。θ 值就是第 i 个 DMU 的效率值，$\theta \leqslant 1$。

2. 可变规模报酬（VRS）的 DEA 模型

因为不变规模报酬假设只有在全部 DMU 都处在最佳规模运转时才是合适的，但是不完全竞争和资金限制等很多因素会导致一个 DMU 不能在最佳规模运转。可变规模报酬的 DEA 模型将可以解决这个问题。

在 CRS 线性规划模型中加上凸性限制条件：$N1'\lambda = 1$，就可以说明可变规模报酬的 DEA 模型。

$$\min_{\theta,\lambda} \theta,$$
$$\text{s. t.} \quad -y_i + Y\lambda \geq 0,$$
$$\theta x_i - X\lambda \geq 0,$$
$$N1'\lambda = 1,$$
$$\lambda \geq 0。$$

其中，$N1$ 是一个 $N \times 1$ 向量。

由不变规模报酬的 DEA 模型得到的技术效率为综合技术效率 TE_{CRS}，由可变规模报酬的 DEA 模型得到的技术效率为纯技术效率 TE_{VRS}，同时得到规模效率 SE，综合技术效率 TE_{CRS} 为纯技术效率 TE_{VRS} 和规模效率 SE 的乘积，即 $TE_{CRS} = TE_{VRS} \times SE$。

（二）数据来源

本研究采用 2018 年对农业农村部定点市场进行的专项调查数据，以主要经营蔬菜的农产品批发市场作为研究对象。共选取 91 家农产品批发市场，分别分布在北京、天津、河北、山西、内蒙古、辽宁、吉林、黑龙江、山东、安徽、上海、江苏、浙江、福建、江西、河南、湖北、湖南、广西、四川、重庆、贵州、云南、陕西、甘肃、宁夏、青海、新疆、广东等 29 个省份。

（三）统计分析

如表 4 - 6 所示，全国 91 家农产品批发市场基本情况表主要对这些批发市场的成交量、成交金额、营业面积、员工总数和固定资产总额的平均值、最大值、最小值进行了描述。

表 4 - 6　　　　　全国 91 家农产品批发市场基本情况统计表

	成交量（万吨）	成交金额（万元）	营业面积（平方米）	员工总数（人）	固定资产总额（万元）
平均值	66. 678	118641. 661	70204. 187	181. 681	6820. 620
最大值	500	950000	650000	1094	60000
最小值	1. 532	1800	1000	8	60

资料来源：2018 年农业农村部定点市场的专项调查资料。

（四）DEA 模型估计结果分析

本节利用可变规模报酬的 DEA 模型对农产品批发市场的技术效率进行测算，其中投入变量为农产品批发市场的营业面积、员工总数和固定资产总额，产出变量为农产品批发市场的成交量和成交金额。在本模型计算中，相关投入变量和产出变量的数据为全国 91 家以蔬菜为主要交易品种的农产品批发市场在 2018 年的相关数据。本节对农产品批发市场的技术效率进行测算采用的软件是 DEAP2.1。农产品批发市场的 DEA 结果如表 4 - 7 所示。[59]

表 4 - 7　　　　　　　　　农产品批发市场的 DEA 结果

省份	市场序号	综合技术效率 TE_{CRS}	纯技术效率 TE_{VRS}	规模效率 SE	规模报酬状况
北京	1	1.000	1.000	1.000	—
	2	0.882	1.000	0.882	drs
	3	1.000	1.000	1.000	—
	4	0.176	0.182	0.969	drs
	5	0.661	0.747	0.884	drs
	6	0.435	1.000	0.435	drs
天津	7	0.296	0.301	0.982	drs
河北	8	1.000	1.000	1.000	—
	9	0.450	0.579	0.776	drs
	10	0.169	0.257	0.659	drs
	11	0.487	0.488	0.999	drs
	12	0.304	0.386	0.788	irs
	13	0.510	0.561	0.909	drs
山西	14	0.334	0.452	0.739	irs
	15	0.077	0.260	0.297	irs
	16	1.000	1.000	1.000	—
	17	0.507	0.510	0.994	irs
	18	0.418	0.420	0.994	drs
	19	0.424	0.460	0.923	irs

省份	市场序号	综合技术效率 TE_{CRS}	纯技术效率 TE_{VRS}	规模效率 SE	规模报酬状况
内蒙古	20	0.402	0.459	0.875	drs
	21	1.000	1.000	1.000	—
辽宁	22	0.692	0.748	0.926	irs
	23	0.663	0.694	0.955	drs
吉林	24	1.000	1.000	1.000	—
	25	1.000	1.000	1.000	—
黑龙江	26	0.540	0.550	0.981	drs
	27	0.310	0.330	0.939	drs
山东	28	0.506	0.535	0.945	drs
	29	0.318	0.323	0.985	drs
	30	0.905	1.000	0.905	drs
	31	0.740	0.770	0.960	irs
	32	0.383	0.383	0.999	drs
	33	0.523	0.562	0.930	drs
安徽	34	0.311	0.314	0.991	drs
	35	0.865	1.000	0.865	drs
	36	0.684	0.710	0.963	drs
	37	0.257	0.268	0.959	irs
上海	38	0.570	0.571	0.999	irs
	39	0.753	0.757	0.994	irs
江苏	40	1.000	1.000	1.000	—
	41	0.268	0.275	0.974	drs
	42	0.398	0.457	0.871	drs
	43	0.989	1.000	0.989	drs
	44	0.580	0.615	0.943	drs
浙江	45	0.279	0.282	0.990	irs
	46	0.231	0.252	0.918	irs
	47	0.147	0.166	0.887	drs
	48	1.000	1.000	1.000	—

续表

省份	市场序号	综合技术效率 TE_{CRS}	纯技术效率 TE_{VRS}	规模效率 SE	规模报酬状况
福建	49	0.547	0.597	0.916	irs
	50	0.098	0.102	0.960	irs
江西	51	0.377	0.381	0.990	drs
河南	52	0.314	0.373	0.840	irs
	53	0.375	0.484	0.777	drs
	54	0.127	0.133	0.955	drs
湖北	55	0.146	0.321	0.455	irs
	56	0.433	0.434	0.999	drs
	57	0.252	0.253	0.996	irs
	58	0.057	0.065	0.871	drs
	59	0.129	0.152	0.844	irs
	60	0.140	0.142	0.986	irs
	61	0.902	0.990	0.911	irs
	62	0.655	0.816	0.802	drs
湖南	63	0.084	0.104	0.808	irs
	64	0.437	0.445	0.984	irs
	65	0.759	0.796	0.953	irs
	66	0.170	0.207	0.822	irs
	67	0.710	0.715	0.994	drs
	68	0.447	0.472	0.947	irs
广西	69	0.771	0.780	0.989	irs
	70	0.217	0.245	0.886	irs
四川	71	0.864	0.896	0.964	drs
	72	0.699	0.702	0.996	drs
重庆	73	0.191	0.199	0.960	irs
	74	0.060	0.091	0.658	irs
贵州	75	0.519	0.526	0.986	drs
云南	76	0.136	0.231	0.589	irs
	77	0.415	0.421	0.988	drs

续表

省份	市场序号	综合技术效率 TE_{CRS}	纯技术效率 TE_{VRS}	规模效率 SE	规模报酬状况
陕西	78	0.520	0.571	0.912	drs
	79	0.064	0.073	0.870	irs
甘肃	80	0.048	0.236	0.202	irs
	81	0.181	0.276	0.655	drs
	82	0.326	0.342	0.952	irs
	83	1.000	1.000	1.000	—
	84	0.060	0.235	0.257	irs
宁夏	85	0.218	0.374	0.584	irs
	86	0.104	0.108	0.963	irs
青海	87	0.587	0.621	0.945	irs
	88	0.020	0.026	0.754	irs
新疆	89	0.551	0.555	0.992	drs
	90	0.800	1.000	0.800	drs
广东	91	1.000	1.000	1.000	—
平均值		0.483	0.529	0.887	

注：irs 表示规模报酬递增，drs 表示规模报酬递减，—表示规模报酬不变。

从表 4-7 中，可以看出 91 家农产品批发市场的平均纯技术效率为 0.529，这个纯技术效率值是比较低的。从分组来看，纯技术效率为 1 的有 17 个批发市场，0.6~1 之间的有 15 个，0.3~0.6 之间的有 33 个，0.3 以下的有 26 个。从不同批发市场所处的规模报酬阶段来看，有 11 家批发市场处在规模报酬不变的阶段，有 42 家批发市场处在规模报酬递减的阶段，有 38 家批发市场处在规模报酬递增的阶段。

以上 91 家农产品批发市场分布在 29 个省份，但是其中除北京等少数几个地区包括了该地区主要的具有代表性的农产品批发市场外，样本中大多数地区只包括了该地区个别的农产品批发市场，所以以上样本中各个地区的农产品批发市场的平均纯技术效率情况并不太适合代表该地区的平均纯技术效率进行不同地区间的比较。不过，这 91 家农产品批发市场的平均纯技术效率在全国的农产品批发市场中具有代表性，样本中北京的这 6 家农产品批发市场的平均纯技术效率在北京农产品批发市场中也具有一定的代表性。其平均纯技术效率为 0.821，高于全国 91 家农产品批发市场的平均纯技术效率。可见，北京的农产品批发市场的纯技术效率高于全国平均水平。

样本中这 91 家农产品批发市场，按坐落区域可以分为产地型批发市场、销地型批发市场和集散中心型批发市场三种，但集散中心型与产销地型批发市场有部分交叉，即其中部分农产品批发市场同时是产地型和集散中心型，或同时是销地型和集散中心型。按市场经营的品类可以分为综合市场型和专业市场型两种。按市场性质可以分为国有、集体、股份制和私营四种。以下对不同类型批发市场的平均纯技术效率进行比较，结果如表 4-8 所示。

表 4-8　　　　　不同类型批发市场的平均纯技术效率的比较

项目	市场属性			市场类别		市场性质			
	产地型	销地型	集散中心型	综合市场型	专业市场型	国有	集体	股份制	私营
样本数	33	32	47	55	36	23	18	41	9
平均纯技术效率	0.507	0.510	0.556	0.569	0.467	0.410	0.716	0.546	0.380

注：在市场属性分类中，集散中心型与产销地型批发市场有部分交叉。

从表 4-8 中可以看到，不同类型批发市场的平均纯技术效率差异性较大。从市场属性来看，集散中心型批发市场的平均纯技术效率相对较高，为 0.556，销地型批发市场的平均纯技术效率略高于产地型批发市场的平均纯技术效率，但相差很小。因为集散中心型批发市场的批发业务覆盖地区面较广，批发规模较大，同样的投入条件下，交易量和交易额较高，因此其平均纯技术效率也较高。

在不同市场类别中，综合市场型批发市场的平均纯技术效率高于专业市场型批发市场的平均纯技术效率。在不同市场性质中，国有和私营的批发市场的平均纯技术效率相对比较低，股份制的批发市场的平均纯技术效率接近于总体的平均水平，集体性质的批发市场的平均纯技术效率最高。[59]

四、消费者对蔬菜零食终端的选择及布局优化

农产品是重要的民生商品，生鲜蔬菜更是人们日常生活中的基本消费品。最初人们主要是在传统的农贸市场进行购买，随着超市开设了生鲜区

并为顾客所接受，一种全新的农产品零售终端诞生了。随之而来的是学者们开始将研究重点转移到超市是否能够替代传统的农贸市场并成为主流的农产品销售渠道上来。但是随着网络技术的发展和普及，网上购物得到了发展和完善，成为深受消费者青睐的一种消费形式。并且，物流运输产业和冷链技术也在不断发展，促进了农产品在电子商务的拓展。艾瑞咨询数据显示，我国生鲜电商市场发展迅速，增长率每年保持 50% 的增长速度。除了传统的农贸市场、超市，网上平台也成为消费者购买农产品的重要场所，农产品的终端零售得到多元化的发展。农产品电商是否能够替代传统的农贸市场和超市，面对发展中的农产品电商，消费者会做出怎样的选择，什么因素影响着消费者接受农产品电商，这是值得研究的问题。

目前，我国学者也做了大量的实证研究。刘华楠（2014）基于对上海市 300 名蔬菜消费者的调查，得出网络商店特性正向影响消费者网购生鲜蔬菜的意愿，而消费者自身特性和蔬菜特性对网购生鲜蔬菜的意愿影响不显著。何倩（2018）基于对南京市 362 名消费者的问卷调查，得出消费认知态度对消费者的网购意向和网购行为具有正向的影响，消费主观规范和消费自我控制因素对网购意向呈现正向影响，认知态度、主观规范和自我控制因素两两之间相互作用。王二鹏（2020）基于京东销售苹果在线评论数据的分析，发现农产品价格、质量、购买体验、物流服务是农产品在线购买决策的关键。江琳（2020）通过问卷调查得出产品质量、品牌形象、网站质量、物流配送质量、售后服务质量对生鲜电商购买意愿具有正向作用。杨林广（2021）利用实证分析方法针对在线口碑对地理标志农产品网购意愿的影响进行了研究，发现正面在线口碑对地理标志农产品的网购意愿具有显著增强的作用，负面在线口碑对网购意愿有抑制作用。这些研究成果对深入研究消费者网购生鲜农产品的意愿及影响因素分析提供了借鉴。但是农产品的种类众多，仅仅对农产品进行分析忽略了消费者对于其他农产品的不同偏好，所以本研究以生鲜蔬菜为例，基于对消费者的调查，分析影响消费者网购生鲜蔬菜意愿的各项影响因素。

（一）理论框架

消费者的购买方式主要有线上、线下两种方式。线下销售生鲜蔬菜的场所主要有农贸市场、社区蔬菜销售点和超市等。线上销售生鲜蔬菜的平台五花八门，有纯线上平台以及结合线上商场和线下实体店的 O2O 模式。问卷中显示在淘宝、拼多多、京东、美团、盒马生鲜等商家购买过生鲜蔬

菜的消费者占被调查对象的 57.25%，线上平台购买生鲜蔬菜的使用率是
比较高的。线下销售的生鲜蔬菜有普通蔬菜，也有品牌蔬菜，可以亲自挑
选产品，但是距离越远越不方便购买。随着收入水平的提高和消费结构的
升级，消费者对购买生鲜农产品的便利性和时效性提出了更高的要求，线
上的购买平台正好匹配了这个要求。商务部的数据显示，近几年，全国农
产品网络销售额以年平均高于 30% 的增速连年增长。由于 2020 年疫情的
影响，出行有限制，曾经没有网上购买生鲜蔬菜经历的人们也开始通过线
上平台购买，社区团购模式的时效性和安全性受到消费者的青睐，但是社
区团购的背后存在秩序不规范、操作不合法、产品种类单一、经营同质
化、供应链服务能力无法满足客户需求的问题。

　　消费者的购买行为是个极其复杂的行为。线下农贸市场一般距离社区
较远，营业时间一般在白天，而且农贸市场生鲜蔬菜的品类固定，价格低
廉，去农贸市场购买的消费者一般是中老年人，在白天有闲暇时间，并且
消费者去农贸市场一般是大批量采购。线下社区蔬菜销售点距离社区比较
近，可以方便居民购买，但是规模较小，品种有限，而且新鲜度也一般，
比起农贸市场的生鲜蔬菜价格要偏高，所以在此购买的消费者一般是上班
族，下班后在此购买。线下大型超市购物环境相对干净，并且产品质量有
保障，但是价格偏高，在此购买的消费者收入水平较高。线上的购物平台
产品种类丰富，有普通蔬菜也有品牌蔬菜，也有信誉较好的商家，价格也
是有高有低，给了消费者很大的选择空间，但是网上购买对于年轻人比较
容易接受，中老年人的网上购物经历相对较少。

　　消费者网上购买生鲜蔬菜的行为是多种因素共同作用下的动态过程。
本研究根据已有的文献成果，将影响消费者网上购买生鲜蔬菜的因素归纳
为四个部分，并提出以下基本理论假说：

　　1. 消费者自身的个人特征对网购生鲜蔬菜的意愿有影响

　　女性消费者由于性别特性，在日常生活中担任的角色，更倾向于在网
上购买生鲜蔬菜。年轻的消费者容易接受新鲜的事物，并且对于生鲜蔬菜
的价格不是很敏感，更倾向于在网上平台购买。同时，消费者的受教育程
度越高，更容易接受在新型的电商平台购物，且对蔬菜的质量要求更高，
越可能在线上花费高价钱购买品牌蔬菜。

　　2. 生鲜蔬菜属性方面对网购生鲜蔬菜的意愿有影响

　　网上平台的产品种类越丰富，消费者网购生鲜蔬菜的意愿越大。网上
平台的产品价格越低，消费者网购生鲜蔬菜的意愿更大。网购的生鲜蔬菜

到货质量如果有保障，消费者越愿意网购生鲜蔬菜。如果网上平台的产品是品牌生鲜蔬菜，更容易受到消费者的信赖，消费者网购生鲜蔬菜的意愿也会更大。

3. 网上平台服务方面对网购生鲜蔬菜的意愿有影响

网上平台服务态度好、售后服务完善，会使得消费者更倾向于网上购买。如果网上购物平台支付更便利，会吸引更多消费者在网上购买。

4. 感知风险方面对网购生鲜蔬菜的意愿有影响

产品到货质量有保障，会使得消费者接受网上购物这种方式。产品信息描述准确，可以消除消费者看不到实物的顾虑，那么网购生鲜蔬菜的意愿会更大。

（二）调查方案与数据分析

1. 调查方案

研究采用的数据来自 2021 年 3 ~ 4 月对消费者进行的问卷调查。调查问卷共收回 150 份，其中有效问卷 138 份，占全部收回问卷的 92%。问卷内容大体分为 4 个不同的部分。第一部分包括被调查对象的个体特征，如性别、年龄、教育水平、人均月收入等；第二部分主要是生鲜蔬菜的属性方面对于消费者网购生鲜蔬菜的影响，包括产品价格、产品的品牌、产品丰富性等，我们将变量对于消费者网购生鲜蔬菜影响的重要性分为五个维度：非常重要、比较重要、一般重要、比较不重要、非常不重要；第三部分是网上平台方面对消费者网购生鲜蔬菜的影响，包括平台的支付便利性、售后服务保障等，将变量对于消费者网购生鲜蔬菜的影响的重要性分为五个维度：非常重要、比较重要、一般重要、比较不重要、非常不重要；第四部分是被调查对象的感知风险方面，包括产品到货质量有保障、网购产品广告信息的真实性等，将变量对于消费者网购生鲜蔬菜的影响的重要性分为五个维度：非常重要、比较重要、一般重要、比较不重要、非常不重要。

从表 4-9 可以看出，近一半的消费者会选择线上和线下两种渠道购买生鲜蔬菜，但是一般会有主渠道。为了简便起见，我们依据不同的消费渠道选择对消费者进行重新界定，网购消费者是指通过线上购买生鲜蔬菜的消费者和通过线上、线下相结合的方式购买生鲜蔬菜的消费者。非网购消费者是仅通过线下购买生鲜蔬菜的消费者。

表4－9　　　　　　　　消费者购买生鲜蔬菜场所的类型分布

	人数（人）	比例（%）
线上购买生鲜蔬菜的消费者	4	2.9
线上和线下购买生鲜蔬菜的消费者	74	53.62
线下购买生鲜蔬菜的消费者	60	43.48

2. 统计分析

（1）消费者自身的个人特征。被调查消费者的个人基本信息情况见表4－10。通过统计结果显示，从性别分布的特点显示，被调查者男女比例接近4∶5，而网购生鲜蔬菜的消费者男女比例为4∶6，男性消费者人数低于女性消费者，能够较好地反映出女性在日常生活中担任的角色，和调查问卷中显示的购买人群特征是相符的；从年龄分布情况来看，被调查者中网购生鲜蔬菜的30岁以下的消费者和30岁以上消费者的比例高于非网购生鲜蔬菜的消费者，表明年轻人更偏向于线上购买生鲜蔬菜；从被调查者的受教育水平来看，大学生占比较高，显示出教育水平会影响到消费者选择消费行为；从被调查者的个人收入水平来看，个人月收入水平在3000元以下的被调查者更偏向于网购，可见网购对收入水平较低的消费者更有吸引力。

表4－10　　　　　　　　　被调查者基本信息统计

变量		网购消费者		非网购消费者		合计	
		人数（人）	比例（%）	人数（人）	比例（%）	人数（人）	比例（%）
性别	女	48	61.54	26	43.33	62	53.62
	男	30	38.46	34	56.67	52	37.68
年龄	30岁以下	64	82.05	48	80	102	81.16
	30岁以上	14	17.95	12	20	12	18.84
受教育程度	高中及以下	10	12.82	8	13.33	12	13.04
	大学	64	82.05	52	86.67	100	84.06
	硕士及以上	4	5.13	0	0	2	2.9

		网购消费者		非网购消费者		合计	
		人数（人）	比例（%）	人数（人）	比例（%）	人数（人）	比例（%）
个人月收入水平	3000 元以下	52	66.67	32	53.33	80	60.87
	3001～6000 元	16	20.51	18	30	24	24.64
	6000 元以上	10	12.82	10	16.67	10	14.49

（2）量度变量的分析。首先对量度变量进行描述性统计分析，得出的结果如表 4 - 11 所示，每个变量对网购生鲜蔬菜的影响都分为五个维度，1 是指非常不重要，2 是指比较不重要，3 是指一般重要，4 是指比较重要，5 是指非常重要。结果表明，生鲜蔬菜的属性、网上平台的服务和被调查对象的感知风险对网购生鲜蔬菜的影响都是比较重要的。

表 4 - 11　　　　　　　　变量的描述性统计

变量名称	N	最小值	最大值	均值	标准偏差
生鲜蔬菜属性	138	3.00	5.00	4.1449	0.49154
网上平台	138	2.67	5.00	4.1304	0.66598
被调查对象	138	2.50	5.00	4.4457	0.66641

　　生鲜蔬菜的属性方面包括产品价格、产品的品牌、产品丰富性等，网上平台方面对消费者网购生鲜蔬菜的影响，包括平台的支付便利性、售后服务保障等，被调查对象的感知风险方面，包括产品到货质量有保障、网购产品广告信息的真实性等。具体的统计情况见表 4 - 12。从产品价格来看，网购的消费者和非网购的消费者都非常注重产品的价格。从产品品牌来看，在非常重要这个维度中，网购消费者比非网购消费者占比更多。从产品丰富性来看，在非常重要这个维度中，网购消费者比非网购消费者占比更多。从支付便利性来看，网购消费者中只有 2 人认为支付便利性非常不重要。从售后保障来看，网购消费者显然比非网购消费者更注重。从到货质量保障来看，网购消费者大比例认为非常重要。从广告真实性来看，网购消费者和非网购消费者都认为是重要因素。

表 4 –12   变量的统计表

		网购消费者		非网购消费者		合计
		人数（人）	比例（%）	人数（人）	比例（%）	人数（人）
产品价格	非常重要	26	33.34	22	36.67	48
	比较重要	40	51.28	30	50	70
	一般重要	12	15.38	6	10	18
	比较不重要	0	0	2	33.33	2
	非常不重要	0	0	0	0	0
产品品牌	非常重要	30	38.46	18	30	48
	比较重要	8	10.26	10	16.67	18
	一般重要	26	33.33	24	40	50
	比较不重要	14	17.95	4	6.66	18
	非常不重要	0	0	4	6.66	4
产品丰富性	非常重要	22	28.21	6	10	28
	比较重要	36	46.15	24	40	60
	一般重要	16	20.52	24	40	40
	比较不重要	2	2.56	6	10	8
	非常不重要	2	2.56	0	0	2
支付便利性	非常重要	36	46.15	16	26.67	52
	比较重要	26	33.33	20	33.33	46
	一般重要	10	12.82	18	30	28
	比较不重要	4	5.13	6	10	10
	非常不重要	2	2.57	0	0	2
售后服务保障	非常重要	50	64.1	27	45	77
	比较重要	24	2.57	22	36.67	46
	一般重要	4	5.13	9	15	13
	比较不重要	0	0	2	3.33	2
	非常不重要	0	0	0	0	0

续表

		网购消费者		非网购消费者		合计
		人数（人）	比例（%）	人数（人）	比例（%）	人数（人）
到货质量保障	非常重要	57	73.08	36	60	93
	比较重要	13	16.66	16	26.67	29
	一般重要	4	5.13	8	13.33	12
	比较不重要	4	5.13	0	0	4
	非常不重要	0	0	0	0	0
广告真实性	非常重要	46	58.97	26	43.33	72
	比较重要	22	28.21	22	36.67	44
	一般重要	10	12.82	12	20	22
	比较不重要	0	0	0	0	0
	非常不重要	0	0	0	0	0

（三）计量经济模型和估计结果

1. 模型构建

本研究的目的是消费者网购生鲜蔬菜的影响因素。消费者在网上购买生鲜蔬菜的经历包括"有""没有"两种情况，在各种估计模型中，二元 Logit 模型适用于本书所研究的问题。如果被解释变量有两种选择，则二元 Logit 模型可以用如下的概率表示：

$$P(y_i = j) = \frac{e^{X_i\beta_j}}{\sum\limits_{j=0} e^X} \quad (j = 0, 1) \qquad (4-12)$$

其中，i 表示样本数，X_i 表示一系列的解释变量，y_i 表示消费者的方案，β_j 表示待估参数，P 表示事件发生的概率。为了研究方便，对概率公式进行标准化处理，令 $\beta_i = 0$，于是有：

$$P(y_i = j) = \frac{e^{X_i\beta_j}}{1 + \sum\limits_{k=1} e^{X_i\beta_k}} \quad (j = 1) \qquad (4-13)$$

$$P(y_i = 0) = \frac{1}{1 + \sum\limits_{k=1} e^{X_i\beta_k}} \quad (j = 1) \qquad (4-14)$$

在本研究中，消费者网购生鲜蔬菜的意愿有愿意、不愿意，假定 0 =

不愿意，1 = 愿意，则这两个选择的概率为：

$$P(y_i = 0) = \frac{1}{1 + e^{X_i\beta_1} + e^{X_i\beta_2}} \qquad (4-15)$$

$$P(y_i = 1) = \frac{e^{X_i\beta_1}}{1 + e^{X_i\beta_1} + e^{X_i\beta_2}} \qquad (4-16)$$

为了进行 Logistic 回归，需要将上式变换为概率与自变量之间的线性表达式，选取"不愿意"作为对照组，则消费者在网上购买生鲜蔬菜行为的二元回归模型为：

$$\text{Ln}\left(\frac{P_{ij}}{P_{i0}}\right) = \alpha + \beta_j X_i \qquad (4-17)$$

在式（4-17）中：X_i 表示影响消费者网购生鲜蔬菜的因素，P_{ij} 表示消费者网购生鲜蔬菜的概率，P_{i0} 表示消费者不在线上购买生鲜蔬菜的概率，α 表示常数项，β 表示待估参数。

模型中的研究变量的描述与说明，见表4-13。

表 4-13　　　　　　　　　二元 Logit 模型的变量说明

变量	变量说明	备注
y	消费者网购生鲜蔬菜，1 = 愿意；0 = 不愿意	
X_1	性别，0 = 女，1 = 男	反映消费者的个人特征
X_2	年龄，1 = 30 岁及以下；2 = 30 岁以上	反映消费者的个人特征
X_3	受教育程度，1 = 高中及以下，2 = 大学，3 = 硕士及以上	反映消费者的个人特征
X_4	个人月收入水平，1 = 3000 元以下，2 = 3001 ~ 6000 元，3 = 6000 元以上	反映消费者的个人特征
X_5	产品种类丰富性，1 = 一般，2 = 比较丰富，3 = 非常丰富	反映生鲜蔬菜属性
X_6	产品价格，1 = 较低，2 = 平价，3 = 较高	反映生鲜蔬菜属性
X_7	产品品牌，1 = 有知名品牌，0 = 无知名品牌	反映生鲜蔬菜属性
X_8	客服售后保障，1 = 有保障，0 = 无保障	反映网上平台服务
X_9	支付安全便利性，1 = 低，2 = 高	反映网上平台服务
X_{10}	到货产品质量，1 = 有保障，0 = 无保障	反映消费者感知风险
X_{11}	广告真实性，1 = 不一致，2 = 基本一致，3 = 完全一致	反映消费者感知风险

2. 估计结果分析

本书应用 SPSS 软件，对调查数据进行二元 Logit 回归分析，得到的结果见表 4-14。可以看出，回归模型的 Cox-Snell R 和 Nagelkerke R 分别为 0.158 和 0.221，说明模型的拟合度较高，自变量对因变量的解释程度较高。在 11 个潜在影响因素中，有 9 个因素通过 10% 水平的显著性检验，其 p 值小于给定的显著性水平，在统计上有较高的显著性，说明这五个变量对消费者网购生鲜蔬菜的意愿有较大的影响。

表 4-14　　　　　　　　消费者网购生鲜蔬菜意愿的回归结果

	B	标准差	Wald 统计量	自由度	p 值	Exp（B）
常量***	-4.228	0.993	18.646	1.000	0.104	0.015
个人特征						
X_1^{**}	-0.212	0.158	4.018	1.000	0.025	0.132
X_2^{**}	-0.104	0.099	2.876	1.000	0.040	0.245
X_3^{*}	0.112	0.103	3.358	1.000	0.067	1.208
X_4^{***}	0.232	0.073	7.656	1.000	0.006	1.223
生鲜蔬菜属性						
X_5^{**}	0.370	0.163	5.255	1.000	0.022	1.454
X_6	0.067	0.133	0.019	1.000	0.891	0.982
X_7^{***}	0.348	0.188	10.761	1.000	0.001	1.463
网上平台服务						
X_8^{**}	0.764	0.205	6.287	1.000	0.012	1.671
X_9	-0.131	0.088	1.491	1.000	0.222	1.113
感知风险						
X_{10}^{***}	0.232	0.116	7.593	1.000	0.002	0.732
X_{11}^{***}	0.073	0.092	5.670	1.000	0.000	1.432

注：*、** 和 *** 分别表示在 10%、5% 和 1% 水平下显著。

（1）消费者自身的个人特征对网购生鲜蔬菜的影响。性别的回归系数是负数，说明女性消费者比男性消费者在网上购买生鲜蔬菜的意愿概率要高。因为女性一般比男性网上购物的频率更高，并且生鲜蔬菜属于日常生活品，女性在生活中一般承担购买生活用品的角色，所以女性消费者网购生鲜蔬菜的概率要高。年龄的回归系数是负数，说明年龄越大，在网上购买生鲜蔬菜的概率更低，因为年龄较大的消费者一般选择线下购买，并且对电商平台不熟练，所以年轻消费者更容易接受这种新型的电商购物平台，在网上购买生鲜蔬菜。受教育水平的回归系数为正，说明教育水平越高，在网上购买生鲜蔬菜的概率越大，因为在网上购买生鲜蔬菜，需要消费者具备一定的筛查信息能力和运用科技平台的能力。人均收入水平的回归系数为正，说明人均收入水平越高，在网上购买生鲜蔬菜的概率更大，这是因为网上生鲜蔬菜包括特色蔬菜、品牌蔬菜、有机蔬菜，比线下农贸市场、超市、社区这些场所包括更多的种类，销售价格可能偏高，所以收入水平更高的消费者更有能力负担线上生鲜蔬菜的价格。

（2）生鲜蔬菜属性方面对网购生鲜蔬菜的影响。产品种类丰富性的回归系数是正的，产品种类越丰富，消费者越愿意在网上购买生鲜蔬菜，因为线上平台比线下场所的购买空间更大，消费者可以在线上平台仔细挑选。产品价格的 p 值大于 0.05，说明产品价格对消费者网购生鲜蔬菜的意愿不明显。产品品牌的回归系数为正，说明有品牌标签的线上平台会使消费者更愿意在线上购买生鲜蔬菜，因为消费者在线上购买生鲜蔬菜时无法针对图片作出生鲜蔬菜的优劣判断，如果对产品品牌有信赖度，就会促进消费者作出购买的决定。

（3）网上平台服务方面对网购生鲜蔬菜的影响。客户售后服务的回归系数是正的，说明有良好的售后服务，消费者越愿意在线上购买生鲜蔬菜，因为线上购买是根据图片选择，在收到货品时可能不是自己想要的，良好的售后服务会使得消费者有购买保障，使消费者更愿意在网上购买生鲜蔬菜。支付便利性的 p 值大于 0.05，说明支付便利性对消费者网购生鲜蔬菜的意愿影响不明显，因为线上平台的支付便利性相对于购买生鲜蔬菜时的搜索、挑选的难度低，所以支付便利性对消费者网购生鲜蔬菜可能没有显著性的影响。

（4）感知风险方面对网购生鲜蔬菜的影响。到货产品质量的回归系数为正，说明产品质量有保障，消费者网购生鲜蔬菜的概率更高，因为产品质量有保障，会增加消费者对线上平台购买生鲜蔬菜的信赖，有利于增加消费者网购生鲜蔬菜的概率。广告真实性的回归系数为正，说明广告越真实，消费者网购生鲜蔬菜的概率越高，因为现实生活中虚假信息比较多，侵害了消费者的权益，所以广告真实性是影响消费者网购生鲜蔬菜的重要因素，广告越真实，消费者越愿意网购生鲜蔬菜。

（四）蔬菜零售终端布局和农贸市场的改造

本研究基于对消费者的调查，通过统计描述和二元 Logit 回归分析，发现性别、年龄、受教育水平、人均月收入、产品种类丰富性、产品品牌、客户售后服务、到货产品质量、广告真实性对消费者网购生鲜蔬菜具有显著影响。总体来看，目前消费者线上购买生鲜蔬菜的比例还相对较低，消费者更多的还是通过线下的超市、农贸市场采购生鲜蔬菜，因此，政府仍要科学规划线下蔬菜零食终端的布局，线上线下协同发展。考虑到消费者的需求行为随着经济的发展，收入的提高，消费者的消费行为会发生变化，在合理布局的基础上，要对相关业态进行适时升级改造，以满足消费者需求的变化。在目前经济社会条件下，应做好以下两项工作。①

1. 优化布局和调整蔬菜线下零售终端

蔬菜零售终端布局是否合理，对提高消费者购买蔬菜的方便程度、降低消费者购买蔬菜的成本、稳定社区蔬菜价格、降低蔬菜经营者物流成本、净化社区生活环境等方面起着重要作用。根据克里斯塔勒的中心地理论，中心地有高级中心地和低级中心地之分，就蔬菜流通体系来看，蔬菜批发市场可以看作是高级中心地，而批发市场周边的农贸市场、社区蔬菜销售点和超市可以看作是低级中心地。通常，高级中心地数量比较少，辐射范围广，所经营的商品品类多。前述三种蔬菜零售终端可以看作是低级中心地，这些低级中心地在整个蔬菜流通体系中处于最末端。低级中心地数量较多，布局比较密集，服务辐射范围不大，提供的商品等级较低，品类不全。但是，介于两级之间还有一些中级中心地，其功能和特点也介于两级之间，如大城市的二级农产品批发市场。中心地的等级性表现在每个高级中心地都附属有几个中级中心地和更多的低级中心地。对于北京、上海等特大城市，会拥有几个乃至十几个农产品高级中心地，即农产品批发市场，而对于一般的大中型城市，可能只会拥有 2 ~ 3 个农产品批发市场。

克里斯塔勒的中心地理论认为，决定各级中心地商品供给范围大小的重要因子是经济距离。经济距离是用货币价值换算后的地理距离，由费用、时间、劳动力三要素所决定。本研究认为，消费者行为也是影响经济

---

① 该部分出自作者 2019 年在经济科学出版社出版的《基于产业链视角的生鲜蔬菜流通效率的度量及提升对策研究——以山东到北京蔬菜流通为例》第 91 页内容。

距离的重要因子。对超市、农贸市场和社区蔬菜销售点来说，经济距离是规模经济、节约交易成本、最优出货量和流通效率等方面综合权衡后的决策因素。对消费者来说，经济距离是节约交易时间和机会成本、获取可靠安全食品、最优购买量等方面综合权衡后的决策因素。前述分析表明，影响蔬菜消费行为的收入、受教育程度等六大因素，成为决定消费者核定经济距离的重要指标，形成了不同经济距离范围内具有同质性消费需求的消费群体。基于这些消费群体，应形成不同的高、中、低中心地空间分布形态，形成不同的中心地系统空间模型。

当然，以上分析仅提供了一个抽象的理论框架，现实生活中，该理论成立的前提条件较多。对中小城市，实际操作中，蔬菜零售终端规划布局时，需充分考虑农贸市场、社区蔬菜销售点和超市三种业态的特色，结合不同区域的人口密度、交通条件、地形状况、周边居民收入水平、地租水平等因素，对各业态的服务半径、经营规模、具体选址、与其他服务设施的整合等方面进行统筹规划，合理布局，以避免零售终端过于集中导致经营者竞争过于激烈，或者零售终端过于稀疏不方便居民购物。

2. 升级改造农贸市场

农产品零售终端的合理布局方便了消费者农产品的购买，降低了消费者购买过程中的交易成本，稳定了社区农产品的价格。而消费者需求多元化的满足，除了对农产品零售终端进行合理布局外，接下来就要考虑三种零售终端的配置效率问题。

调查和计量研究发现，随着居民收入水平不断上升，其农产品的消费结构和消费水平会出现逐步升级趋势，消费者逐渐由价格偏好型向质量偏好型、购物环境友好型转变。同时，随着消费者生活节奏的进一步加快，消费者购买农产品也会逐渐由单一购买转变为复合型购买，超市会逐渐替代农贸市场成为消费者购买农产品的首选。"农改超"将会成为匹配这一消费趋势的必然选择。

在我国"农改超"大潮中，曾经出现了广州模式、武汉模式、福州模式和深圳模式四种模式，除了福州和深圳，大部分城市的"农改超"都遇到了不同问题，有的甚至出现了经营亏损或倒闭的困境。总体而言，超市相对农贸市场有两大优点：一是先进的经营模式，二是整洁有序的经营环境。"农改超"的本质就是在这两个方面同时进行改造，抛弃农贸市场传统的经营模式和较差的经营环境。经营模式的改造需要由经济实力雄厚、超市运营经验丰富的投资、经营主体具体运作，并且初始建设成本和运营成本非常高昂；而经营环境的改造只增加初始建设投资，运营成本的投入并不大。除少数地方可以拥有一次性地将农贸市场改造成生鲜超市的经济实力，全国大部分城市或地区都很难承受同时进行两项改造所需的高昂投入。所以，"农改超"可以分阶段来进行，见图4-3。

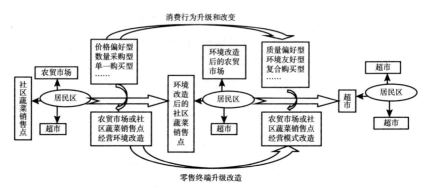

图4-3 消费者消费行为与农产品零售终端的升级改造关系

在现有条件下，首先对农贸市场进行经营环境的改造，以保持目前农贸市场经营模式不变的情况下，规范市场管理制度，对农贸市场内、外部经营环境进行整治，使农贸市场的经营环境超市化，以满足那些对蔬菜价格比较敏感，而又向往购买环境清洁舒适的消费者的需求。农贸市场经营环境的超市化，也可以称为"农加超"模式，目前已经在很多城市开始实施，并取得良好效果，如北京的社区菜市场改造、上海的标准化菜市场建设等。在此基础上，当消费者更加注重农产品的质量安全，同时消费者的农产品购买习惯也由单独购买过渡到复合购买，在这种情况下政府应下大力气推行农贸市场经营模式的超市化升级改造，以实现农产品流通模式的成功升级。

消费者的蔬菜需求行为对蔬菜流通模式的转变有重要影响，它决定了蔬菜零售终端的布局规划和升级改造。消费者一般会有多个渠道购买蔬菜，但是其中总会有一个或两个主要的渠道。并且这个主渠道会随消费者购买蔬菜所需的交易时间和机会成本的变化而改变。家庭人均月收入，年龄，受教育程度，对蔬菜价格、质量的重视程度，超市净距离和农贸市场净距离这六个变量对消费者消费行为有重要影响，会促进消费者分层分类，即不同质的消费群体表现出不同的消费行为，进而影响蔬菜零售终端的配置。

目前，农贸市场以其庞大的顾客群为依托，仍具有强大的生命力和充分的存在理由，而且，社区蔬菜销售点的出现，更说明短期内生鲜超市完全取代农贸市场是不可行的。在现有经济社会条件下，应结合不同区域的人口密度、交通条件、地形状况、周边居民收入水平、地租水平等因素，对各蔬菜零售终端进行统筹规划，合理布局。未来，随居民收入提升，居民购买蔬菜的机会成本提高，居民发生了从数量购买型、价格购买型等消费行为，向质量购买型、环境友好型、复合购买型等消费行为的转变。[46]必须对农贸市场或社区蔬菜销售点升级，改造经营环境，逐步推行农贸市场或社区蔬菜销售点的超市化经营模式，实现农产品超市化经营。①

3. 政府引导，创造良好市场环境

消费者网购生鲜蔬菜的意愿的影响因素不仅需要企业自身的作为与自律，政府部门是为了创造一个良好的线上购物环境也需要付诸行动。政府部门首先应该完善相应的法律法规体系，提高准入门槛，加强市场监管，整治市场秩序不规范、操作不合法的行为，为消费者线上购买创造一个良好的外部环境。并且政府部门可通过网络媒体和奖惩措施加强对企业的引导，增强企业的社会责任意识和食品安全责任意识，增强质量问题会导致企业形象受损等无形资产的认识，鼓励企业采取积极的措施保障食品安全问题。并且注重消费者线上购物的评价，对线上平台积极进行整改，培育良好的市场环境。

第二节　蔬菜流通主体层面的效率测度及影响机理分析

一、蔬菜批发主体的 SCP 分析

多年来，北京蔬菜批发市场上蔬菜上市量的70%以上为外埠蔬菜，而山东寿光作为中国北方最大的蔬菜生产基地和集散中心，是北京市最主要的蔬菜来源地之一。因此，分析从山东寿光到北京的蔬菜流通具有较强的

---

① 该部分出自作者 2019 年在经济科学出版社出版的《基于产业链视角的生鲜蔬菜流通效率的度量及提升对策研究——以山东到北京蔬菜流通为例》第 92 页内容。

代表性。案例研究的"证据三角"原则要求从所有可能的渠道收集相互补充的数据信息（李崇光，2015）。2016 年 9 月至 10 月，作者及研究团队多次往返山东寿光及北京两地，对寿光文家、孙家集、洛城三个乡镇的 5 家田头市场、寿光农产品物流园、北京新发地市场、北京大洋路批发市场的蔬菜代收户（经纪人）、蔬菜经销商、市场管理者及市场周边的蔬菜种植者进行了访谈，为了更加深入了解整个蔬菜流通过程，笔者多次跟随运菜车辆体验蔬菜收购、包装、运输、批发等一系列环节，获取大量第一手资料。基于调查资料，研究以山东寿光到北京的蔬菜流通为例，对蔬菜批发行业的结构、行为及绩效三方面进行系统分析，力争对蔬菜批发过程中批发商经营行为及行业发展现状做出更为全面的解释。①

（一）蔬菜批发行业结构分析[45]

1. 蔬菜批发行业市场集中度整体不高

市场集中度与市场中垄断力量的形成密切相关，产业组织理论通常把市场集中度作为考察市场结构的首要因素，用来表示在特定产业或市场中，卖者或买者具有怎样的相对的规模结构。

行业集中度是最常用、最简单易行的绝对集中度的衡量指标。它是指行业内规模最大的前几位企业的有关数值 X（可以是产值、产量、销售额、销售量、职工人数、资产总额等）占整个市场或行业的份额。计算公式为：

$$CR_n = \sum_{i=1}^{n} X_i \Big/ \sum_{i=0}^{N} X_i \qquad (4-18)$$

式（4-18）中：CR_n 表示产业中规模最大的前 n 位企业的行业集中度；X_i 表示产业中第 i 位企业的产值、产量、销售额、销售量、职工人数或资产总额等数值；n 表示产业内的企业数；N 表示产业的企业总数。

式（4-1）中 n 的取值可以根据计算的需要确定，通常 $n=4$ 或 $n=8$。贝恩是最早使用产业集中度指标对产业的垄断和竞争程度进行分类研究的学者。贝恩依据产业内前四位和前八位企业的行业集中度指标的大小，对不同垄断、竞争结合程度的产业的市场结构进行了分类（见表 4-15）。

---

① 张磊，王娜，吴金超. 中国蔬菜批发行业结构、行为及绩效研究：以山东寿光到北京的蔬菜流通为例 [J]. 农业经济问题，2018（2）：115-126.

表 4 - 15 　　　　　　　　　　　　贝恩的市场结构分类

市场结构	集中度	
	CR$_4$ 值（%）	CR$_8$ 值（%）
寡占 I 型	85 ≤ CR$_4$	—
寡占 II 型	75 ≤ CR$_4$ < 85	或 85 ≤ CR$_4$
寡占 III 型	50 ≤ CR$_4$ < 75	75 ≤ CR$_4$ < 85
寡占 IV 型	35 ≤ CR$_4$ < 50	45 ≤ CR$_4$ < 75
寡占 V 型	30 ≤ CR$_4$ < 35	40 ≤ CR$_4$ < 45
竞争型	CR$_4$ < 30	或 CR$_4$ < 40

资料来源：苏东水. 产业经济学 [M]. 北京：高等教育出版社，2000.

蔬菜批发商是在国家逐步取消蔬菜统购统销的计划经济流通体制以后，在农村自发形成，并经过一段时间的发展壮大而逐渐成熟起来的。由于蔬菜收购批发行业流动性大，准入条件低，退出灵活，加之行业技术含量低，这就决定了蔬菜批发商以农民个体经营居多，公司化经营鲜见，即使有些贩运大户，其规模发展到每次发运几台大货车、雇用十几个帮工，也还是保持着个体经营的初始状态。当然，也有少数运销商，以提高知名度为目的，实行公司化运作。据统计，全部蔬菜经营户中，97.2% 的是个体工商户，具有企业法人资格的仅占 2.8%（任兴洲，2012）。这种多主体、小规模、分散化的经营模式会使其交易费用提高，流通成本上升，抵御风险的能力减弱。由于众多的经营者面临的市场风险基本相同，于是大批经营者采取统一行动导致市场波动频繁而剧烈，进一步加大了市场风险。

从全国来看，蔬菜批发群体庞大，但规模各异。占比较大的小规模批发商一般会选择在地头市场收购蔬菜，称重装车销往当地的蔬菜批发市场，批发给当地的零售商贩；占比较小的中等规模的批发商，一般会选择省内比较集中的蔬菜种植基地或产地批发市场收购蔬菜，并销往大型蔬菜批发市场（包括产地批发市场和销地批发市场）；而大规模的批发商，收购半径扩展到全国，根据不同主产区蔬菜的生长周期决定批发的品种及数量。这其中不乏有些批发商拥有自己的种植基地，甚至有些批发商通过联合合作社和物流公司买全国卖全国（张喜才，2011；张雯丽，2014），虽然此类批发商数量不多，但在蔬菜行业拥有一定的定价权。

　　总体上，蔬菜批发行业基本属于竞争型市场结构，然而批发市场却是众多蔬菜批发商开展批发业务的主要交易平台，所以，某种程度上区域蔬菜批发行业的市场结构也受当地批发市场的市场结构影响。根据洪岚（2015）的研究，我国农产品批发市场基本属于分散竞争型的市场结构，但受区位条件的影响，少数地区农产品批发市场呈现出集中度较高的垄断格局。具体来说，如果某蔬菜批发市场是完全竞争型，同时市场内部批发商众多，那么该区域批发行业符合竞争型的市场结构特征。而如果个别批发商在某个蔬菜品种上占有的市场份额较大，该区域的市场就可能演变为寡头型的市场结构。以山东寿光农产品物流园为例，该批发市场共有固定蔬菜批发商户3000家左右，每家年平均销售额在300万元左右，属于典型的竞争型市场结构，但其中也有少量批发商，如经销辣椒的张总和经销花菜的纪总（张雯丽，2014），其经销额占该市场辣椒和花菜总成交额的一半以上，因此对产销区辣椒和花菜的批发数量和价格有一定的话语权。

　　如果某地区批发市场处于垄断地位，同时，市场内部对批发商的数量以及经营品种都做出严格限定，那么批发商就有可能在该区域或市场形成垄断势力。例如：2016年2月，媒体报道的海南某批发市场，16年来一家独大，通过限定一级批发商的数量及每家经营的品种，导致海南蔬菜价格长年居高不下。这种情况在蔬菜批发行业比较少见，个中原因也比较复杂。在我国，农产品批发市场建设开始就是"谁投资，谁建设，谁经营，谁受益"，过度的市场化运作使得原本具有公益属性的批发市场的公益性无法充分发挥，这与我们建设市场的"搞活流通，保证供应，平抑物价"的初衷相悖。公益性市场建设不足为垄断经营孕育了温床，出现了一系列产地收购市场建设滞后导致的"卖难"问题，批发市场高收费推高了交易成本导致的"买贵"问题等。因此要真正加快推进蔬菜供给侧改革，关键是让蔬菜批发环节充分竞争，只有打破批发环节的垄断经营，蔬菜流通才能真正实现市场化，价格才能回归到合理水平。

　　2. 产品差异化小

　　产品差异化体现在多个方面，例如产品主体、品牌、价格、渠道、促销等。目前，市场上流通的蔬菜按照差异化可以分为普通蔬菜、无公害蔬菜、绿色蔬菜、有机蔬菜四种类型，其中普通蔬菜和无公害蔬菜主要通过批发市场进入农贸市场或社区便利店，而绿色蔬菜和有机蔬菜基本实行品牌化经营，通过专卖店或连锁超市供给高端消费者。批零模式下流通的蔬菜以普通蔬菜或无公害蔬菜为主，这两类蔬菜在品质、外观方面差异不大。由于批发商的参与，蔬菜采摘后基本上在短时间内就可以实现产区到销区的转移，保证蔬菜的原有的外观和生化特性，因此批发市场中同品类的生鲜蔬菜通常都是同质无差异的，个别品类的差异性可能是在采摘后的分拣、包装等过程的标准化和要求不同造成的，同品类蔬菜大量密集上市，微小差异可以被忽略掉。[①]

3. 进入壁垒大、退出壁垒小

行业进入、退出壁垒是影响市场结构的重要因素。其中，农产品批发行业进入壁垒主要包括绝对成本优势、产品差异化、规模经济、策略行为等，而退出壁垒因素主要来自资产专用性、沉没成本、解雇费用以及政策法律的限制等。从蔬菜行业来说，进入行业需要具备三个方面的条件：

（1）资金。按照批发规模不同，投入的流动资金也不同。通常批量在每天 10 吨以下的小规模批发商，初期投资只需几万元，批量在 30 吨左右的中等规模批发商，投资则需要几十万元以上，个别特大型批发商投入资金甚至高达上百万元。而运输车辆虽然是行业唯一的固定资产，但随着第三方物流的发展，其不再是限制进入行业的必要条件，这样就大大缩减了初期在固定资产方面的投入。

（2）蔬菜种植及流通的相关知识。如蔬菜质量的鉴别、蔬菜生产周期的掌握、蔬菜产地的识别、蔬菜产地、销地市场价格波动等信息的掌握和判断。除此之外，蔬菜分拣包装技术、蔬菜装车码放及时间的把握等经验也是一名合格批发商的必备技能。

（3）货源及销路。根据前面的分析，批发商通过蔬菜经纪人收购蔬菜，而蔬菜运到销地后，批发商既可以通过租用销地批发市场的固定摊位[②]向下游客户批发蔬菜，也可以通过市场的代销商来出货。因此货源的优劣及销路的畅通与否是决定其批发业务的关键。

蔬菜批发市场对临时性经营户的准入条件较低，经营户只要向批发市场缴纳一定的费用即可进场销售。表面上看，新进入者只要在目标市场有固定的摊位或代销商，同时在产地有稳定的货源或经纪人，就可以从事蔬菜批发业务。所以，对于每个潜在进入者来说，进入壁垒很小。但实际

---

① 张磊，王娜，吴金超. 中国蔬菜批发行业结构、行为及绩效研究——以山东寿光到北京的蔬菜流通为例 [J]. 农业经济问题，2018（2）：115 – 126.

② 蔬菜批发市场摊位有固定和临时之分，固定摊位是由长期在此经营的批发商租赁，一次缴纳多年的租赁费用，而临时摊位则留给市场的流动批发商，其费用按天或按次收取。

上，蔬菜批发过程有着复杂的内部运作机制。批发主体之间呈现出鲜明的地缘和人缘特征（张雯丽，2014）。蔬菜经营主体为了实现永续经营，无论是在产地还是在销地，虽然上下游主体之间没有正式的、规范的交易契约，但考虑到关系缔结成本、行业信誉以及多次博弈对机会主义行为的约束等，使得稳定的合作意向可以在相当长时间内维系下去。例如在产地市场，批发商一般将蔬菜收购环节全权委托给经纪人，蔬菜品相的好坏、包装标准与否、因搬运及装车导致的蔬菜损耗高低以及对批发商的临时性需要响应及时与否等一系列问题，完全取决于经纪人与批发商间稳定的购销关系。对于一个新加入者来说，这些就是潜在的进入壁垒，偶然的、短期的合作关系导致的不确定性必然增加机会主义行为，合作涉及的内容和质量就无法保证。而在销地市场，发展下游固定客户是新进入者唯一的选择，但短期内很难实现，其间滞销、甄别、利润让渡等成本让新进入者望而生畏，因此稳定的客户源也构成新进入者的进入壁垒，这也是蔬菜批发行业代际传承的主要原因之一。除此之外，市场中某些品种的蔬菜如果被少数经销大户垄断，他们通过降价等排挤手段联合阻止其他商户的进入，成为新进入者的又一进入壁垒。

蔬菜生产和消费的分散性决定了市场信息也更加分散，人们难以全面把握市场供求及竞争者、合作者的信息，因此对于蔬菜流通来说，信息的重要性和时效性显得格外重要，这就要求经营主体在信息搜集、加工、传递上进行更多的投入（罗必良，2000）。然而交易主体间如果存在某种关系联盟或忠诚纽带，不仅可以降低交易主体在价格、品种、质量等交易信息的搜集成本，而且还能增加信息的真实性并迅速传递出去，在一定程度上减少了逆向选择和败德行为的发生，节省了这方面的投入，改善了预期。基于此，每次交易完结，蔬菜批发主体会在自己的客户群中寻找下轮合作伙伴。可见在蔬菜批发行业，批发主体之间因地缘或人缘所结成的合作关系，如同一张无形的网将新加入者挡在网外，而原有批发主体在长期博弈中，实现了一种动态均衡（见图 4-4）。当然流通主体之间形成的是一种松散的合作关系，在这张松散的契约网络中，没有两个交易主体之间的交易是必然的，蔬菜批发行业新加入者如果想成为网中的一个节点，也不是完全不可能的。通常新进入者在成为经营者之前，都要从帮工做起，积累经验，拓宽人脉，否则贸然进入，短期内很难盈利。

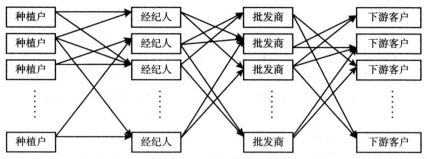

图 4-4　蔬菜批发环节各经营主体网络关系

虽然蔬菜批发行业进入困难，但退出容易。经营主体是否退出取决于对成本的计量，这其中至少包括固定资本投入、遣散成本、人力资本沉淀损失以及违约成本四个部分。首先，蔬菜批发行业唯一的固定资产即运输车辆，其资产的专用性不高，可以很容易处理掉，特别是第三方物流的介入，使得这类沉淀成本无须考虑。其次，该行业以小规模个体经营为主，人员构成主要是家庭成员，遣散成本可以内部化。即便是规模大一些的批发商，雇用人员多来自亲属或朋友，辞退成本较低。再次，蔬菜批发行业本身技术含量不高，对从业人员的文化层次要求较低，因此退出造成的人力资本沉淀损失较小，不至于影响人力资本再生产过程。最后，蔬菜流通中呈现出的鲜活性、区域性、季节性、分散性等特点决定了交易主体之间的合作关系比较松散，协约期短，流通中形成的货款和费用基本上在每个批发周期结清，因此不存在违约成本。可见，该行业的退出相对其他行业来说比较自由，不容易被"锁定"。

（二）蔬菜批发行业批发商行为分析

市场行为理论提出为实现其目标（如利润最大化、更高的市场占有率等），企业要根据市场要求不断地调整其行为。企业的市场行为受制于市场结构的状态和特征，而市场行为又反作用于市场结构。据此，本书根据学界对企业市场行为的分类即企业价格行为和企业非价格行为，分析蔬菜批发商的行为特征。

1. 批发商的价格行为①

（1）中小型批发商的价格行为。从前面的分析可知，虽然蔬菜批发行

---

① 张磊，王娜，吴金超. 中国蔬菜批发行业结构、行为及绩效研究：以山东寿光到北京的蔬菜流通为例 [J]. 农业经济问题，2018（2）：115-126.

业的进入壁垒较高，但由于批发环节的蔬菜差异化不明显，其市场更近似于竞争型结构。激烈的市场竞争会给交易双方构成"选择威胁"，确保交易在保证公平、公正、信誉的基础进行，所以，在正常的供需情况和市场秩序下，绝大多数蔬菜批发商基本是价格的接受者，极少发生竞价行为，为经营者提供稳定的价格预期。同时，农产品需求弹性小使得需求量不会出现大幅波动，运输条件的改善，贮存保鲜设备的改进加大了蔬菜流通半径，即便在特殊情况下，短时间内也可以实现蔬菜在区域间和季节间调配，因此批发商在每个批发周期内的批发数量基本保持相对稳定。

一般而言，流通半径的加大，特别是蔬菜的跨省（市）流通，使得批发商面临更大的经营风险，如运输风险、价格风险。[①] 为实现利益最大化，每次在收购蔬菜之前，批发商要同时跟多个经纪人联系，通过质量和价格的反复对比确定合作对象。对于拥有熟络渠道和稳定客户群的批发商来说，考虑到量大价优以及装卸方便，每次选用载量在30吨左右的货车只发单品种蔬菜。对于固定客户少的批发商来说，通常会选择多种蔬菜品类合并装车，进行风险组合。蔬菜运达销地市场后，批发商们会根据当天市场供货情况，短时间内确定成交价格，除蔬菜品相差异造成的价差外，各批发商的成交价格相差不大，并且走货的时间比较集中，对于大多数中小商户来说，定价随行就市，因为价格定高了，有滞销风险，而价格定低了，不仅不赚钱，还有"砸行"的嫌疑，会遭到其他商户各种方式的干预。

通常批发商每个批发周期的最终获利情况取决于两个因素即蔬菜产销地的价差和单位流通费用，其中单位流通费用比较稳定，因此产销地的价差是决定批发商获利与否以及多少的决定因素。在供需基本平衡的情况下，批发主体之间稳定的业务关系保证了整个批发市场的有序性。但在供求严重失衡时，批发主体行为的协同和传导效应会使得价格大幅波动。当蔬菜出现供过于求时，价格下跌，产销地价差变小，如果价格持续下滑，批发商会形成价格下降预期，担心蔬菜到达销地市场后价格倒挂，不敢轻易增加收购量，从而出现批发商集体观望的态势，造成产地市场大量蔬菜积压，这进一步助推了产地蔬菜价格下滑。相反，此时的销地市场供给量

---

① 价格风险，是指批发商在产地做出成交决策时参考的价格是当日或前几日销地市场的价格，而蔬菜价格波动较大，当蔬菜运到销地，实际成交价格存在较大的不确定性，运输距离越大，蔬菜运达目的地后的成交价格不确定性就越大，这无形中增加了批发商交易的风险。特别是在运输中还要受天气情况的影响。

并没有因为产地的丰收而同步增加，销地价格下降不显著，供求传导失灵，形成了"卖难买贵"的窘境。近年来，因集中种植、产量过大，导致价格暴跌，这种情况被称为农民的"大小年"，而当不可抗力或投机等人为因素导致货源供给不足时，蔬菜价格上涨，批发商之间又会采取提价或降低品质要求争抢货源，致使蔬菜收购价格进一步上涨走高。无论是价格低迷时的观望行为还是价格上涨时的争抢货源行为，都会对蔬菜价格的波动起到推波助澜的作用，致使蔬菜波动的幅度变大，周期变长。

（2）大型批发商的价格行为。在每个批发市场，总存在少数几个蔬菜经销大户，从事某种蔬菜的专业化批发经营，经销数量在产地或销地批发市场都占有较高比例。这类批发商户实行家族式经营，内部分工明确，在产地市场集中采购，在全国重要销地批发市场设有铺位，实行所谓"连锁经营"。一方面，经销大户凭借其较大的采购数量在产地市场实现买方垄断，对蔬菜的产地价格具有较强的控制力。另一方面，凭借其较大的批发数量在销地市场实现卖方垄断，在一定程度上左右批发价格，从而形成双边垄断，拥有两个市场的定价权。事实上，无论是在产地垄断还是在销地垄断，经销大户都扮演着领导者的角色，优先决定价格或批发量，其他小规模批发商则参考经销大户所确定的价格以及剩余市场份额来决定自己的批发数量，实现利润最大化。经销大户和普通批发商之间的这种默契（领导和被领导的关系），使得双方在价格形成和市场分割方面达成一致，获取各自预期的利润，最终呈现寡头垄断格局。[①]

2. 批发商的非价格行为

（1）批发商很少采取促销经营战略。从前面的分析可以看出，中小型批发商基本没有定价权，是市场价格的接受者，产品宣传、促销等经营策略的效果不明显。因为蔬菜一经运到销地市场，大部分被熟识的固定客户买走，剩余部分被随机客户通过询价的方式消化掉。固定客户的多少取决于批发商的业缘和地缘关系，当然当天蔬菜的品相也会影响交易情况，所以批发商户没有必要也没有多余的资金去宣传或促销。

（2）部分批发商具备风险转移能力。现阶段，现金现货交易是各地批发市场最主要的交易方式，特别是在田头市场，批发商和农户之间的交易基本是由经纪人完成的，经纪人根据批发商的要求检查验收蔬菜，并商定

---

① 张磊，王娜，吴金超. 中国蔬菜批发行业结构、行为及绩效研究：以山东寿光到北京的蔬菜流通为例 [J]. 农业经济问题，2018（2）：115 – 126.

价格，采取当场支付现金或在固定结算日按约定价格结算，市场风险由农户和批发商共担。但据作者实地调查，在某些田头市场，虽然蔬菜收购采取现货现金交易，但蔬菜收购价格不会当场与农户敲定，而是根据其在销地市场的销售情况来确定，在下一次交易时支付农户菜款，这种批发价决定收购价的后置定价方式在一定程度上是将市场风险从批发商转移给农户，可见农户在蔬菜流通环节中的弱势地位。由此可以看出，批发商相对农户而言有一定的买方垄断势力。

（3）批发商向生产环节渗透能力增强。批发商为规避市场风险选择向生产环节渗透，大型一级批发商通过在主产区建立种植基地，以期在收购环节掌握更大的控制权。一则可以保障蔬菜的产量和品质，二则还可以获取当地的政策扶持，实现低风险高收益。这类批发商一般会注册公司，公司化的形象不仅可以争取到更多社会资源，也是批发商做大做强的必经之路。中等规模批发商会选择某蔬菜主产区在采摘前预付定金，通过垄断来控制采购价格，然而市场行情的多变也加大了其经营风险。而小规模的批发商不具备渗透生产环节的能力。可见蔬菜批发商规模层级越高，通过生产环节的渗透来规避风险的可能性就越大。

（4）进销渠道合作关系松散。蔬菜批发商还可以与农业合作组织建立长期的合作关系来保障利润，但由于农业合作组织的货源量大，即便是大型蔬菜一级批发商也很难消化，且两者多半是口头协议，即便双方签订合同，条款的拟定也比较模糊，为后期的谈判预留较大的空间，实则对双方都是软约束，一旦市场波动较大，只要违约受益远大于成本，合作迅速瓦解，因此这一渠道交易量较小。基于此农业合作组织更愿意选择在各个批发市场内设立固定的摊位。可见蔬菜批发商与农业合作组织通过这种松散的契约关系来规避市场风险的意义不大。

当前批发商同以超市为代表的大型零售采购组织的渠道合作也比较普遍。众所周知，超市对蔬菜的检测和质量要求比较高，损耗也较大，加上蔬菜配送也产生了额外成本，另外，大型零售组织每个月都有固定出账日期、回款慢，不利于批发商的资金周转。通常两者之间的合作更多的是出于补品种之缺、数量之缺、品牌之缺的目的，依赖性不强且非对称。事实上大型零售采购商在选择上游批发商时有较大的自由度，有些时候可以避开批发商，直接与菜农或生产基地联系，这种松散的零批关系不利于批发商规避市场风险。

（三）蔬菜批发主体的绩效分析

鉴于蔬菜批发行业经销主体多以个体经营商户为主，很多经营数据难以获取，因此本书选用蔬菜批发的销售收入净利率和流动资产净利率两个可获取指标来分析蔬菜批发行业的绩效高低。流动资产净利率表示在某一时期内，蔬菜批发商获取的净利与平均流动资产的比值。而销售收入净利率则表示在某一时期内，批发商获取的净利与销售收入的比值。为全面考察蔬菜批发过程中的成本收益情况，本书以寿光当地产菜的流通为例进行分析。①

1. 流通成本分析

根据前面分析，批发商通过计算蔬菜产销地的价差，再减去中间的流通费用，根据其最终获利情况来决定其是否进货以及进货多少。也就是说，只有当蔬菜运达北京批发市场后，蔬菜的销售收入不低于蔬菜的采购成本、运输成本和正常利润之和，本次交易才有利可图。作者在对批发商的访谈中了解到，批发商在确定成交前，会对获得的总利润和预期利润进行比较，总利润的计算公式如下：

$$\frac{批发每公斤}{蔬菜的净利} = \frac{北京市的蔬菜}{批发价} - \left(\frac{蔬菜}{收购价} + \frac{从当地运到北京市}{每公斤平均费用}\right)$$

$$获得的总利润 = 每公斤蔬菜的净利 \times 批发蔬菜的总重量$$

如果获得的总利润和预期利润相差太大，批发商一般不会达成此项交易。当然，不乏批发商为维系与上下游客户的长期合作关系，偶尔一次合作不赚钱甚至赔钱，也会适量批发。

事实上，蔬菜的产地价格与销地价格受多方面因素的影响，而且波动幅度较大，有时一天一个价，然而流通过程中发生的费用却相对稳定。根据作者对寿光蔬菜批发商访谈以及多位学者的研究（张喜才，2011；王学真，2005；李崇光，2015），蔬菜从产地到销地所发生的主要费用包括：代收费、包装材料费、包装雇工费、集并费、装车费、运费、进门费、卸车费、代发费、损耗费。其中：

（1）代收费。经纪人按照批发商给出的价格代收蔬菜所收取的佣金。一般来说，佣金的多少会根据蔬菜的品种及供给情况略有不同。通常，代

_____

① 张磊，王娜，吴金超. 中国蔬菜批发行业结构、行为及绩效研究：以山东寿光到北京的蔬菜流通为例 ［J］. 农业经济问题，2018（2）：115 – 126.

收大路菜的佣金为 0.015 元/千克,代收特菜的佣金为 0.05～0.1 元/千克。在蔬菜较为紧缺的情况下,佣金会略有提高。

(2)包装材料费和雇工费。包装费占批发环节流通费用的一半以上,主要是因为反季节是寿光蔬菜基地的特色,作为北方最大的蔬菜集散中心,冬季正是寿光蔬菜的旺季,蔬菜在冬季对保温防冻措施等方面的要求更高,当然蔬菜的售价也相对较高。因此,蔬菜批发商有必要,同时也愿意在蔬菜的包装材料上多投入。蔬菜包装成本因包装材料不同各异,例如:塑料袋包装 0.015～0.025 元/千克,纸箱包装 0.05 元/千克,泡沫箱包装 0.1 元/千克。有部分蔬菜经纪人将包装物直接发放给蔬菜种植者,由农户采摘后直接包装再运至代收点,这样既可以省却包装人工费,也省却了再加工时间,保障蔬菜及时发货。但也有部分经纪人,要对收购的蔬菜重新整理分类,就需要专门雇佣工人分拣包装,费用平均 150 元/人·日。

(3)蔬菜集并费。不论是从批发市场收菜还是从地头收菜,批发商都要租赁当地的小货车将从不同来源的蔬菜集并到大货车上,租用小货车的数量由大货车的载货量决定。这个过程所发生的集并费由批发商承担,集并费的多少取决于运输距离和载货量。据笔者调查,集并费由经纪人与批发商协商而定,没有统一的市场价格。一般载重 30 吨的货车,集并费大约在 200 元。对批发商来说,如果货源集中并且交通条件允许,大货车可以直接开到地头,从而省去集并费。

(4)装车费和运费。装车费分为小货车装车费和长途大货车装车费。一般来说,载重 20 吨的大货车装车费在 600 元上下,33 吨半挂车的装车费大约 1000 元。目前,山东寿光至北京的蔬菜运输基本是由批发商租赁车辆运输,载重 20 吨大货车运费 3700 元,33 吨半挂车运费 4500 元。

(5)销地市场发生的费用。蔬菜运到新发地批发市场,首先要交进场费,20 吨货车进场费 600 元/车,33 吨半挂车进场费 1200 元/车。交纳进场费后,运输车辆停在相应的蔬菜交易区,等待客户的选购。新发地市场蔬菜交易区的营业时间从凌晨 2 点左右开始,交易谈成,批发商负责雇人将蔬菜卸下并装载到客户指定的运输车上。批发规模不同,雇用的装卸工人数量也不一样,一般批发市场装卸工人工资大约 150～170 元/人·日。其中经营规模较大的批发商需要雇人在新发地市场代为批发蔬菜,因此还要支付代发费,载重 20 吨货车的代发费为 300 元/车,33 吨半挂车为 600 元/车。当然如果跟自己的亲朋联合经营,该笔费用可以省去。

(6)损耗费。新发地市场的批发商在整个流通链条中属于一级批发,在批发过程中，一般不会打开蔬菜包装零售，都是批量销售，所以蔬菜的损耗可以忽略不计。

以上是一级批发商从寿光田头市场到北京新发地市场进行蔬菜批发业务所发生的全部费用。按照批发商一次批发 30 吨蔬菜计算，全部费用合计大约 10500 ~ 12000 元，其中运输费用占整个费用的 40% 以上，其次是包装费，占整个费用的 15% 左右。平均每公斤蔬菜的批发成本在 0.35 ~ 0.4 元。

2. 销售收入净利率

经过长期的发展，蔬菜批发行业逐渐形成了行业的平均利润率，这个平均利润率影响着批发商在每次的购销活动中的预期利润，也就是绝大多数批发商将蔬菜从产地销售到销地所获得的正常利润。当然，行业的平均利润率是浮动的，要受诸如蔬菜产地、销地的竞争激烈程度、批发的规模、批发商的社会资本、季节等因素影响。因此，批发商每完成一次批发业务所赚取的收益是不固定的，时多时少，存在较大的不确定性。调查发现，批发商的单位净利润与蔬菜价格成正比，价格越便宜，批发蔬菜获取的单位净利润越低，相反，价格越高，单位净利润越高。但是，价格过度上涨的结果是需求量的急剧下降，致使批发环节批发速度放慢，抵消了价格上涨带来的好处，批发商获得的总利润不升反降。因此，蔬菜价格稳中有升的秋季是批发商获利的黄金季节。①

由于批发商每次批发获取的净利存在高度的不确定性，无法统计每次的销售收入和销售净利，因此批发商单次销售收入的净利率也就难以精确计算。但是，批发商每个月末会对当月的批发次数、每次的销售额、每月的销售收入净利率等信息进行简单汇总。调查结果显示，在正常盈利情况下，扣除流通成本，批发商每公斤蔬菜可以获得少到几分多到几角的净利，赚取的收益占蔬菜采购价格的 5% 左右，即销售收入净利率在 5% 左右，由此可见，蔬菜批发环节加价是比较低的，批发商主要靠增加批发数量获利，而批发数量又取决于其拥有固定客户的多少。固定客户越多，批发规模越大，批发商赚取的利润总额才越大。

3. 流动资产净利率

计算批发商的流动资产净利率，就要掌握批发商一年内总的净利额以

① 张磊，王娜，吴金超. 中国蔬菜批发行业结构、行为及绩效研究：以山东寿光到北京的蔬菜流通为例 [J]. 农业经济问题，2018（2）：115 – 126.

及一年内平均投入的流动资金额。不同规模的批发商其年净利额相差较大，就是同一个批发商，受每年市场供需波动的影响，不同年份的净利额也不相同。同样，不同规模的批发商不同年份其投入的流动资金相差较大，所以很难精确计算出不同规模批发商的流动资产净利率。仍以中等规模的批发商为例，每次批发量 30 吨左右的蔬菜批发商，正常情况下，一年的净收入大约在 60 万元，其投入的流动资金会根据蔬菜收购价的变化而变化，平均来说要 80 万元左右。据此可粗略地估算出其平均流动资产净利率为 70% 左右。可见，蔬菜批发行业的流动资产净利率还是比较高的。

根据以上分析，蔬菜批发商销售收入净利率较低，说明蔬菜批发是一个风险较高的行业，批发商一旦遇到不可控因素（如运输途中遇到恶劣天气），或者对产销地行业判断失误，就有可能出现零利润甚至亏损。相反，批发商的流动资产净利率较高，这主要是由蔬菜批发行业的资产周转率较高以及该行业体力精力消耗大所要求的高回报决定的。目前，绝大多数的产地和销地市场交易方式仍以现金交易为主，部分市场（如山东寿光农产品物流园）实行电子结算，两种方式都可以确保交易完毕即可收回投资。同时，为了切合终端消费者购菜时间，蔬菜批发市场一般从凌晨开始营业，持续到当天下午，日复一日，年复一年，蔬菜购销商们的饮食、睡眠等生活作息极不规律，体力和精力严重透支。所以，蔬菜批发是一个高负荷的行业。①

（四）生鲜农产品"卖难买贵"原因解析——基于中间商购销行为的视角

现代农业的发展已经不再局限于生产领域，建立和完善农产品流通体系对加快农业现代化意义重大。目前，全国已初步完成了以批发市场为核心、以集贸市场和超市等零售终端为基础覆盖城乡的农产品流通体系。政府在农产品种植、收购、批发和零售等方面相继出台大量的政策法规，确保各类生鲜农产品供给在数量、品种和质量上更契合消费者需要。然而，农产品"卖难买贵"问题却始终没有得到根本解决，农户收益没有保障，生产积极性受挫，市民抱怨果蔬太贵，呼吁政府干预。因此，深入挖掘农

---

① 该部分内容节选自作者于 2018 年发表在《农业经济问题》第 2 期的论文《中国蔬菜批发行业结构、行为及绩效研究——以山东寿光到北京的蔬菜流通为例》。

产品"卖难买贵"的成因，有针对性地建立常态化解决机制，构建现代化农产品流通生态，对破除农产品上述困境、增加农民收入、平抑价格、改善民生有着重要的现实意义。

"卖难买贵"问题在发达国家同样存在，发达国家应对这类问题有一套相对成熟的平抑和补救机制，包括限制农产品种植面积，调节生产规模；建立农产品储备，调节市场供求；提升农产品深加工能力，扩大工业用途；通过"社区支农"帮助农民推销农产品；加大农产品信息收集力度，提高信息的标准化和规范化等。国内文献对鲜活农产品"卖难"与"买贵"问题的研究大致可分为四类：一是侧重于从流通方面探究农产品"卖难"与"买贵"根源，其中产销区信息对接不畅、流通交易体系不健全、农产品产业链过度下沉、现代流通模式尚未普及、部分农产品流通领域垄断以及应急预案不健全等是这一市场现象形成的主要原因；二是从鲜活农产品生产、物流、销售中的某一个环节分析农产品滞销的原因，即农户生产分散、组织化程度低以及盲目性、产能过剩、农产品物流费用高、冷链运输技术落后、仓储设施不完备、农产品质量问题突出、品牌建设不足等是"卖难"与"买贵"的成因；三是从农产品价格弹性角度分析农产品滞销频发的原因，认为生鲜类农产品需求缺乏弹性，而供给富有弹性，导致价格频繁大幅波动，当价格暴跌时就会出现滞销；四是通过分析农产品流通中批发商与零售商的加价情况，解释生鲜农产品价格居高不下的原因，认为生鲜农产品从生产到批发再到零售过程中运输费、损耗、摊位费、进场费等各类成本费用层层推高了零售价，而零售商具有较强的定价能力，最终与生产端的收购低价形成鲜明对比。[60]

上述研究成果从生产、流通、供需弹性等方面各自解释了"丰产不丰收""谷贱伤农"以及"卖难"或"买贵"的成因，但鲜少从批发商和零售商等中间商购销行为的视角去探究这些问题。当出现农产品供给过剩时，批发商或其他流通主体为何不去大批量收购滞销的农产品？消费者为什么不能便宜买到该类滞销农产品？

1. 生鲜农产品"卖难"原因分析①

在多数情况下，市场可以利用价格、竞争和供求三大机制较好地调节不同主体的利益冲突。也就是说，如果销售渠道是畅通的，农产品供给过

---

① 该部分内容节选自作者于 2021 年发表在《中国流通经济》第 35 期的论文《生鲜农产品"卖难买贵"原因解析及纾困策略——基于中间商购销行为的视角》。

剩时，农户可以通过低价销售的方式消化掉过剩的农产品。此时，下游消费者可以较低的价格购买到农产品。但为什么会出现"农产品滞销甚至烂在地里，而终端价格基本稳定或下降很少"的市场怪象呢？

（1）农户销售渠道单一。虽然农民具有在生产领域的自主性和拥有获得生产收益的权利，但是权利的实现取决于流通领域。分散的个体农户往往处于无组织化状态，市场的参与度不高，农户对接市场主要是通过直销、批发商（经纪人）和合作社，一旦出现农产品过剩，直销、合作社等渠道的疏导作用非常有限。

首先，随着各地市容环境整治的大力开展，露天路边市场被取缔，农民直接将生鲜果蔬运往城市街边或城市社区销售已经不可能。而超市供货一般是通过专业合作组织或批发商，出于交易成本、契约合同、质量可追溯等考虑，基本不会直接对接农户。作为城市居民购买生鲜农产品主要场所的农贸市场，摊位往往是固定的，即使有少量的临时摊位租赁给农户，但摊位的销量有限，不足以解决数量庞大的滞销农产品。再加上临时摊位的租金和管理费等，对农户来讲，得不偿失。

其次，农产品在供给过剩的情况下，合作社的疏导功能也大打折扣。农民专业合作社主要是通过与批发商、超市对接，或建立电商平台，或在城市自建销售门店，帮助农民开拓市场。正常条件下，专业合作社可以有效促进农产品流通，为农民提供更多的渠道选择。但当出现"卖难"时，农民专业合作社功能的发挥受限。首先，合作社与批发商的合作更多是建立在松散的契约关系上，而且多半是口头协议，一旦市场价格大幅波动，合作容易瓦解，当市场价格低于订单价格，批发商可能拒绝收购，同样，当市场价高于订单价格，农户往往产生"惜售"和"转售"心理，因此合约对双方没有很强的约束力。此外，合作社与超市的对接尚处于起步阶段，对接规模不够大，对接面不够广，对接关系不够稳定，扶持政策不够完善，特别是对于尚未实现产品标准化生产及品牌化经营的农业合作社，当出现农产品严重供给过剩时，面对买方寡占力量，其与超市的谈判力无法将过剩的蔬菜全部通过超市销售出去。

最后，虽然电商模式在农村迅猛发展，但其优势更多地表现在工业品和农资的下行方面，农产品上行总体规模仍然偏小。据统计，我国农产品网络零售额约占农产品交易总额的 9.8%，而且仅仅局限于水果、坚果等耐储、价高类农产品，尚无法全品类大规模地实现消费者与生产者对接，特别是生鲜蔬菜类的生鲜电商发展更是缓慢，原因在于生鲜蔬菜是典型的非标产品，生产、包装、仓储、配送等一系列标准化问题使得电商在生鲜蔬菜领域的拓展遇到瓶颈，电商功能的发挥更多地体现在线上支付，而线下对接仍然复制了传统流通模式，这使得"卖难买贵"问题又回到了起点。此外，专营农产品的电商平台定位高端，多半溢价销售，对于专营生鲜农产品的电商而言，物流速度和保鲜是关键，消费者的不良体验带来的"劣币驱良币"使得生鲜农产品电商化的发展可谓道路坎坷，这对于单个菜农或者合作社主导下的电商模式更是无法跨越。当前，在现有农产品流通情境下，大众市场的"过滤机制"使得生鲜农产品线上交易被排斥在传统销售场景之外。当农产品供给过剩，面对农产品低廉的价格与高昂的物流成本，电商的疏通能力有限，同样面临着"上行难"问题，如果短期内将解决生鲜农产品"卖难"的问题完全寄托于农村电商，难免不现实。

综上所述，生鲜农产品产地出现大规模过剩时，滞销农产品销售量的多少基本上就取决于批发商的采购量，但在价格下降时，批发商为规避风险，往往会放慢收购速度，减少收购量。

（2）批发商的风险规避行为是农产品"卖难"的重要推手。[①] 在大流通背景下，农产品批发商要承受来自市场、天气、信息不对称等因素带来的各种风险，交易过程充满不确定性。批发商在产地收购农产品时参考的一般是当天或前几天销地市场的平均成交价格，但当农产品运抵销地市场后，实际成交价与预期价格之间存在偏差，可能高于也可能低于预期价，而运输距离越远，成交价格的不确定性就越大，这也意味着批发商的交易风险越大。此外，批发商还要承担运输途中天气变化、损耗等造成的损失。张磊等（2018）的调查发现，批发商每次批发的销售收入净利率平均在5%左右，基本处于微利状态，经营过程中不管是主观判断失误还是客观上出现的不可控因素，都会造成批发商的亏损。可以说，农产品批发是一个风险较高的行业。

因此，批发商会通过多种措施降低经营风险。有些批发商通过向农户延迟定价与支付将部分价格风险转移给农户。有些批发商采取向生产环节渗透的方式争取更大的自主权，如部分大型批发商在主产区建立自己的种植基地，部分中型批发商在农产品成熟之前与农民签订收购合同，应对未来价格的不确定性。而更多的批发商是通过每次交易时的谨慎决策降低交

---

① 该部分内容节选自作者于2021年发表在《中国流通经济》第35期的论文《生鲜农产品"卖难买贵"原因解析及纾困策略——基于中间商购销行为的视角》。

易风险，正是批发商的这种谨慎的风险规避行为，成为农产品"卖难"的重要推手，加剧了农产品滞销。

批发商单次交易的净利润为销售收入减去采购成本，再减去各类流通费用。其中，流通费用比较稳定，批发商单次批发的净收益在一定程度上就取决于产销地价差。因此，批发商每次的采购决策都非常慎重，往往同时联系多个经纪人，充分比较之后再确定采购地、采购品类、采购数量、委托对象等。由于产销地价格的波动，批发商每次批发的收益都不固定，时多时少，行情不好时亏本也在所难免。当价格相对稳定时，批发市场上各交易主体稳定的购销关系保证了批发市场乃至产地市场交易的有序性。相反，当价格失衡时，各交易主体规避行为所形成的协同及传导效应会放大菜价波动：当出现供给过剩，菜价下滑，产销地价差变小，如果价格走势呈现持续性，一方面势必会造成产销两地价格倒挂，另一方面也会在批发商间形成价格下降的心理预期，其行为选择就是放慢收购速度，减少收购量，严重时会出现批发商集体观望的情形，加剧产地市场的农产品积压，产地价格将进一步下滑。相反，此时的销地市场供给量并没有因为产地的丰收而同步增加，销地价格也没有因为产地采购价下调而明显下降，价格传导失灵，形成了"卖难买贵"的窘境。而当不可抗力或投机等人为因素导致货源紧张、价格上涨时，农户反而"惜售"甚至囤积居奇，批发商之间又会采取提价或降低品质要求争抢货源，收购价格一路高涨。无论是价格低迷时的观望行为还是价格上涨时的争抢行为，都会对农产品价格波动起到推波助澜的作用，致使波幅变大，周期变长。

（3）滞销期批发商的两难选择。诚然，农产品价格持续下跌时，批发商表现出来的集体风险规避行为成为农产品"卖难"的重要推手。但在这个过程中，也不会出现所谓"两头叫，中间笑"的局面，准确地说是"一损俱损"。农产品价格低迷，批发商的净收益往往也处于下降的趋势甚至进入连续亏损的状态。这是因为，在销售收入净利率一定的情况下，批发商的单位净利润与价格往往成正比关系，价格越高，单位净利润越高。当市场出现严重供过于求时，价格持续下降，由于批发商从产地收购到销地销售存在时间差，有可能出现价格倒挂，但为维持长期以来形成的固定客户，实现永续经营，批发商也不会停止收购来止损，仍会保持一定的批发量，形成持续的亏损，直到市场供求达到新的平衡。所以，当出现"卖难买贵"时，批发商也很难获利，往往是赔钱赚吆喝。因此，农产品价格稳中有升的秋季是批发商获利的黄金季节。当然，价格上涨过度也会导致需求量的急剧下降，批发速度放缓，对冲价格上涨带来的好处，批发商获得的总利润有可能不升反降。

当然，农产品批发行业的资产净利率还是非常可观的。根据项目组2020年10月组织的对寿光物流园区批发商户的调查，单次批发量在30吨左右的批发商的年净收入大约在60万元左右，其年流动资金平均在80万元左右，据此可以大体计算出中等规模的批发商年均资产净利率约为70%。资产净利率较高的原因主要是农产品批发行业资金周转率高，每个批发周期大约在三天内完成，基本可以做到货钱两清。实际上，批发商如此之高的资产净利率也是对该行业高负荷工作的合理回报。批发市场一般从凌晨开始营业，持续到当天下午，寒来暑往，昼夜颠倒，其饮食、睡眠等生活作息极不规律，体力和精力严重透支，同时还承受着巨大的风险。可以说，农产品批发行业是一个高回报、高风险、高负荷的行业。

2. 生鲜农产品"买贵"原因分析

根据前面的分析，农户无法直接与农贸市场、超市等传统零售终端对接，而批发商出于风控避险考虑，在供给过剩时反而减少收购量，致使消费者无法享受丰产降价的"福利"。消费者购买的农产品经过各级批发市场、农贸市场或超市等流通渠道后，层层加价，最终形成零售价格，这是导致农产品"买贵"的最直接原因。[①]

（1）批发环节加价分析。批发环节加价包括两部分：一是各类流通费用，二是批发商的净利润。流通费用包括代收费、包装材料费、包装雇工费、集并费、装车费、运费、进门费、卸车费、代发费、损耗费等，其中代收费、包装材料费、代发费、损耗费按交易数量收费，包装雇工费、集并费、装车费、运费、进门费、卸车费是按车收费。无论赚钱还是赔钱，这些费用是批发过程中不可省却的。在流通费用一定的情况下，流通费用在批发额中的占比往往与批发价格成反比，即批发价格越高，流通费用占比就越小；而批发价格越低，流通费用占比越大。项目组2020年10月对寿光调研发现，从寿光田头市场到北京新发地市场批发一车30吨的蔬菜，每公斤蔬菜的流通费用在0.35~0.4元，流通费用相对比较固定。当然运输距离越远，运输成本越高，流通费用加价就越高，这也是批发商不可控的。事实上，流通费用推高了批发价格，不仅会影响市场行情，不利于批

---

① 该部分内容节选自作者于2021年发表在《中国流通经济》第35期的论文《生鲜农产品"卖难买贵"原因解析及纾困策略——基于中间商购销行为的视角》。

发商的批发业务，也增加了批发商的风险。

（2）零售环节加价分析。农产品经批发环节，分流到超市、农贸市场、社区市场等零售终端，在从零售终端到消费者的"最后一公里"中零售价格却实现了"飙升"，其原因在于零售环节居高不下的加价。

就超市而言，无论超市采取何种进货方式，生鲜农产品在进入超市前的分拣费、包装费、配送费及进入超市后的场地费、人工费、促销费、堆头费、条码费等费用都必不可少，这些费用的累加分摊必然推高农产品销售价格。据统计，大部分从批发市场购进的蔬菜加价率高达80%以上，"农超对接"渠道的蔬菜加价率在60%以上。而且，为保证生鲜农产品的质量安全和新鲜度，从采购到初加工到运输再到货架陈列，超市都比农贸市场或社区市场付出更高的成本。当然，为吸引顾客，超市往往会不定期将个别品类农产品以接近采购成本的价格促销，但这种降价促销农产品占比较小，促销时间较短。

与超市类似，各类生鲜农产品离开批发市场进入遍布城乡的农贸市场和传统社区市场，这一过程同样也要产生各种名目繁多的流通费用，包括市场摊位费、管理费、卫生费、过秤费、水电费、出门费、运输车辆费、损耗费等，这些费用最终都会转嫁到消费者身上。农产品的最终零售价格由采购价和销售加价决定，而零售环节的销售加价又是由零售费用及零售行业的平均利润共同决定，零售费用相对比较固定，而零售行业的平均利润受各地社会平均工资水平的影响，由于摊贩的收入往往要维持一家人的生计，随着社会平均工资水平及生活成本的提升，零售行业的平均利润也会相应增加。因为市场每个摊位面积有限，摊贩无法大批量采购经营，致使单位生鲜农产品分摊的成本较高。因此，零售环节的加价比批发环节要高得多。笔者在2020年12月及2021年3月对烟台蔬菜零售终端实地调查发现，农贸市场菜价加价幅度一般超过50%，社区市场加价幅度也在60%甚至100%以上，有些价格较高的特色农产品，零售加价甚至会超过300%，除去流通费用后，零售商的销售收入净利率在20%左右。

可见，价格上涨的利润很大一部分被中间流通环节"截走"。其中，零售环节的加价要远远高于批发环节，零售环节居高不下的各种费用加上零售主体的正常获利使得零售价格远远高于批发价格，更是高于产地价格。因此，当某一类农产品出现滞销，即使产地价格很低的情况下，经过后续的批发、零售过程一系列加价后，呈现在消费者面前的价格也要比产地价格高出几倍乃至十几倍。

农产品"卖难"现象的发生固然是由于农产品区域性的供过于求，但批发环节的流通不畅加剧了区域间的供求不平衡。"卖难买贵"表现出来的是市场调节没有使弱势群体的农民和低收入的消费者满意，而对于批发商而言，他们更希望一个稳定的市场行情，降低风险，保证经营的持续性。因此只有通过从田间地头到百姓餐桌，在生产端、流通端、消费端全产业链条进行资源整合和体系搭建，才能从根本上解决积习已久的农产品"卖难买贵"之困。①

二、批发主体技术效率分析

当前学界对农产品流通主体的研究目前更侧重于农产品流通主体的组织化，具体到批发环节，主要从宏观角度研究农产品批发市场本身及其上下游环节的组织化问题，而对农产品批发主体交易行为的研究还处于萌芽阶段，相关研究成果并不多见。寇荣、谭向勇（2008）以北京市蔬菜批发市场经营主体为例，采用随机前沿生产函数法，对影响批发主体技术效率的因素进行了分析。张磊（2009）利用对北京市猪肉批发主体的调查数据，分析了猪肉批发主体的技术效率及其相关影响因素。周静（2014）利用对辽宁省H水果批发市场的水果批发商的调查数据，分析了水果批发主体的技术效率及其相关影响因素。上述研究成果对分析批发主体技术效率的科学分析提供了宝贵的经验，但这些成果都是研究销地批发市场的二级批发商行为，其下游客户主要是农贸市场的商贩、超市、便利店等各类零售商户。实际上，农产品批发主体还包括数量众多的一级批发商，活跃在全国各地大型农产品批发市场，包括产地市场、大型销地市场及中转地市场，相对二级批发商，其经营规模更大，流动范围更广，是农产品跨省域流通的中坚力量。事实上，农产品一级批发主体运营效率的高低直接影响整个农产品流通效率的进一步提升。基于此，本研究利用对山东省寿光农产品物流园蔬菜批发商的实地调查数据，使用随机前沿生产函数方法，通过测度寿光农产品物流园蔬菜批发商户的技术效率并分析其影响因素，根据研究结论，提出相关政策主张。②

---

① 该部分内容节选自作者于2021年发表在《中国流通经济》第35期的论文《生鲜农产品"卖难买贵"原因解析及纾困策略——基于中间商购销行为的视角》。
② 该部分内容节选自作者于2018年发表在《商业研究》第1期的论文《蔬菜一级批发商技术效率研究——基于寿光农产品物流园蔬菜批发商户的调查》。

(一) 理论框架

区域间蔬菜供需的不平衡性为蔬菜跨区域间流通提供了可能。目前,生鲜蔬菜流通主要存在四种模式:批零模式、直销模式、合作经济组织模式,以及"农超对接"模式,其中批零模式是蔬菜流通中蔬菜流通占比最大的一种模式(张磊等,2013)。在该模式中,蔬菜批发市场为蔬菜的跨区域流通搭建起一座桥梁。在蔬菜批发市场活跃着一支庞大的蔬菜贩运队伍,这支贩运队伍将销地市场与蔬菜种植主体联结起来,成为两者有机结合的纽带。一般来说,蔬菜贩运主体由蔬菜批发商和蔬菜经纪人两大主体组成。从全国范围来看,蔬菜批发商分为一级批发商和二级批发商,一级批发商从蔬菜生产者手中收购蔬菜,销售给各地的蔬菜二级批发商,而二级批发商的蔬菜或者来源于蔬菜生产者,或者来源于蔬菜一级批发商,而其下游客户主要是由诸如农贸市场的商贩以及超市和便利店等各种零售终端的经营主体组成。由此可见,蔬菜一级、二级批发商的本质区别在于其下游客户的不同。除此之外,两类批发商在每次批发的蔬菜品种、批发规模、面临的经营风险等方面也存在较大差异。

1. 蔬菜一级批发商批发品种少于二级批发商

这是因为蔬菜一级批发商直接从产地收购蔬菜,而产地出于提高种植效率以及销售方便等因素的考虑,种植模式更倾向于单品种植,再加上一级批发商所在的市场多是辐射范围较广的大型蔬菜批发市场,商户多是车位经营而不是档口经营,[①] 因此,一级批发商实行少品种或专业化批发经营战略更有利于其业务的开展。而二级批发商大多是从区域性市场的一级批发商那里组织货源,品种选择余地较大,考虑到下游客户即各类零售终端经营主体的多品种采购需求,和一级批发商相比,二级批发商每次批发的蔬菜品种要丰富得多。

2. 蔬菜一级批发商经营规模大于二级批发商

二级批发商主要服务于区域性(某些中小城市,或大城市的某个区域)销地市场,其客户仅局限于当地各类蔬菜零售终端的经营主体。作为生活必需品的蔬菜,较小的价格弹性和收入弹性保证了市场需求量的稳定性。因此,二级批发商会根据目标市场蔬菜需求品种及其数量制订采购计划,通常一次不会超过一车(30 吨)的装载量。蔬菜运达销地,批发商

---

① 蔬菜直接在车位上销售而不是卸车销售。

待到蔬菜基本销完才会进行下次采购，而且其销售周期一般较长，少则一天，多则一周才能售罄。而一级批发商的目标市场定位于大型蔬菜批发市场（包括产地市场、销地市场或中转地市场），其客户分布广泛，并非局限于某市或某省，因此，一级批发商的批发量明显高于二级批发商，其每次批发数量一般不低于 1 车（30 吨）的装载量，并且销售周期较二级批发商要短得多，通常一个交易日即可售罄。

3. 蔬菜一级批发商面临的风险高于二级批发商

蔬菜批发市场基本属于完全竞争型市场，供需决定的蔬菜价格波动较大，可以说是一天一个行情，甚至有些蔬菜价格一天之内浮动几次。对于利润来自购销差价的批发商来说，采购价格和批发价格的频繁波动给批发商带来了较高的风险。蔬菜一级批发商由于经营品种少，加上产销地距离更远，因此要比二级批发商承担更高的经营风险。而二级批发商的多品种经营战略大大降低了风险，有些二级批发商一次采购多达二十几个品种，即使经营的一种或几种蔬菜赔钱，但采购的众多蔬菜品种中总有盈利的，这样可以抵销一部分损失。当然，高风险意味着高收益，行情好的时候，由于一级批发商投资多、规模大、出货快，其经营收益要远高于二级批发商。①

批发商作为农产品流通体系中的主要渠道和中心环节，在改革开放的四十多年里，我国基本形成了产地市场、销地市场以及集散地市场三位一体，覆盖城乡的批发市场体系。在该体系中，蔬菜一级、二级批发商成长为支撑我国蔬菜批发市场发展的主力军，并且他们的功能定位越来越明确。蔬菜二级批发商以区域市场（市域或县域市场）作为其服务对象，发挥调节区域内蔬菜市场余缺、实现区域内蔬菜稳定供给的功能；而蔬菜一级批发商主要是调节区域间的蔬菜供给，并且随着我国蔬菜生产向着专业化、集中化的不断演进，一级批发商在促进蔬菜跨区域调运以实现跨区域平衡及构建全国蔬菜现代流通体系中的作用愈加显著，其运行效率的高低直接影响着我国蔬菜流通效率的进一步提升。因此，研究蔬菜一级批发商的经营行为以及经营绩效对我国农产品批发市场的规划布局及农产品流通效率的提高都有重要的现实指导意义。根据作者对寿光农产品物流园的调查结果显示，园区内蔬菜一级批发商户平均每户从业人数不足 4 人，平均

---

① 该部分内容节选自作者于 2018 年发表在《商业研究》第 1 期的论文《蔬菜一级批发商技术效率研究——基于寿光农产品物流园蔬菜批发商户的调查》。

每天蔬菜批发量在二十多吨，其中只有不到10%的商户在工商部门注册了公司，经营规模仍然偏小，抵抗市场风险能力较弱。同时，受资金及经营能力的制约，被调查商户中82.9%的批发商户都没有扩大经营规模的意愿。由于一级批发商户经营规模偏小，与上游的蔬菜种植主体及下游的二级批发商关系松散，导致蔬菜批发环节流通成本居高不下，加大了蔬菜价格波动的幅度，这给蔬菜产业链整体流通效率的进一步提高带来了较为不利的影响。因此，如何衡量蔬菜一级批发商的技术效率并探求影响因素以及如何提高其技术效率成为摆在我们面前的重要课题。

法雷尔（Farrell，1957）最早提出技术效率的测量方法。技术效率的测量总是与前沿生产函数联系在一起。前沿生产函数是在技术既定的情况下最大产出的可能性边界，而技术效率则是既定投入下实际产出与可能性边界的最大产出之比，技术效率的高低决定了实际产出与最大产出的趋近程度。如果存在技术效率损失，说明实际产出与最大产出存在差距，主管部门可以采取相应的政策措施清除技术效率提高的制约因素，达到提高交易水平的目的。如果技术效率接近1，则表示实际产出已达到其最大值，主管部门只能通过寻求交易技术革新来实现交易量的持续增长，诸如对流通制度、流通模式、交易方式、流通技术等进行变革。

本研究参考以往对批发商技术效率影响因素的学术成果，结合蔬菜一级批发商的经营特征，对影响一级批发商户技术效率的因素提出如下假说。

H1：蔬菜一级批发商户的人力资本特征对其技术效率有影响

行业知识、专业技能以及健康体质是构成人力资本的三大要件。本研究认为批发商户的人力资本状况包括主要决策者的年龄、受教育程度、从业经历、从事蔬菜批发行业的时间以及在被调查批发市场的经营时间等指标。

（1）批发商户主要决策者的文化程度对其技术效率有正向影响。互联网时代，主要决策者的文化水平的高低直接决定着其对信息的获取、加工、分析和利用的能力，这种信息应用能力越强，其获利和持续经营的可能性就越大，批发商的技术效率也就越高。

（2）批发商户主要决策者的年龄对其技术效率的影响不确定。在蔬菜批发行业，通常决策人员年龄越大，经验越丰富，对行情的判断也越准确。然而，决策者年龄越大，其体能越难以适应蔬菜批发行业高强度、高负荷的工作节奏。与此同时，互联网技术在行业发展中的广泛应用，使得大龄决策者更显得力不从心。因此，经验丰富的大龄决策者，面对来自体力和技术方面的挑战，使得年龄对技术效率的影响不确定。

（3）批发商户主要决策者的从业经历对技术效率有影响。以批发商户的从业经历与蔬菜批发相关与否作为分类标准，本研究将从业经历分为三类：第一类是与蔬菜批发相关的工作即蔬菜种植、运输、零售等行业；第二类是与蔬菜批发无关的其他商业经营活动，如粮食、服装、水果、肉类等产品的买卖活动；第三类是除以上两类之外的其他工作。本研究认为，批发商户的从业经历与蔬菜批发的关系越紧密，越有利于其经营效益的提高，从而其技术效率越高。[61]

（4）商户在被调查批发市场的经营时间和从事蔬菜批发行业的时间对商户技术效率有正向影响。经验是时间积累而成的，商户在同一领域和地域从业时间越长，对价格波动、供求变化和竞争程度等市场运行规律的预判越准确，并根据以往的经验和在领域中的影响力作出及时或前瞻性的调整和反应，避免或降低风险，甚至抓住商机，做大做强。这些都是提高批发商户技术效率的影响因素。

H2：蔬菜一级批发商的社会资本状况对其技术效率有影响

蔬菜一级批发商的社会资本是指批发商在长期的经营过程中，与相关市场主体（如上游蔬菜种植户、下游批发客户以及同行和市场管理机构等）建立起来的社会关系网，可以视为批发商的无形资产。曾寅初等（2006）运用因子分析法的研究表明社会资本对农产品购销商经营绩效产生了显著正向影响。通常批发商户与上游客户的关系越融洽，其收购的蔬菜品相越好，损耗率越低。高品质货源容易争取到更多的下游客户，并有可能发展成为潜在的固定客户，进而确保批发商在销量上的稳定性和持续性。因此，本书预期上游固定代收户的收购量占其总收购量的比例和下游固定客户采购量占总销量的比例对蔬菜一级批发商技术效率的影响都是正向的。

H3：蔬菜一级批发商户的经营行为对其技术效率有影响

蔬菜一级批发商户的经营行为主要体现在：是否拥有自己的蔬菜种植基地、批发蔬菜的品种数量、向下游批发商赊账与否、是否负责蔬菜的远距离运输以及是否配备大吨位的运输车辆。本研究预期这些经营行为对技术效率的影响都是正向的。① 原因如下：

---

① 该部分内容节选自作者于 2018 年发表在《商业研究》第 1 期的论文《蔬菜一级批发商技术效率研究——基于寿光农产品物流园蔬菜批发商户的调查》。

（1）批发商户拥有自己的蔬菜种植基地，一则可以填补收购量缺口，二则通过发挥示范效应，带动周边村民形成规模化种植，既确保了蔬菜质量，又有利于集中收购。与此同时，在国家大力倡导农业供给侧结构性改革的背景下，种植基地的发展必将获得来自当地政府资金和政策方面的扶植，从而有利于技术效率的提高。

（2）一级批发商户采购的蔬菜品种越丰富，越能集聚客户。多样化的选择，一站式的便利缩短了客户采购时间，降低了搜寻和议价成本。而对于批发商来说，经营风险的降低也有利于技术效率的提高。

（3）赊账不仅是货款的延期支付，这种时间的跨度更为双方再次交易创造了条件，它既是上一次交易的延续，又是下一次交易的诱因。因此赊账有利于保持业务的稳定性，进而有利于技术效率的提高。

（4）运输作为蔬菜批发一项重要的售后环节，在批发商户与下游客户长期的合作关系中发挥着不可或缺的捆绑功能。这种批发业务中的配套服务常被作为争取下游客户的竞争手段，因此提供与否成为影响技术效率的又一个因素。

（5）上游的采购运输及下游的售后运输都要用到大吨位车辆，因此批发商拥有自己的运输车辆，可以降低寻找车源、延误运输等带来的间接损失，降低运输成本以及运输途中的风险。同时，拥有自己的运输车辆，也是经营实力的一种体现，更有利于其在上下游开展批发业务。

（二）模型设定

1. 理论模型[①]

对技术效率的测度主要有参数法和非参数法两种。非参数法主要是基于法雷尔（1957）的前沿函数思想，利用线性规划方法技术如数据包络分析及对偶原理求解技术效率水平。非参数法无须预设具体的函数形式，对样本量要求不大，但是存在无法考虑随机误差、结果的统计性检验及计算结果存在离散程度大的问题。参数法主要是利用计量经济学方法，估计出前沿生产函数中的未知参数，继而求出实际产出与潜在产出比值（技术效率），其最大优点是具有经济理论基础，通过估计生产函数和对个体的生产过程进行描述，使得对技术效率的估计得到了控制，并可进一步估计出

---

① 该部分内容参考作者于 2009 年发表于《中国农村经济》第 10 期的论文《猪肉批发主体技术效率分析——基于北京市场猪肉二级批发商户的调查》。

其他外生变量对技术效率的影响。目前学术界对这两种方法总体的评述是：经济计量方法有很强的政策倾向，可以用来评价政策的实施效果，数学规划方法则有很强的管理决策效应；在模型设定合理且采用面板数据（Panel Data）的条件下，经济计量方法通常会得到比数学规划方法更好的估计效果。考虑到本研究的数据特点及研究目的，本研究将采用计量经济方法，并以巴特恩与科埃利（1995）提出的随机前沿模型作为蓝本来考察农产品生产的技术效率。

随机前沿生产函数最初是由艾格纳、洛弗尔和施密特（Aigner, Lovell and Schmidt, 1977）和梅文和布罗克（Meeusen & Broeck, 1977）分别独立提出的。随后学者们根据研究需要对模型进行创新改进，特别是将技术效率作为生产单位自身条件的函数这一改进得到认可。在对技术效率的影响研究中，最早采用的方法是估计所设立的随机前沿生产函数，得出技术效率指标，对技术效率指标与所选择的技术效率影响因素做回归分析，以此来判断技术效率的影响方向和程度。然而，这两个阶段对技术效率分布假设是不同的，导致参数估计不一致，所以这种两阶段估计技术所得到的参数是有偏的和低效的。为解决这一矛盾，巴特恩与科埃利（1995）提出了一种同时对随机前沿生产函数和技术效率函数进行估计的技术。模型的具体形式如下：

$$Y_{it} = X_{it}\beta + (V_{it} + U_{it}) \quad i = 1, 2, \cdots, N; \ t = 1, 2, \cdots, T \qquad (4-19)$$

式（4-19）中，Y_{it} 是第 i 个企业在第 t 个观察期的产出（或其对数），X_{it} 是第 i 个企业在第 t 个观察期生产投入和其他解释变量的函数值（$1 \times k$）的向量，β 是一个随机前沿生产函数待估未知参数（$k \times 1$）的向量。V_{it} 为假定服从正态分布的误差项，其均值为 0，方差为 $\sigma V2$，并且独立于 U_{it}。U_{it} 为反映第 i 个企业在第 t 个观察技术效率损失的非负随机变量，假定服从均值为 mit、方差为 σU_2 的半正态分布。此处，$mit = Z_{it}\delta$，表示效率损失指数，Z_{it} 为影响企业生产技术效率水平（$1 \times p$）的向量，δ 为对应的待估未知参数（$p \times 1$）的向量。这些参数反映对应变量对技术效率的影响方向和影响程度，如果参数取正值，表明该变量对技术效率有负向影响。

虽然式（4-19）具有参数线性特性，但由于回归方程的误差项不满足最小二乘法的古典假设条件，因而不能用最小二乘法来估计方程的有关参数。根据 Battese 和 Corra（1977）建议的方法，令：

$$\sigma^2 = \sigma_V^2 + \sigma_U^2 \ \text{及} \ \gamma = \sigma_U^2 / \sigma^2 \qquad (4-20)$$

那么，参数 γ 的取值在 0 与 1 之间。这样，在估计模型时可以采用在该区间内搜寻的方式得到一个 γ 的初始值，然后利用非线性估计技术得到所有参数的最大似然估计量。对 γ 估计值的统计检验可以反映出企业技术效率的变异是否具有统计显著性。当 $\gamma = 0$ 的假设被接受时，意味着 $\sigma U_2 = 0$，那么实际产出与可能的最大产出之间的差距主要来自随机误差项 V，企业不存在技术无效率。而当 γ 趋于 1 的假设被接受时，意味着前沿生产函数的误差主要来自技术效率的损失。

第 i 个企业在第 t 期的技术效率采用以下公式计算：

$$TE_{it} = \frac{E(Y_{it}^* \mid U_{it}, X_{it})}{E(Y_{it}^* \mid U_{it} = 0, X_{it})} \tag{4-21}$$

在式（4-21）中，$E(\cdot)$ 表示对括号中的数学式求期望值，Y_{it}^* 表示第 i 个企业第 t 期的产出。TE_{it} 的取值在 0 与 1 之间，其值越大，表明企业的技术效率越高，技术效率损失越小。

2. 实证模型①

（1）随机前沿生产函数。蔬菜批发商户的收益来自购销差价，与其他行业的经营者一样，蔬菜批发商追求利润最大化，但利润最大化不一定通过批发量最大化实现。因此，本研究拟构建的前沿生产函数的产出变量设定为蔬菜一级批发商户的年净利润。蔬菜批发过程中的投入要素包括摊位、人员以及资金，其中资金中的流动资金主要用于支付进货、包装等款项，而固定资金主要用于购置车辆等设备，形成固定资产投入，该投入属于沉没成本，不会对年利润产生较大影响。鉴于此，本书拟构建的前沿生产函数中的投入变量设定为摊位面积（A）、劳动力（L）以及流动资金（C）。柯布－道格拉斯生产函数采用边际分析方法，在分析要素投入对产量（产出）的贡献率、规模收益和其他系列问题中得到了广泛的应用。但该函数形式隐含了一个前提条件即各要素的替代弹性为 1，这对蔬菜批发过程而言过于苛刻，因此为克服柯布－道格拉斯生产函数的不变要素投入弹性和替代弹性为 1 的限制，本书引入超对数函数形式。为了验证两种函数形式对调查数据的适用性，可以利用最大似然比法（LR 检验）进行检验。函数形式如下：

$$\begin{aligned}
\mathrm{Ln}Y_i = {} & \beta_0 + \beta_1 \mathrm{Ln}A_i + \beta_2 \mathrm{Ln}C_i + \beta_3 \mathrm{Ln}L_i + \beta_{12} \mathrm{Ln}A_i \mathrm{Ln}C_i + \beta_{13} \mathrm{Ln}A_i \mathrm{Ln}L_i + \beta_{23} \mathrm{Ln}C_i \mathrm{Ln}L_i \\
& + \beta_{11}(\mathrm{Ln}A_i)^2 + \beta_{22}(\mathrm{Ln}C_i)^2 + \beta_{33}(\mathrm{Ln}L_i)^2 + V_i - U_i
\end{aligned} \tag{4-22}$$

---

① 该部分内容出自作者于 2018 年发表于《商业研究》第 1 期论文《蔬菜一级批发商技术效率研究——基于寿光农产品物流园蔬菜批发商户的调查》。

在式（4-22）中，Y_i 为蔬菜一级批发商 i 的年净利润（万元）；A_i 为摊位面积（平方米）；L_i 为蔬菜一级批发商户 i 参与经营的人数（人）；C_i 为蔬菜批发商户 i 投入的流动资金（万元）。β_0、β_1、β_2、β_3、β_{12}、β_{13}、β_{23}、β_{11}、β_{22}、β_{33} 为待估参数，V_i 表示随机扰动项，U_i 为技术效率的损失。

（2）技术效率函数。根据本书第二章的理论分析，技术效率损失模型表示如下：

$$m_i = \delta_0 + \delta_1 x_{1i} + \delta_2 x_{2i} + \delta_3 x_{3i} + \delta_4 x_{4i} + \delta_5 x_{5i} + \delta_6 x_{6i} + \delta_7 x_{7i} + \delta_8 x_{8i}$$
$$+ \delta_9 x_{9i} + \delta_{10} x_{10i} + \delta_{11} x_{11i} + \delta_{12} x_{12i} + \mu_i \qquad (4-23)$$

在式（4-23）中，x_{1i} 表示蔬菜一级批发商的文化程度（年）；x_{2i} 表示蔬菜一级批发商的年龄（岁）；x_{3i} 表示蔬菜一级批发商的从业经历，做与蔬菜批发相关的工作 $=1$，做与蔬菜批发无关的其他商业经营活动 $=2$，除以上两类之外的其他工作 $=3$；x_{4i} 表示蔬菜一级批发商在寿光农产品物流园（包括在寿光蔬菜批发市场）的从业年限（年）；x_{5i} 表示蔬菜一级批发商进入蔬菜批发行业的年限（年）；x_{6i} 表示下游固定客户采购量占批发总量的比例（成）；x_{7i} 表示上游固定代收户的收购量占其总收购量的比例（成）；x_{8i} 表示蔬菜一级批发商单次批发的蔬菜种类（种），x_{9i} 表示蔬菜一级批发商是否投资购买大型运输车辆，是 $=1$，否 $=0$；x_{10i} 表示批发商是否拥有自己的种植基地，是 $=1$，否 $=0$；x_{11i} 表示是否向下游客户提供运输服务，是 $=1$，否 $=0$；x_{12i} 表示是否向其下游固定客户赊账，是 $=1$，否 $=0$。

（3）数据说明。文章数据均来自作者 2016 年 10 月至 11 月份对山东省寿光市农产品物流园蔬菜一级批发商户的实地调查。寿光农产品物流园成立于 2009 年 12 月，其前身是原寿光蔬菜批发市场，经过升级扩建后的寿光农产品物流园打破原来单一型的蔬菜批发发展模式，采取交易、存储、配送、加工多功能协同发展模式，目前已由原来的产地批发市场发展成为国内最大的蔬菜集散中心、价格形成中心、信息交易中心、物流配送中心和权威的蔬菜标准形成中心。寿光农产品物流园区地处中国南菜北运、北菜南调的中心地带，其蔬菜流通情况基本能代表全国绝大多数中转地蔬菜批发市场的基本状况。调研期间，调研团队在园区共随机发放 350 份调查问卷，其中有效问卷 325 份。问卷内容主要涉及蔬菜一级批发商户的基本情况、投入销售情况、批发商的经营行为等方面。[61]

表 4-16 列出了式（4-22）和式（4-23）中各变量的描述性统计

及对批发商技术效率的预期影响方向。

表4-16 各变量的描述性统计结果

类别	变量	变量说明	均值	标准差	预期影响方向
产出	Y	商户纯利润（万元）	78.49	45.63	
投入要素	A	摊位面积（平方米）	85.36	15.77	
	C	流动资金（万元）	86.57	53.85	
	L	劳动力（人）	6.26	3.55	
人力资本	x_1	批发商的文化程度（年）	8.99	1.89	+
	x_2	批发商的年龄（岁）	42.27	8.33	不确定
	x_3	批发商的从业经历（做与蔬菜批发相关的工作=1，做与蔬菜批发无关的其他商业经营活动=2，除以上两类之外的其他工作=3）	2.33	0.76	-
	x_4	在寿光农产品物流园（包括在寿光蔬菜批发市场）的从业年限（年）	10.32	4.52	+
	x_5	从事蔬菜批发的年限（年）	15.46	5.75	+
社会资本	x_6	下游固定客户采购量占批发总量的比例（成）	5.68	3.12	+
	x_7	上游固定代收户的收购量占其总收购量的比例（成）	7.85	2.44	+
经营行为	x_8	批发商单次批发的蔬菜种类（种）	1.21	0.45	+
	x_9	是否投资购买大型运输车辆，是=1，否=0	0.27	0.14	+
	x_{10}	是否拥有自己的种植基地，是=1，否=0	0.32	0.22	+
	x_{11}	是否向下游客户提供运输服务，是=1，否=0	0	0	+
	x_{12}	是否向其下游固定客户赊账，是=1，否=0	0	0	+

资料来源：根据作者调查资料整理。

需要说明的是，寿光农产品物流园在建园初期就采用"一卡通"进行结算，实现了交易的电子化管理。进入园区的客户首先到结算中心办理交易卡，然后到指定交易区购货，成交后，买卖双方在过磅处同时出示交易卡，由市场工作人员过磅刷卡。全程无现金交易，方便快捷，每笔交易结算时间大约在20秒左右，同时还可以防止买卖双方的赊欠问题。除此之外，物流园设有理货区，便于二级批发商采购完成后集并装车。为了分散风险，二级批发商每次会采购多个品种的蔬菜。运输车辆或是租用或是自有，一般自行解决，无需一级批发商提供。虽然在以往的学者研究中，运输车辆被视为影响流通效率的一个因素，但在实地调查中发现，出于车辆保养、运输风险等因素的考虑，二级批发商的蔬菜运输通常都是由第三方物流承办，而且这项分支业务的发展已经得到了蔬菜批发行业的普遍接受。因此，技术效率损失模型中 x_{11} 和 x_{12} 两个变量的均值和标准差皆为 0，放入模型没有意义，在估计模型时舍去。[61]

（三）估计结果

1. 随机前沿生产函数估计①

本研究用 Frontier 6.1 软件采用最大似然估计法对模型参数进行估计，模型估计结果见表 4 - 17。根据估计结果，似然比检验的统计量 LR 为 25.4，大于在 $\alpha = 0.05$ 水平下的临界值 16.9，表明与 $C - D$ 函数相比，超对数生产函数能更好地反映蔬菜批发过程中的投入 - 产出关系。同时，γ 在 1% 的显著性水平上显著，说明蔬菜批发过程中存在着显著的效率损失。

表 4 - 17　　　　　　　　　　超对数生产函数的估计结果

变量	系数	系数值	t 统计值	变量	系数	系数值	t 统计值
常数项	β_0	5.43**	3.56	（LnA）2	β_{11}	2.11**	3.61
LnA	β_1	-7.46*	-2.12	（LnC）2	β_{22}	0.1	1.34
LnC	β_2	1.12*	2.32	（LnL）2	β_{33}	0.76*	2.32
LnL	β_3	1.88**	2.56	σ^2	—	0.32***	3.75
LnA × LnC	β_{12}	-0.12	-0.54	γ	—	0.77***	19.15
LnA × LnL	β_{13}	-1.13**	-2.56	LR		25.4	
LnC × LnL	β_{23}	-0.22	-0.87				

注：*代表在 10% 水平上显著，**代表在 5% 水平上显著，***代表在 1% 水平上显著。

由于超对数生产函数无法直接计算各种投入要素对产出的影响，因

---

① 该部分内容出自作者于 2018 年发表于《商业研究》第 1 期的论文《蔬菜一级批发商技术效率研究——基于寿光农产品物流园蔬菜批发商户的调查》。

此，本书用产出弹性衡量投入对产出的影响，计算结果如表 4 - 18 所示。产出弹性计算公式如下：

$$E_A = \beta_1 + \beta_{12}LnC + \beta_{13}LnL + 2\beta_{11}LnA \qquad (4-24)$$

$$E_C = \beta_2 + \beta_{12}LnA + \beta_{23}LnL + 2\beta_{22}LnC \qquad (4-25)$$

$$E_L = \beta_3 + \beta_{13}LnA + \beta_{13}LnC + 2\beta_{33}LnL \qquad (4-26)$$

表 4 - 18　　　　　　　　各投入要素的平均产出弹性

	摊位面积（A）	流动资金（C）	经营人数（L）
产出弹性	- 0.15	0.43	0.38

注：LnA、LnC、LnL 的值分别为各投入要素取对数后的算术平均数。

（1）摊位这一投入要素的产出弹性显示为负，说明在蔬菜批发过程中摊位的投入已经出现过剩，对提高批发商收益的作用不明显。原因在于寿光物流园区销售旺季通常从每年秋季 10 月份开始，持续到来年五月份。旺季来临伊始，商户会向园区申请摊位，每个摊位面积在 100 平方米左右，能够停放一辆 30 吨位左右的半挂车。摊位费根据位置的好坏分为 2000 元、3000 元、5000 元三个档次，租期为一年。由于摊位费相对比较便宜，所以商户申请摊位的数量通常是依据未来几个月预期的最大销售量确定的，因此摊位面积绝对有保障。根据调查数据显示，拥有不同经营面积商户的净利润基本相差不大，而且，批发过程中，摊位的位置相比摊位的面积对蔬菜批发的影响更为重要，因为在蔬菜中转地批发市场，一级批发商户主要以量取胜，载重量 30 多吨的一车蔬菜最快几个小时就可售罄，如果摊位靠近交易大厅出口，离电子地磅较近，不但方便交易，而且交通便利，客流量大，更有利于商户收益的提高。因此，有些商户虽然摊位面积不大，但位置较好，其收益比那些位置偏差而面积较大的商户还高。通常，一个商户在园区会拥有几个摊位，面积大小、位置优劣参半，无法权衡，而本模型以摊位面积作为投入要素，摊位位置的优越性对收益的影响无法在模型中体现，这有可能导致该项产出弹性显示为负。

（2）流动资金的产出弹性是正的，说明流动资金与商户收入成正相关。蔬菜一级批发商与二级批发商相比，在投入方面存在明显的差别。在销售旺季，一级批发商为了使自己的批发业务保持连续性，争分夺秒不断供，往往是一车（或多车）蔬菜在售，一车（或多车）蔬菜在途，一车

（或多车）蔬菜在产地，即采购、运输、销售环环相扣，不留空窗期，这样计算下来每车菜至少要投入十多万元，用于支付该车蔬菜的相关费用，包括蔬菜进货成本、代收费、包装成本、装卸成本、工人工资、运输费用等。其中不乏有些批发商为了达到控制货源或者降低收购成本的目的，将农户种植的蔬菜在采摘之前承包下来，一次性支付菜金，甚至有些批发规模更大的商户，拥有自己的种植基地，租赁冷库储存某类蔬菜，当然这需要更多的投资。可见，蔬菜一级批发商的批发规模不同，投入的流动资金也不同。相对而言，蔬菜二级批发商投资要少很多，二级批发商只需支付每车蔬菜的采购费用，无须承包农户种植的蔬菜或自建种植基地，一些单次批发量在 10 吨以下的小规模商户，前期投入只需几万元。因此，流动资金额度及周转速度直接影响一级批发商的收入。

（3）劳动力的产出弹性为正，说明参与经营的人数与产出成正相关。蔬菜一级批发仍属劳动密集型行业，从蔬菜的产地收购、装车、运输至寿光农产品物流园再向外批发，批发商本人或其雇员都要全程监控或跟踪。由于行业的特殊性，园区内的交易活动一般是从凌晨开始，持续到当天下午，有时还会延续到次日，从业人员的休息时间很难保证。可见，劳动力充裕的条件下，合理的劳动资源配置有利于效益的提高。

2. 批发商户技术效率评估

样本商户技术效率的计算结果见表 4 - 19。蔬菜批发商户的技术效率最小值为 34.6%，最大值为 98.2%，平均值为 73.5%。这说明在现有技术水平下，如果能够消除技术无效率的影响因素，蔬菜批发商户的技术效率还有近 30% 的提升空间。[①]

表 4 - 19　　　　　　　蔬菜一级批发商户技术效率分布表

技术效率	商户个数	所占比例（%）	项目	技术效率（%）
TE < 0.4	17	5.29	平均值	73.5
0.4 ≤ TE < 0.5	21	6.35	最大值	98.2
0.5 ≤ TE < 0.6	22	6.88	最小值	34.6
0.6 ≤ TE < 0.7	26	7.94	—	—

①　该部分内容出自作者于 2018 年发表于《商业研究》第 1 期论文《蔬菜一级批发商技术效率研究——基于寿光农产品物流园蔬菜批发商户的调查》。

技术效率	商户个数	所占比例（%）	项目	技术效率（%）
0.7≤TE<0.8	131	40.21	—	—
0.8≤TE<0.9	72	22.22	—	—
0.9≤TE≤1	36	11.11	—	—

表4-20 列出的估计结果表明：商户主要决策者的年龄、在园区的经营时间、固定客户采购量占批发总量的比重、固定代收户的收购量占其总收购量的比重、蔬菜一级批发商是否拥有自己的种植基地五个变量对商户的技术效率影响显著，而商户单次批发的蔬菜品种、是否投资购买大型运输车辆、商户决策者的文化程度、从事蔬菜批发的年限等因素对商户的技术效率影响不显著。

表4-20   **技术效率模型估计结果**

变量	系数	系数值	t 值	变量	系数	系数值	t 值
常数项	δ_0	-2.02*	-1.87	x_6	δ_6	0.06**	2.13
x_1	δ_1	-0.45	-1.21	x_7	δ_7	0.73***	3.41
x_2	δ_2	-0.21***	-2.86	x_8	δ_8	0.24	1.48
x_3	δ_3	-0.56	-1.32	x_9	δ_9	0.06	1.76
x_4	δ_4	0.23***	2.65	x_{10}	δ_{10}	0.28**	2.21
x_5	δ_5	0.07	0.42				

注：*代表在10%水平上显著，**代表在5%水平上显著，***代表在1%水平上显著。

（1）批发商户主要决策者的年龄对商户的技术效率有显著的负向影响。根据假说 H1，批发商户主要决策者的年龄对其技术效率的影响不确定，而估计结果表明，随着蔬菜批发主体年龄的增加，其技术效率会逐渐降低，原因可能是，蔬菜批发行业仍是劳动密集型产业，劳动强度大，作息不规律，年长的批发商明显处于劣势，因此年轻人更适合该行业。此外一些善于利用互联网特别是移动互联网的年轻批发商更热衷于通过微信等网络沟通工具与客户洽谈业务，传送文字、数据和图片信息，甚至是支付货款，这大大提高了交易效率。

（2）批发商户在寿光农产品物流园的经营时间对其技术效率有显著的正向影响，这与之前的假设吻合。而商户从事蔬菜批发行业的时间对其技术效率影响不显著，与之前的假定相悖。原因可能是：在蔬菜批发领域，业绩好的商户在完成资本原始积累后，通常会选择成立蔬菜商贸公司或转投利润率更高的其他行业，而业绩不佳的商户由于沉淀成本低则会选择用脚投票。最终保留下来的商户在利润和业绩方面相近，市场划分格局趋于常态。一方面，行业进入壁垒较高，[①]新商户的进入风险大；另一方面，随着"菜二代"的队伍壮大，使得子承父业的原有商户常驻市场的愿望强烈，因此市场中经营商户的数量和个体规模趋于稳定。

（3）固定客户采购量占批发总量的比重对商户的技术效率有着显著的正向影响，与之前的假设相吻合。可见，商户与下游客户建立长期稳定的合作关系有利于技术效率的提高。根据张雯丽（2014）的研究，蔬菜批发主体之间呈现出鲜明的地缘和人缘特征。无论是在产地还是在销地，虽然上下游主体之间没有正式的、规范的交易契约，但考虑到关系缔结成本、行业信誉以及多次博弈对机会主义行为的约束等，使得稳定的合作意向可以在相当长时间内维系下去。因此，商户为了实现永续经营的目标，就必须壮大并忠于自己的下游客户。反过来，从下游客户的角度来看，买卖主体间的信息永远是非对称，即便在当前规范的市场管理环境下，二级批发商从中转地批发市场收购蔬菜仍然存在一系列风险，比如：质量作假、数量作假、搬运要高价、搬运装卸扯皮、强迫交易等，而长期交易关系的维持，一定程度上保护了二级批发商，减少了逆向选择和败德行为发生的概率。这种合作关系带来的双赢效果必然推动技术效率的提高。

（4）固定代收户的收购量占其总收购量的比例对商户的技术效率有显著的正向影响。这说明，批发商户与上游代收户之间的关系越稳定，越有利于其技术效率的提高。当前，蔬菜批发商主要通过两种渠道收购蔬菜，一种是自己与种植户直接交易，另一种是通过代收户收购。由于蔬菜采摘后，要经过简单检选、分级包装，然后才能装车，这些工序的完成还要涉及组织和雇工等，所以，批发商更多的是通过代收户收购蔬菜，支付给代

---

① 蔬菜批发市场主体之间因地缘或人缘所结成的合作关系，如同一张无形的网将新加入者挡在网外，在产地市场，批发商一般将蔬菜收购环节全权委托给经纪人，蔬菜品相的好坏、包装标准与否、因搬运及装车导致的蔬菜损耗高低以及对批发商的临时性需要响应及时与否等一系列问题，完全取决于经纪人与批发商间稳定的购销关系。而在销地市场，发展下游固定客户是新进入者唯一的选择，但短期很难实现，其间滞销、甄别、利润让渡等成本让新进入者望而生畏，因此稳定的客户源也构成新进入者的进入壁垒，这也是蔬菜批发行业代际传承的主要原因之一。除此之外，市场中某些品种的蔬菜如果被少数经销大户垄断，他们会通过降价等排挤手段联合阻止其他商户的进入，成为新进入者的又一进入壁垒。

收户一定的费用，由其代为帮办，既节省时间，又免去了烦琐的交涉。这样一来，代收户与批发商关系越稳定，代收户在代收过程中会越尽心，收购上来的蔬菜品相会更好，包装会更规范，搬运及装车导致的蔬菜损耗也会越小，同时对批发商的临时性需要响应也更为及时有效。一般来说，每个批发商都有多个固定的代收户，每次蔬菜上市前，批发商会根据产销两地蔬菜供需情况，分别与不同的蔬菜代收户联系，比较蔬菜的品质与价格，以最终做出收购的决策。

（5）蔬菜一级批发商拥有自己的种植基地对商户的技术效率有显著的正向影响。这与之前的假设相吻合。一级批发商赚取的是购销差价，由于流通半径大以及价差的时时波动，给批发商带来了极大的不确定性，为了对冲风险，同时掌握蔬菜收购环节更大的控制权，批发商开始向其上游渗透。而批发商规模不同采取的渗透方式各异。一般小规模一级批发商的做法是在收购蔬菜时，不会当场与农户谈定蔬菜价格，而是根据其在销地市场的销售情况，在下一次交易时支付农户菜款，即以批发价确定收购价，将市场风险转移给农户。而中等规模的一级批发商会选择在蔬菜采摘之前交付定金，将整片区域的蔬菜承包下来，通过垄断某个区域的蔬菜来降低采购成本。然而能否降低成本取决于行情好坏，因此这种做法也加大了其经营风险。对于大规模批发商来说，通常会在蔬菜主产区承包土地，发展种植基地，一方面是为了控制蔬菜的产量与品质，另一方面是通过发挥示范效应，带动周边村民大规模种植，集中规模化种植不仅能给蔬菜的收购提供便利，还可以获取国家和当地政府的政策扶持，如土地租赁补贴，农药、农资的补贴、规模种植补贴等。这类批发商一般会注册公司，因为注册公司是商户做大做强的必经之路，公司化的形象会获取来自政府和社会的信任，争取到更多的支持。可见批发商规模演化的层级越高，对生产环节的渗透力就越强，从而对蔬菜流通链条中收购环节的影响或控制就越大，这不仅能规避来自收购环节的风险，还可能从生产环节获取额外的利润，实现低风险高收益。

综上分析，蔬菜一级批发商在蔬菜批发过程中存在着显著的效率损失，批发商户的平均技术效率为 73.5%，如果能够消除技术无效率，保持现有的交易技术和投入水平，尚有 26.5% 的提升空间。研究发现，商户主要决策者年龄、在寿光农产品物流园的经营时间、固定客户采购量占批发总量的比重、固定代收户的收购量占其总收购量的比重、商户是否拥有自己的种植基地五个变量对商户的技术效率影响显著，而商户单次批发的蔬菜品种、是否投资购买大型运输车辆、商户决策者的文化程度、蔬菜一级批发商的从业经历、从事蔬菜批发的年限等因素对商户的技术效率影响不显著。这说明积累蔬菜批发的有益经验、维系上下游稳定的客户关系、实施前向一体化发展有助于提高其技术效率。[①]

第三节 蔬菜流通技术层面的效率测度及影响机理分析

目前，我国蔬果采摘后平均损耗率高达25%~30%，经济损失每年超过1000亿元。而发达国家的损耗率普遍低于5%，美国仅为1%~2%。其中，一个很重要的原因就是蔬菜流通技术的发展和应用程度的差异。以蔬菜运输环节为例，美国新鲜蔬菜几乎100%采用冷藏保鲜运输，而我国大部分是用普通车辆，而不是冷藏车辆进行蔬菜运输。蔬菜流通过程中损耗率的上升导致蔬菜流通效率的下降。从国内外对比来看，蔬菜流通技术的发展和应用对蔬菜流通效率有着重要的影响。本节主要从运输技术、贮藏保鲜技术、质量安全检测技术和信息技术这四个方面分析蔬菜流通技术对蔬菜流通效率的影响。

一、蔬菜流通损耗及其原因

由于我国蔬菜生产以传统耕作方式为主，蔬菜的贮藏保鲜设施发展较慢，蔬菜流通经营管理粗放，导致蔬菜采后损耗严重（如表4-21所示）。不同种类蔬菜的相对易腐性不同，它们的平均货架寿命和采后损耗程度也不相同。

表4-21　　　　　　　　相对易腐的蔬菜和采后损耗估计

相对易腐性	平均货架寿命（周）	蔬菜种类	采后损耗估计（%）
非常高	小于1	生菜，菠菜，锦葵，绿葱，菇类，后熟番茄	25~50

---

① 该部分内容出自作者于2018年发表于《商业研究》第1期论文《蔬菜一级批发商技术效率研究——基于寿光农产品物流园蔬菜批发商户的调查》。

相对易腐性	平均货架寿命（周）	蔬菜种类	采后损耗估计（%）
高	1~2	部分后熟番茄，茄子，辣椒，菜豆，南瓜，黄秋葵，甘蓝	20~40
中等	2~4	胡萝卜，萝卜，甜菜，马铃薯（未熟）	15~30
低	大于4	马铃薯（熟），洋葱（干），大蒜，西葫芦，甘薯	10~20

资料来源：李喜宏，陈丽. 实用果蔬保鲜技术. 北京：科学技术文献出版社，2000.

从表4-22中可以看到，蔬菜采收后损耗发生在蔬菜流通中的各个环节，各个环节的蔬菜损耗累加在一起达到15%~50%。要使这样高的蔬菜损耗率降下来，就需要在蔬菜流通中的各个环节充分利用有效的蔬菜流通技术，并加强蔬菜流通中的管理工作。

表4-22   **蔬菜采收后损耗的原因**

采后处理过程	损耗的主要原因	占总损耗中的百分比（%）
采收	1. 产品未熟或过分成熟 2. 田间箱不适当 3. 不适当采收方法造成机械伤 4. 不能保护产品避免日晒 5. 运送至包装房或市场时间耽搁	4~12
销售前准备 （在田间或在包装房）	1. 由于严重缺陷和腐烂不能分选出；清洁不适当 2. 由于机械伤不适于包装；不适当通风和制冷；腐烂增加 3. 去除田间热失败（运输前缺乏预冷） 4. 卫生条件差	5~15
运输	1. 粗放装卸，增加机械伤 2. 缺乏适当的温度、湿度和通风处理 3. 车辆中商品不适当混合（不同类型的包装器不宜堆叠，需要的温度不同） 4. 运输延迟	2~8

续表

采后处理过程	损耗的主要原因	占总损耗中的百分比（%）
目的地处理	1. 装卸粗放 2. 于不适宜环境中暴露 3. 产品延迟运至消费者 4. 不适当后熟和贮藏措施 5. 卫生条件差	3～10
家庭内处理	1. 消费时间延迟 2. 不适当处理（缺乏家庭制冷设备和其他贮藏方法）	1～5
合计	大多数损耗是累加的	15～50

资料来源：李喜宏，陈丽. 实用果蔬保鲜技术. 北京：科学技术文献出版社，2000.

二、运输技术

在改革开放前，北京市的蔬菜供应主要依靠北京市的郊区、郊县以及周边的河北、天津等地；蔬菜的运输范围比较小，对蔬菜运输的技术要求也比较低。随着蔬菜流通体制改革的深入，全国蔬菜广域型流通格局的逐步形成，北京市场也形成了以外埠蔬菜交易为主的局面。目前，外埠蔬菜已占北京蔬菜市场的80%以上，[①] 这些蔬菜来自天南海北，远距离流通对运输技术提出更高的要求。

在我国，蔬菜运输主要是以公路运输为主，并且冷藏汽车数量不多，绝大多数蔬菜货运都是由普通货车完成的。货车与冷藏车相比较，费用低，但是运输过程中蔬菜质量很难保障；特别是北方冬季和南方夏季蔬菜经过长途运输后的质量保障更是如此。我国北方冬季的气温一般都在0℃以下，利用无隔热层的一般货车运输蔬菜产品十分容易发生冻害。所以，此时一般不宜用货车运输。我国南方夏季的气温可达30℃以上，利用货车运输，蔬菜产品的质量会迅速下降。但实际情况是，在夏季，在运输蔬菜的货车上放置装有冰块的塑料瓶等容器，再加盖棉被对运输的蔬菜冷藏；在冬季，主要是用在运输蔬菜的货车上加盖棉被的方法对蔬菜进行保温。这些简易方法成本比较低，也可以在一定程度上起到对蔬菜的贮藏保鲜作

① 北京蔬菜自给率5年提升至20%，将建"农业中关村"［OE］. 新浪财经，https：//baijiahao. baidu. com/s？id＝1678682050568280419&wfr＝spider&for＝pc.

用，但效果有限。①

在调查中发现，在北京市场上，在春节前的一段时间，有一些特菜都是用飞机从南方地区空运来的，这样就极大地缩短了蔬菜的流通时间，保证了蔬菜的新鲜度。当然，这里面也要考虑流通时间和流通费用的平衡问题；对于大多数蔬菜来说，主要的运输方式还是通过汽车进行公路运输。运输技术的提高还可以增大蔬菜的单次装载量，扩大蔬菜的运输规模，从而降低蔬菜的单位运输成本，提高成本效率。总体来说，运输技术的提高促进了蔬菜流通效率的提高。中国农产品冷链运输使用率不高，并且成本费用高，无法满足居民消费升级和农业现代化发展的需要。相比于国内，美国的农产品冷链物流无论是技术水平还是市场化率以及相应的标准都位于世界领先地位，这对于推进我国农产品冷链物流体系建设具有一定的参考价值。[59]

三、贮藏保鲜技术

因为大多数蔬菜具有易腐性、不耐贮藏的特点，贮藏保鲜技术的提高对于蔬菜流通效率的提高起着很重要的作用，贮藏保鲜技术的提高可以有效地降低蔬菜的损耗率。

蔬菜一般是根据蔬菜生物学特性进行保鲜处理的，通过提供适当的贮藏环境和条件尽量保持其物理形态和生物特性，减缓腐坏，延长使用期限。目前国外已经研发了适合各类蔬菜特性以及多层次消费需要的贮藏保鲜方法。在国外，一般在蔬菜产区和销区设置一些长期贮藏设施。蔬菜贮藏与保鲜前要对其进行一定标准的筛选，必要的话还要进行预冷。常用的方法有常温保湿贮藏、低温贮藏、塑料包装贮藏、辐照保鲜、气调贮藏、化学保鲜贮藏和低压贮藏。②

不同蔬菜的贮藏条件是有差异的。而在不同环境下的蔬菜损耗率等方面的情况差异也比较大。贮藏过程中，各类蔬菜的贮藏条件是需要特定的技术支持的，以此来减少蔬菜损耗率。同时，因为不同蔬菜的贮藏条件不同，为了充分利用蔬菜贮藏设施的空间，就要求各种蔬菜的贮藏量要达到一定的规模。我国蔬菜流通主体规模较小在一定程度上限制了蔬菜贮藏设

---

① 该部分参考寇荣. 大城市蔬菜流通效率研究 [D]. 北京：中国农业大学，2008.

② 蔬菜长期保鲜技术 [OE]. 贵州农经网，http：// gznw. guizhou. gov. cn/gznjw/syjs0/jg/spjg/703613/index. html.

施和技术的应用。

蔬菜本身质量和货架条件影响蔬菜货架寿命。首先，蔬菜质量与采摘前后的气候条件、栽培管理方法和贮运条件等因素有关。货架条件与贮藏条件相近，货架条件越是接近贮藏条件，那么蔬菜的货架寿命越持久，然而两者的不同之处在于，与贮藏条件相比，货架期温度高，湿度低，易失水，条件不稳定（李喜宏等，2003），因此缩短了货架寿命，提高了损耗率。可见，流通技术的改进和升级，可以降低蔬菜损耗率，延长流通时间，保障流通品质。

发达国家的农产品采后商品化包装率较高，接近100%，深加工率可以达到40%以上。而我国产品采后商品化包装率仅为25%，深加工率不足10%。[1] 这说明我国在农产品采后增值服务能力较弱。同时，由于国内物流冷链技术落后，流通中生鲜农产品损耗率高，每年的果蔬损耗近800亿元。然而完善先进的保鲜手段、以及高速的交通条件都会提高流通费用，进而加价在所有环节中，最终传导到零售终端消费者身上。同时考虑到生鲜农产品的保质期短，这也限制了流通范围和供应能力，不利于大流通、大生产模式的长足发展，因此各国农产品产业发展过程中十分重视冷链仓储技术的研发和投入，其中发达国家果蔬冷链流通率高达90%以上。中冷联盟2019年调研全国1832家企业，总库容量约为4600万吨，并且我国冷库每年以15%～20%的速度增长，预计2022年我国冷库保有量将突破8000万吨。我国冷库保有量为世界第三，[2] 但是我国冷库多是低温冷冻库，而果蔬类农产品更适用于高温加工型冷库，这类冷库在我国占比仅为5%，冷藏运输率也只有15%左右，大多数农产品都是在常温的状态下进行物流配送的，无法保障果蔬的质量，同时还提高了损耗率，流通过程中损失的果蔬价值每年高达总值约1100亿元。[3]

四、质量安全检测技术

近年来，食品安全事件频发，三聚氰胺、海参养殖用抗生素超标、地沟

---

① 《全国蔬菜重点区域发展规划（2009～2015年）》，http://www.moa.gov.cn/nybgb/2009/dwuq/201806/t20180607_6151298.htm.

② 2019中国冷库产业发展报告［OE］. 搜狐网，https://www.sohu.com/a/323610838_533790.

③ 该部分参考周强. 我国农产品流通效率及其提升路径研究［D］. 北京：北京交通大学，2019.

油、苏丹红、毒豆芽等事件使得人们开始关注和重视食品的安全性，并提出更高的要求（如表4－23所示），农产品性能质量应该是搜寻品、经验品和信任品的一个综合体。蔬菜作为一种主要的农产品，其质量构成因素主要是卫生质量、感官质量、营养质量和商品化处理质量等四个方面。在流通过程中对其进行质量评价是蔬菜流通中的重要环节。由于蔬菜的信任品特性，蔬菜质量安全检测对于保证蔬菜质量安全尤为重要，这样，蔬菜质量安全检测技术对保证蔬菜质量安全检测的准确性和快捷性就很重要。蔬菜质量安全检测主要包括果蔬表面的清洁程度（杂质、灰尘、微生物等），蔬菜组织中的重金属含量、农药残留量及其他限制性物质如亚硝酸盐等。①

表4－23　　　　　　　　　　农产品性能质量构成

农产品性能质量	搜寻品特性	主要指消费者在消费之前可以直接了解的内外在特性	内在：颜色、光泽、大小、形状、成熟度、外伤、肥瘦、肉品机理和新鲜程度 外在：商品品牌、标签、包装、销售场所、价格和产品产地等
	经验品特性	主要指消费者在消费者之后才能够了解的内在特性	如鲜嫩程度、汁的多寡、香味、口感、味道和烹饪特征等
	信任品特性	主要指消费之后消费者自己没能力了解的有关食品安全和营养水平等方面特征	涉及食品安全的激素、抗生素、胆固醇、沙门氏菌和农药残留量 涉及营养与健康的营养成分含量和配合比例等

资料来源：黄祖辉、吕佳、刘东英．农产品质量营销：理论与实证分析［J］．福建论坛：人文社会科学版，2004（8）．

为了规范农药安全、合理使用，提高产品的安全性。1995年以来我国农业农村行政管理部门先后制定了无公害果蔬栽培、绿色食品标准，国家环保局制定了有机食品生产规范和标准（如表4－24所示）。

表4－24　　国家有关食品卫生标准规定的果品蔬菜中重金属等限量物质的极限

限量物质	限值（mg/kg）
总汞（以汞计）	≤0.01
总铅（以铅计）	≤0.2（薯类）~0.4

---

① 该部分参考寇荣．大城市蔬菜流通效率研究［D］．北京：中国农业大学，2008．

限量物质	限值（mg/kg）
总铬及化合物（以铬计）	≤0.5
总砷及化合物（以砷计）	≤0.5
铜（以铜计）	≤10.0
氟（以氟计）	≤1.0
锌（以锌计）	≤20.0
镉（以镉计）	≤0.05
稀土（以氧化物总量计）	≤0.5（马铃薯类）~0.7（菠菜除外）
硒（以硒计）	≤0.1

资料来源：刘兴华，陈维信. 果品蔬菜贮藏运销学［M］. 北京：中国农业出版社，2002.

　　关于农药残留量检测的微量或痕量分析只有通过使用高灵敏度的检测技术才可以实现。而传统的农残分析技术检测不但成本高，而且时间长，不利于监督管理部门及时发现不合格、不安全的农产品。为解决此问题，快速农药残留检测技术研发得到了大力推进。近几年来，质量安全检测技术的快速发展和广泛应用有效地提高了蔬菜流通过程中的蔬菜质量抽检率，提高了蔬菜的质量合格率，从而通过提高蔬菜质量安全效率提高了蔬菜流通效率。

五、信息技术

　　农产品流通流程过程伴随着大量的信息流即价格、数量、结构、产地和主体等，流通链条中的各环节顺畅对接离不开信息黏合，因此信息化水平直接影响着农产品流通效率。当前蔬菜流通中信息技术得到了广泛的应用，特别是外埠蔬菜依存度高的大城市，面对瞬息万变的市场价格，来源地与供给地之间空间距离加大了市场风险，同时也减少农产品生产的盲目性与滞后性，因此市场信息就变得十分重要，市场信息如何及时准确地传递给流通主体成为学者们研究的热点。通过有效的信息传递可以使资源在更广阔的范围内得到优化配置，从而降低蔬菜流通成本，缩短流通时间，减少损耗率，最终提高蔬菜的流通效率，实现这些目标在很大程度上取决于信息技术的进步。近些年来，信息技术中的虚拟现实技术还可以模拟采购虚拟环境，给习惯于网上购物的消费者提供环境沉浸感，提升消费者的线上购买体验，为生鲜电商培养用户。

总体来说，我国农产品流通市场信息化水平较低，虽然我国行政村已经100%通宽带，但农村互联网普及率尚不足60%，① 还有70%以上的农户互联网素质不高，对网络资源的使用能力不足。此外，专门处理农产品信息的机构和组织很少，以便有也都是公益性的，例如农业农村部信息网，服务范围比较小，网站上发布的多维宏观数据和信息，无法满足区域性和单品种植的农户需要。而营利性组织的服务费用也使农户望而生畏。因此农业农村市场信息化水平的提高以及农民信息利用和甄别能力的提高还需要各层级政府部门的协同努力，科研人员，政府工作人员、农产品经营企业以及批发商等也要积极参与信息化建设的过程中，实现农产品信息共享，使产销对接更为顺畅，使农民种植的农产品卖得出去，卖得好。

第四节 蔬菜流通制度层面的效率测度及影响机理分析

一、宏观流通制度对流通效率的影响

（一）蔬菜流通领域的制度变迁

纵观我国蔬菜流通制度变迁，是在经济体制改革和农业产业化发展的过程中演化的。我国政府始终将产销对接工作作为蔬菜产业发展的重点，进入20世纪80年代中期，通过推进农产品产销体制改革，实现了保障城乡蔬菜供应，满足人们对生产数量和质量的要求。生鲜蔬菜流通体制研究一度成为学界研究的热点，涌现出大量有价值的研究成果，并在生鲜蔬菜流通体制发展阶段的划分上趋于一致，特别在关键时点的划分实现共识。在众多研究成果中有学者将起点设立在中华人民共和国成立初期，例如杨顺江（2002）、谭向勇等（2001）、方志权等（2004）、赵一夫（2008）

---

① 我国行政村实现"村村通宽带"［OE］. 网易，https：//www.163.com/news/article/GUD-NPKD4000189FH. html? clickfrom = w_yw.

等，也有学者将起点设立在改革开放，例如俞菊生（2003）等。本研究将研究起点选择在新中国成立，梳理蔬菜流通体制发展史，可以从八个时期展开。[59]

1. 自由购销时期（1949～1955 年）

从 1949 年开始，我国城市蔬菜供应主要是通过蔬菜商贩购买的，商贩的蔬菜来源于农户，这里也有个别市郊农民自产自销的。随着消费合作社和零售公司的陆续成立，蔬菜销售也成为这些场所的主营业务。至于小城镇，主要由集贸市场互通有无。随着城市化进程的推进和人口的膨胀，大中城市蔬菜自给率不足问题日渐凸显。从 1953 开始，全国大中城市陆续成立了国营蔬菜经营机构，其经营的蔬菜量占市场总量比率一般在 30%左右，例如北京为 20%，沈阳达到 50% 以上。1955 年末，国务院提出关于加强蔬菜供应工作的指示，通过成立中国蔬菜公司扩大国营商业经营蔬菜的比重，其初衷就是保供稳价。1953 年以后，国营蔬菜经营实体比重提高，市场调控能力增强，与此同时，也不排斥个体商贩经营蔬菜产品，两者处于平等竞争的地位，同在市场上自由购销。这个时期的蔬菜价格基本上由市场形成，随市场供求情况上下波动（姚今观等，1995）。在这个时期，蔬菜流通领域的交易费用是以市场型交易费用为主。

2. 国营商业统购包销时期（1956～1961 年）①

在国民经济进入有计划的发展时期，农业合作化和对私营工商业的改造进展很快，当时有一种误解，认为搞计划经济，就是一切经济活动都应该纳入国家计划，并企图更多地限制私商，以加速其改造。由于这些主观认识上的原因，再加上蔬菜供应日益紧张的客观形势，为了避免城市消费者的利益受损失，因而从 1956 年开始，我国部分大中城市采取国营蔬菜公司统购包销的方式，生产者和消费者无法直接对接，并且取消的集贸市场，北京市率先开始了百分百统购包销。随后全国各地均不同程度地推广这一方式。1958 年末中共中央、国务院《关于进一步加强蔬菜生产和供应工作的指示》中规定："凡是人民公社根据国家计划种植的商品蔬菜，商业部门都应该订立合同加以收购。"事实上，丰产时节的蔬菜过剩是正常现象，商业部门收购多余的蔬菜，对于保护生产者的积极性，稳定价格有着积极的作用，但由于统得太死、包得太多、管控环节增多，统购包销方式推行得不尽理想。再加上个别生产者的机会主义倾向，重量不重质，

---

① 该部分参考刘冬英. 我国生鲜蔬菜物流体系研究［D］. 杭州：浙江大学，2005.

导致蔬菜生产无序、结构不理、供需严重失衡（姚今观等，1995）。当时，国家重点是发展工业，执行的是以农补工的政策，在蔬菜流通政策上更倾向于保护城市消费者集团的利益。并从政策上稳定了国营商业统购包销制度。在这种计划经济体制下，用管理型代替市场型的做法使得交易费用大幅提高，市场竞争性下降，行政管理费用激增加，市场更难把控。[59]

3. 以国营为主、多渠道流通时期（1962 ~ 1965 年）

由于统购包销存在的诸多弊端，国家也意识到这种蔬菜流通制度的不协调，国家针对这一制度做出了一系列的调整。国家允许农户自行销售计划以外种植的蔬菜，但国营蔬菜公司的主力地位不变。1963 年，我国商业部将蔬菜供给区域分为三类，在蔬菜淡旺两季针对不同的区域分别采取不同的蔬菜经营方针：其中，第一类区域即大中城市和主要工矿区，淡旺两季都管，包粗菜不包细菜；第二类即小城市，只管淡季，不管旺季；第三类即一般县城，淡旺两季都可以不管。此办法实施后，蔬菜的供给结构明显改善，1965 年蔬菜经营亏损总额为 6000 多万元，不到 1962 年的 1/3。同时，国家对统购包销的政策进行调整，给予菜农一定的自主权，可以出售计划外的蔬菜，并且定价市场化，但大部分还是由国家制定。随着经济发展水平的提高、副食品品种日益丰富，蔬菜的替代产品越来越多，购销政策和定价规则变化使得蔬菜零售价格稳步下降。这一制度的局部性调整也是一种有效的制度变迁，这一有效的制度变迁虽然是局部性的，但也使部分的潜在利润得以实现。[59]

4. 再度实行全面统购包销时期（1966 ~ 1977 年）

"文革"后，蔬菜经营方式又恢复了原来的国营蔬菜公司统购包销，集贸市场被取缔，蔬菜零售网点骤减。根据当时对国内 35 个大中城市统计来看，近 12 年间，蔬菜零售网点保持在 2200 个左右，与 1966 年前相比，减少 1000 多个，与历史最多年份 1955 年相比，是当时的 1/5。与此同时，蔬菜公司连年亏损。从经济学上来看，这个时期的蔬菜流通制度的调整应该是一种无效的制度变迁。这种无效的制度变迁使本已实现的部分潜在利润又无法实现了，并且管理型交易费用又急速上升。[59]

5. "大管小活"多渠道流通时期（1978 ~ 1984 年）

党的十一届三中全会后，农业农村经济体制改革，蔬菜流通体制和经营形式也发生了巨大的变化，蔬菜购销实行了"大管小活"的政策，同时多种流通渠道并存。一些城市开始了蔬菜社队自产自销的尝试，通过实践证明，国营蔬菜公司比较适合承担大城市和工矿林区的蔬菜供应，而社队自产自销只能作为一种补充形式存在，相反社队自产自销的方式更合适一般县城和集镇蔬菜流通。1981 年 5 月国务院批转农业部、商业部《关于加强大中城市和工矿区蔬菜生产及经营工作的报告》中明确了这一改革思路，并提出各地要因地制宜，搞活蔬菜商品流通。1983 年，个别城市在推行"小管大放"的过程中引起市场波动，因此又转而调整为"大管小放"，提高国营蔬菜公司的比重，市场又恢复稳定，收到了较好的效果。基于此，1984 年，国务院同意商业部《关于做好蔬菜供应工作保持菜价基本稳定的报告》中提出以计划经济为主，发挥国营蔬菜公司的主导作用，实行"大管小活"。可见，蔬菜流通制度不断完善的过程也是一个不断反复尝试的过程。

6. 经营放开、订购包销时期（1985～1991 年）

国务院在 1984 年发文允许合作商业和私人对国家统购派购以外的蔬菜进行长途贩运，一些大中城市在 1985 年上半年进行了蔬菜经营放开试点建设，各地掀起了放开为主的蔬菜产销体制改革浪潮。在逐步放开蔬菜经营和价格的同时，为了确保城市蔬菜供给能力，国营蔬菜公司根据收购数量、品相和市场价格与菜农签订收购合同，实现了对双方的约束，也确保了双方的利益。其他蔬菜则实行自由买卖，允许长途贩运（谭向勇等，2001）。事实上，在这个时期，随着城市人口不断增加，城市蔬菜只靠本地供应已经很难满足需要，这时长途贩运蔬菜就有着巨大的潜在利润，可见，允许长途贩运这一蔬菜流通制度的变迁就实现了外部利润的内部化。

7. 自由市场流通时期（1992～2000 年）

1992 年开启了我国蔬菜商品流通自由化。国家主推"菜篮子工程"建设，同时农产品流通软硬件设施改善，蔬菜供给能力增强，市场价格企稳。在这样一个背景下，1992 年国内蔬菜生产与流通市场彻底放开，供求、价格和竞争机制共同发挥作用，迎来了自由购销时代，蔬菜经营主体日益多样，多种经营渠道改变了原来垄断经营的局面；蔬菜价格由市场供求决定；批发市场、农贸市场等多种零售终端取代了计划统筹调拨；种植户可以根据市场行情来资助安排生产。我国蔬菜生产流通体制开始了自由市场流通体制的发展。在蔬菜流通领域逐渐出现了多种流通主体，改变了计划经济体制时期的单一主体结构。第一轮"菜篮子工程"建设侧重解决了蔬菜等副食品供给能力不足的问题后，1995 年开始，针对蔬菜市场的不安定和流通效率低的问题，开始了第二轮"菜篮子工程"建设。其中心内容是在第一阶段"菜篮子工程"建设内容的基础上，注重调整结构，提高质量，培育市场流通主体，完善以批发市场为中心的流通制度体系，同时建立并充实政府宏观调控手段，依靠市场机制的作用建立价格安定机制（谭向勇等，2001）。[59]

8. 蔬菜流通体制改革配套阶段（2001年至今）

"十五"规划期间，中国加入了世贸组织。2003年，中共中央、国务院发出《关于促进农民增加收入若干政策的意见》，"三农"问题又一次出现在"一号文件"，为蔬菜流通的发展营造了大环境，提供了良好机遇。至此多业态、多方式的大流通格局基本形成，各地批发市场建设兴起，并建立起服务型市场管理机制，蔬菜市场体系迎来了发展的高光时期。

（二）宏观制度因素对蔬菜流通效率的影响分析

"菜篮子"一端是农民，一端是市民，这一工程的实施对于增加农民收入、保障城市供给、稳定公众预期意义重大。现实生活中，卖难与买贵是并存的，即农户生产出来的产品卖不出去，而城市菜价又高居不下，市场价格传导机制失灵，这就说明在产销对接中有堵点。为了维护市场农产品供应秩序，安抚市民不满情绪，保护农民生产积极性，维护社会秩序，各级政府会动用政行政力量，发挥"看得见手"的作用来干预农产品的生产和销售。可见，由农产品供应"双轨制"转向政府主导下的"菜篮子"工程的制度变迁，是国家在确保农业产业链条各方参与主体利益的情况下，或者说是损失最小化的情况下，动用公共资源来调控农产品市场，在最短的时间内实现农副产品的高产，流通渠道畅通，市场价格稳定的目标，这就是经济学中提出的帕累托优化理论。

事实上，农产品流通"双轨制"改革的初衷是实现农产品供给完全市场化，然而"菜篮子"工程中政府的干预越来越明显。如果依据斯密提出的"看不见的手"的市场逻辑来说，当出现市场波动时，价格机制、供求机制以及竞争机制三个机制相互作用，市场的波动早晚会消失，市场会自动回复均衡。但是这个过程的周期可能较长，价格的波动浮动会很大，给民众生产和生活带来的损失不可估量。因此"菜篮子"工程这样一项强制性的制度安排，交易费用是不可避免的，但是相比市场的自我调控来讲，基本可以忽略不计，这类成为我们统称为交易成本即制度实际运行而发生的成本（程言清，2004）。这些成本包括：组织成本即在"菜篮子"工程市长负责制分管部门和专门机构的运行成本，该项开支庞大，例如办公人员工资、办公费用、差旅费等。此外补贴成本主要是扶持农产品经销企业或机构的工作而支付的成本。补贴资金主要来自各级财政的基金，例如价格补贴、基地建设补贴等。然而取之于民用之于民，补贴往往是一种转移支付形成的基金收费，无形中会加重企业负担。最后，"菜篮子"工程的实施还会造成资源上的浪费。比如菜篮子工程中的一些生产基地的建设，不仅有资金的投入，还要征用大量的农田，在建设过程中，由于论证不是十分充分，可能会出现闲置。可见菜篮子工程在实施过程中产生了大量的制度运行成本，这里既有经济成本也有社会成本，使得工程绩效大打折扣。

可见，通常宏观层面的制度都是国家制定的。无论是制度供给缺失还是制度供给过度，都会增加交易费用。我们不能用绝对量来衡量，而是以制度安排是否符合人民的需要，是否符合市场规律来评价。当前我国的农产品市场结构近似于完全竞争型市场，然而制度层面的不足还有待于改革的进一步完善。例如我国目前还没有出台《农产品批发市场法》，市场管理中将行政指令性的文件为主要的处罚依据，而发达国家，比如美国颁布了《鲜活农产品法》和《农产品销售协调法》，还有日本实施了《批发市场法》，从法律层面约束和管理产品流通主体的市场行为，提高交易过程中的搭便车行为或逆向选择行为的违法成本，以极低的制度成本来肃清农产品流通市场的不法或不合理现象，保护消费者和经营者的利益，使国内农产品流通市场走上法制化道路。

（三）中观流通制度对流通效率的影响

在国家和省级蔬菜流通政策的基础上，各市积极制定了适合本地区的相关政策，这些政策涉及蔬菜的生产、技术、运输、销售等方面，为保证本地区蔬菜销售顺畅或供给充足提供了有益的支持。

下面以北京市和山东寿光市为例，说明城市层面的蔬菜流通制度对流通效率的影响。

1. 北京市蔬菜零售终端建设

（1）北京市蔬菜准入制度。为确保北京食品安全和消费者的合法权益，2006 年，北京市相关部门制定了《关于进一步完善北京蔬菜批发市场准入制度的意见》。从导致制度变迁的原因角度来看，北京蔬菜批发市场准入制度是流通主体博弈的结果，其实施目的是维护消费者的利益。因为蔬菜批发市场的发展演进中机会主义倾向明显，流通主体间的信息不完全，逆向选择和败德行为时有发生，事关蔬菜流通中的质量安全，消费者的权益无法保障，市场风险加大，交易双方一方面要保证自己的利益不受损失，另一方面要防范受他人的欺诈，验证信息的成本加大，交易费用激增。准入制度的实施就是要从制度层面来规范蔬菜批发市场的主体行为，提前甄别和筛选主体的资质和信誉，在一定程度上节省交易主体的交易成本。

（2）北京农批市场大调整①。为了解决特大城市的农产品供应安全，北京市制定了《北京市"十四五"时期农产品流通体系发展规划》，规划明确提出，到2025年，在北京形成完善的鲜活农产品流通链条和市场布局，通过创新流通模式来提升各类流通基础设施现代化水平和组织化程度，构建大型农产品批发市场为主导，社区菜市场、连锁超市和菜店为基础，线上下单、宅配到门等多种业态作为补充，布局合理、经营规范、高效畅通、安全有序、制度标准完备、硬件水平大幅提升的鲜活农产品流通体系，保障首都市场供应的稳定。到2035年，建成符合首都首善标准农产品流通体系的远景目标。批发侧实现批发市场设施全部合法化，场内以订单交易为主，基本取消传统集散交易；零售侧以让居民拥有舒适安全的社区消费环境和生动美好的生活氛围为目标，形成均衡便利且具有北京文化特色的农产品零售网络，城市各社区、农村实现农产品零售网点全覆盖。

在"十四五"时期和更长一段时间内，北京市将在保证供给和交易能力的前提下，逐步实施布局调整工作。在调整思路上，参考国际和国内其他大型城市设置方式，结合北京现状及未来发展情况，将在距城市主要消费区 15~20 公里处设置销地一级农产品批发市场。未来一个时期的主要任务是：一是继续优化现有市场空间格局。逐步做好减量工作，集中市区建设指标和有限空间资源，对于一级集散量较少和用地难以合法化的市场予以减量，将现有 9 家（含黑庄户北京鲜活农产品流通中心）综合性农产品批发市场逐步缩减，规范土地性质，缩小批发市场的总占地面积。二是提升批发市场的硬件条件。改变目前批发市场基本为露天或厅棚设施，交易环境差的现状，将市场容积率提高到 1.2~1.5，在保证销地集散功能的前提下，鼓励市场主体集约化、现代化发展，建设立体交易中心和储备中心，大幅改善目前交易环境。三是优化目前市场交易方式。探索培育委托

---

① 新建四个新发地. 北京农批市场将整体回潮［OE］. 腾讯网，https：//new. qq. com/omn/20210912/20210912A01EOH00. html.

交易，拍卖交易等多种农产品新型交易方式，在一级综合批发市场实现全场电子结算，提高市场交易水平，逐步推动交易由传统随机对手向订单配送为主。四是推动市场现代企业制度的建立。通过国有资本注入、引入新的投资主体等方式，改善现有部分市场因未建立合理的法人治理结构所造成管理制度陈旧老化等问题。

北京在城市西南、东南、西北、东北方向规划四个综合性一级批发市场，并且在农产品批发集散功能基础上强化公共配送功能，发展形成"批发集散＋信息化管理＋公共配送"的现代化农产品流通枢纽。同时，四环内的农产品综合批发市场和专业批发市场应向农产品零售设施或农产品配送中心转型。

——西南方向：保留新发地市场在农产品交易上的主交易通道地位，承担西南方向进京通道的农产品上市交易功能，重点做好蔬菜和水果品类的集散。继续发挥现有新发地市场传统农产品交易优势，优化市场基础设施，升级现代企业管理方式与电子交易模式，完善信息化管理水平。大幅提升市场设施和管理现代化水平，实现用地减量、高效发展，统筹调整、协调区域内的新发地、北水嘉伦和中央农产品批发市场的用地和功能分工，充分利用现有空间，优化集约布局。通过提高现有商户户均经营规模，降低经营商户总体数量，实现减人减车和用地规模适度降低，将新发地市场建设成为集"农产品供应保障中心、城市配送平台、电子商务平台、展示展销平台、价格指数平台、安全检测平台"为一体的现代化农产品智慧园区。

——东南方向：通过利用首农食品集团自有用地等方式，扩大北京鲜活农产品流通中心面积，基本可以覆盖城市东部、南部区域，发展成为大型农产品交易中心，增强市场调控能力。主要功能为在保证东南方向进京通道的农产品交易功能，增强农产品储备能力，发挥首农食品集团在菌类、鲜肉、冻品和水产品等交易品种上的优势，承接市内各专业市场供应量转移，成为政府调控农产品市场重要抓手和首都现代化农产品流通示范窗口。充分利用区位和交通优势，定位于服务农产品供应的枢纽型流通中心、一站式集采中心和数字化交易中心，为本市农产品批发市场调整升级提供稳定供应保障和功能示范。

——东北方向：在顺义区北务地区新规划一处农产品综合性一级批发市场，按照先建设后迁移的原则，平移现状石门市场批发功能，保持市场总规模不变。主要功能为满足本市东北方向农产品供应，覆盖顺义、怀柔、密云、平谷等城市东北部区域，以打造优质农产品批发交易设施为目标，合理布局新址市场，提高信息化、智能化水平，实现商户信息、货品信息一体化管理，建设高效率的生鲜农产品配送集群，推进农产品物流标准化和专业化建设。原用地经过论证后，保留一定用地和建筑规模，保障顺义新城城市地区居民农副产品零售需求。

——西北方向：为满足夏秋季农产品交易通道转换需求和城市西北方向供应，在昌平区南口、流村、阳坊区域内新规划建设一处农产品综合批发市场，平移现状水屯市场交易功能。新批发市场主要功能为满足城市西北区域的农产品供应集散，在 6～8 月承担冷凉蔬菜上市主通道作用。新建市场要提高交易商入场标准，充分发挥区位、交通等综合优势促进农产品生产商、供应商和服务商的产业聚集，依托昌平、海淀等区"大院大所"和团体采购量大的优势，引进农产品交易配送大户。以公司化、会员制和电子结算为前提，全面提升原有交易模式，建立完善的市场准入机制，形成农产品现代化交易示范区。

"十四五"以及今后更长一个时期，首都农产品流通体系将盯紧新业态、新消费、新物流、新环境、新问题，稳中求进的推动农产品供给侧结构性改革，统筹做好农产品流通体系建设发展和常态下疫情防控工作，保障农产品日常供应，增强整体供应保障能力，不断提升居民生活品质，逐步实现农产品流通体系标准化、绿色化、智慧化、便利化、安全化。

（3）北京市蔬菜零售终端建设。① 目前，北京蔬菜零售终端主要有社区菜市场、社区菜店、生鲜超市、综合超市和社区蔬菜直通车。为确保市民蔬菜供给安全、便捷，北京市政府对蔬菜零售业态行业规范进行了制修订，发布五个行业标准即《社区菜市场（农贸市场）设置和管理规范》《社区菜店设置和管理规范》《生鲜超市设置和管理规范》《综合超市销售生鲜农产品技术条件和管理规范》《社区蔬菜（肉类）直通车设置和管理规范》，促进蔬菜零售行业良性发展。

2. 寿光市田头市场建设

目前寿光市农村蔬菜交易市场总数一千余家，其中在南部蔬菜主产区以及古城、田柳等地较为集中，市场年交易量按规模大小从几百万斤到几千万斤不等。从调研情况看，目前村头地边市场占据天时、地利、人和，

---

① 北京出台蔬菜零售五大规范．为社区买菜主渠道保驾护航［OE］．新华网，http：//www. xinhuanet. com/politics/2016 - 12/09/c_129397998. htm.

已经成为本地菜外销的主力军。

（1）搭建客户与菜农间的交易平台。市场根据外地客户要求，联系菜农组织货源，一般从上午 6 点左右开始大量收菜，到 9 点左右结束，其余时间小量的蔬菜随到随办。菜农将蔬菜运到市场过磅，市场给菜农出具收条。客户在达到需要的数量后，组织车辆运输。市场按收购蔬菜量向外地客户收取每斤 3 分钱左右的管理费，不收菜农任何费用。

（2）具有一定的市场定价功能。市场收购蔬菜的价格，一般在收取时并不公布，而是综合外地市场价格、农产品物流园当日价格、当日收购数量和客户心理预期等多种因素，与周边同类市场协商确定，大多数情况下略低于农产品物流园指导价格。从多年的运行情况来看，虽然客户、菜农在收购时并不知道价格，但由于具有长期合作关系，该价格又综合了多种因素，且周边市场价格统一，一般不会产生大的分歧。

（3）通过市场进行资金结算。外地客户交易完成后，将货款打到市场方，市场通知菜农凭收条领钱。除少数品种外，资金一般不当日结算，往往是压茬进行，既下次收菜时结算上次费用，时间从 3 天到一周不等。由于目前村头地边市场较多，有些蔬菜生产量大的村，一个村就有多个市场，市场为了在竞争中争取货源，一般不会长期拖欠菜农费用，遇到外地客户长时间不结算时，多数市场选择从自己的收入中先行垫支。仅有个别村头地边市场因外地客户长期拖欠，经营不善倒闭后，会拖欠菜农费用。

（4）为外地客户和菜农提供服务。为了满足外地客户对蔬菜品种、品相、品质等多元化需求，市场为他们提供多种服务。①像西红柿、丝瓜等直接装车运输容易造成损伤的品种，市场向菜农免费提供泡沫箱，直接由菜农在大棚内进行包装，包装好后运到市场，按总重量除去箱体重量的办法计量，泡沫箱费用由客户支付。②对长茄等品相要求更高、外皮极易受损的品种，市场还安排专门的装箱人员到大棚内帮助菜农装箱，保证产品质量，装箱人员费用也由客户支付。③有的客户对蔬菜品质要求较高，市场可以陪同客户到菜农大棚实地考察，感觉合适的直接包下整个大棚的产品。对外地客户来说，到大的市场收菜，要组织人员进行结算、装车；到村头地边市场，只需支付一定费用，采摘、过磅、检测、装箱、装车等都由市场负责，且蔬菜新鲜、品质较高。有些客户和市场长期合作，甚至不用亲自到市场监督，直接在当地等货上门。

蔬菜流通效率的提高离不开政府的规划与大力支持，寿光当地政府部门通过抓市场体系建设、农民运销组织建设以及物流配送，为当地蔬菜种植户提供了交易的平台，拉近了小农户与大市场的距离，同时降低了蔬菜外销的运营成本，这种"三位一体"的蔬菜流通体系促进了当地蔬菜产业化的跨越式发展。

二、微观流通制度对流通效率的影响

蔬菜微观流通制度特指蔬菜的微观流通主体为促进自身蔬菜的顺利流通、改善流通环境、提高流通安全性、降低流通成本等而制定的内部管理制度。包括种植农户、批发市场、农贸市场、超市等制定的内部管理制度。随着我国蔬菜流通体系的进一步发展，各流通主体之间的竞争越来越激烈，为了争夺更多的市场份额，提高各自在蔬菜流通市场上的产品占有率，各流通主体都对自身的相关方面进行了改革。这些制度的创新，一方面提高了自身的经营业绩，降低了企业内部的交易成本；另一方面，也促进了整个蔬菜流通效率的提高。蔬菜流通制度的微观层面的研究将以山东寿光农产品物流园为例，对其内部管理制度的创新进行案例分析。

（一）山东寿光农产品物流园概况

山东寿光农产品物流园始建于1984年3月，当时由多家分割的市场组成。1997年，经过整合，成立了山东寿光蔬菜批发市场。2003年7月，批发市场与深圳农产品有限公司合作，组建成立了山东省寿光蔬菜批发市场有限公司。2009年11月，深圳农产品有限公司转让其所持寿光公司54.41%股权，由香港旺益集团公司接手，成立了现在的山东寿光农产品物流园。近30年来，物流园本着先培养市场，后建设场区的思路，历经十余次扩建，总投资达20亿元，园区规模占地3000亩，批发市场迅猛发展。目前寿光农产品物流园以蔬菜交易为主，兼营瓜果等农产品，常年上市的蔬菜品类有120多种，日交易量可达1500万千克以上，交易额高达4000多万元，辐射全国30个省份，并出口10多个国家和地区，是我国最大的蔬菜集散中心、物流配送中心、价格形成中心和信息交流中心。[59]

（二）内部管理制度的创新分析

1. 电子结算和电子交易系统

2004年8月到2005年8月，寿光农产品物流园在一年时间内完成了外省、本省和本地菜交易区成功推行了"一卡通"的电子交易结算，实现了微机开票、代客结算功能，使蔬菜交易过程更加安全方便，并很好地解决了一些诸如不找零钱、拖欠货款、压级压价等危害市场正常交易秩序的现象，满足了蔬菜批发商对提高交易速度、提高交易安全性等方面的需求，帮助流通主体实现利润最大化。2005年，物流园区与中农网合作开通的"绿色联通"手机短信查询业务，就是根据电子交易结算系统统计的蔬菜价格行情信息来为客户提供服务，使他们能够方便及时地查询到当日蔬菜价格、成交量、交易笔数、消费额、账户余额等，有效地降低了讨价还价和决策费用以及监督和执行费用。2006年，批发市场为服务创新，与中国农业银行寿光市支行达成合作协议，在市场结算中心开设电子银行。电子银行的成功尝试，让客户不出市场便能自由实现存取款的电子化、账户化，为广大客户降低了现金押运风险，减少了汇取款费用，得到了广大客户的大力支持和参与。总之电子结算和单子交易系统的采用，提高了蔬菜流通的速度，降低了流通费用，极大地提高了蔬菜流通效率，于流通主体和消费者来说都是受益的。

2. 农产品批发市场质量安全管理①

2006年4月，寿光农产品批发市场投资100万元，建立了一处建筑面积300平方米的农产品质量安全检测中心，设立了采样室、预处理室、农药残留速测室、重金属检测室四个实验室，还预留了一个气相色谱室，引进了两套中国台湾技术、美国生产的"全自动高感度大量样品农药残毒速测仪"，这套设备能在12分钟内准确无误的定性检测88个样品。同年10月，国家蔬菜质量监督检验中心在寿光蔬菜批发市场设立了"国家蔬菜质量监督检验中心驻寿光蔬菜批发市场检测站"。借助国家级检测机构这个平台，接受国家蔬菜质量监督检验中心的业务指导，寿光蔬菜批发市场的检测技术水平不断提高，实现了全行业的领先。

为全面加强农产品质量安全管理，寿光市场从监督检测管理、市场准入管理、市场追溯管理、责任与义务等六个方面制定了六章三十条的《农产品质量安全监督管理办法》，对市场农产品质量安全管理做出了系统的、明确的规定。针对近年来在农产品质量安全问题频发，为保障广大消费者购买到放心农产品，寿光批发市场制定了《农产品质量安全事件应急预案》。为切实引起广大客户的重视，市场对经检测合格的农产品实行了《合格证管理办法》。对未通过检测的农产品，不但对经营该农产品的客户

---

① 寇荣. 大城市蔬菜流通效率研究［D］. 北京：中国农业大学，2008.

发出预警，还会责令不合格农产品退场；另外市场会向产地县一级人民政府发公函，督促当地政府对本地农产品的质量安全问题引起重视。同时，批发市场还构建了场区内的农产品可追溯体系，对采集的每一个样品，从经营客户、产品产地、联系方式等都进行了详细登记和检测，建立了采样、日常检测、每周质检报告等十多类档案，做到了有据可查。同时，还与园区内经营外省菜的业主签订了《山东寿光蔬菜批发市场蔬菜质量安全责任协议书》，既明确交易主体的义务，又保护了各主体的权益。

农产品批发市场质量安全管理制度的有效实施提高了场内交易蔬菜的质量安全性，增强了市场中交易主体的信任程度，也提高了寿光农产品物流园在全国的信誉度，极大地降低流通中的主体甄别、博弈所产生的交易成本，管理制度所形成的安全环境和氛围没有向流通主体收费，但是从流通效率的角度来看，流通中的蔬菜质量抽检率、蔬菜质量合格率的提高使得蔬菜质量安全性得以提高，这既有利于流通主体，又有利于消费者，实现经济效益和社会效益的双赢。

3. 电子拍卖管理

随着物流园交易体量的不断扩大，传统的对手交易已经不能适应新的市场发展形式的需要，为了与国际接轨，2002 年寿光蔬菜批发市场投资4000 万余元，率先建立了国内第一家蔬菜电子拍卖中心，设有 430 平方米的拍卖厅和 2.7 万平方米钢架理配菜大厅，2003 年市场的首次电子拍卖标志着国内第一家蔬菜电子拍卖中心正式启动。

电子拍卖可以实现将蔬菜产品出售给高出价人，在最短的时间内，发现市场价格，实现蔬菜配置的最优化。蔬菜电子拍卖需要具备两个条件即标准化（质量等级化、重量标准化、包装规格化）和会员制（供货商和承销商审查制度和登记制度）。蔬菜电子拍卖的优点表现在：一是降低顾客搜寻与谈判的费用。二是使蔬菜交易更趋公平与公正。三是减少交易争议，提高效率。四是可以实现市场各交易主体的共赢。电子拍卖在我国是一种蔬菜交易方式的创新，这一交易方式在农产品标准化程度高的国家（如日本）十分盛行，然而我国的农产品特别是蔬菜，基本上都是初级产品，没有实现标准化，等级混杂，包装规格化程度低，不具备电子拍卖的市场环境和产品条件，目前这一制度创新还处于探索阶段，全面推行尚需时日。

4. 蔬菜价格监测

寿光农产品物流园经过多年的长足发展，享誉全国，积累了大量的客户资源，保证了园区农产品顺畅交易。物流园内的办公设施完备，拥有发达的网络设施，目前基本与全国各大城市和地区实现了网络化对接，对收集来的农产品生产、价格、物流、需求等信息进行汇总，整理，发布了"中国·寿光蔬菜指数"，成为全国农产品信息的风向标，畅通了农产品流通渠道。①

---

① 冯志鹏，张广胜．山东寿光农产品物流园现状与发展对策［J］．物流技术，2020（06）．

第五章

生鲜蔬菜流通的国际比较

伴随农业现代化和流通产业现代化的不断发展，一些发达国家或地区农产品流通进入了现代化发展的阶段。由于各国资源禀赋、社会制度、历史文化和生活习俗等方面的差异化，使得各国的农产品流通产业发展轨迹和趋势不尽相同，其中以美国、加拿大等为代表的美国模式、以荷兰、法国、德国、英国等为代表的西欧模式和以中国、日韩为代表的东亚模式最具代表性。本部分将选取各种流通产业发展模式的代表国家和地区进行对比，梳理其中的共同点和不同，并总结各自的发展经验，以便更好查找我国农产品流通发展中的差距，为提高我国农产品流通效率提供有价值的参考。

第一节　东　亚　模　式

一、东亚模式及特点

东亚国家的农业特征是人多地少，农业生产方式是以家庭为单位的小农户生产为主。随着对外贸易的往来日益增加，这些国家的农产品流通产业逐渐形成以批发市场为主导，专卖店、超市、社区农贸市场为零售终端的主要形式的市场结构，此外并存的还有电子商务、物流配送等流通模式。农协、农会以及农民产销班等形式的农民合作组织在农产品流通中发挥着重要作用，这些合作组织通常在产地将农户种植出来的农产品集中起来，统一分拣和标准化包装，这些农产品一部分被配送到批发市场的批发商手里，然后通过拍卖销售出去，另一部分农产品由农协统一组织再加工或预冷后销售出去。东亚农业发展中的小生产与大市场之间的矛盾，可以利用批发市场的集散功能来缓解，因此农产品批发市场在整个农产品流通体系中的主导地位是必然的，据统计，东亚地区的农产品经由批发市场的比例长期保持在80%以上。[①]

从学界对东亚地区农产品流通研究的资料来看，一般都将中国、日本、韩国的农产品流通模式统称为东亚模式，但是日韩的农产品流通模式与我国农产品流通模式在本质上截然不同，这些国家的农产品流通基本上是"以农协或农会为主体、以批发市场为主渠道、以拍卖交易为主要手段"的委托代销制模式。模式特点总结如下[65]：（1）农协或农会这类农业专业合作组织在农产品流通的作用十分的突出，他们对所辖农户生产的农产品进行统一整理归类，统一组织销售；是农户的代言人，是流通中生产环节的重要主体。（2）批发市场是流通链条中的重要交易活动平台，发挥着连接合作组织和批发商的枢纽作用。（3）农产品在批发市场的销售以拍卖方式为主。（4）农产品进入批发市场后，农户和农业合作组织将销售全权委托批发市场操作即实行批发商委托代销制，拍卖的农产品所有权不归属批发商，批发商仅仅赚取佣金，这样最大限度地保证了农户在价格决定方面的话语权和生产收益。（5）市场的公益属性明显，由政府出资兴建，统一规划，统一收费标准和流程，限制批发商擅自提价和增加费用。在批发市场法律法规的规范下对进驻市场交易主体进行严格资质审批，杜绝批发市场中的"投机倒把"。[②]

二、日本农产品流通发展现状与经验

（一）日本农产品流通发展现状[③]

日本农产品批发环节的交易都是在批发市场通过拍卖完成的。和东亚其他国家一样，日本农业的特点也是人多地少、小农户分散经营，在日

---

① 该部分参考徐振宇. 国外鲜活农产品流通 "经验" 之再审视 [J]. 经济与管理，2015（3）：85 – 90.

② 该部分参考陈秀兰，章政，张喜才. 中国农产品批发市场提档升级的模式与路径研究——基于世界农产品批发市场五大通行原则的经验借鉴 [J]. 中国流通经济，2019，33（02）：30 – 37.

③ 该部分参考周强. 我国农产品流通效率及其提升路径研究 [D]. 北京：北京交通大学，2019.

本，70%以上的农户种植面积不足1公顷，农产品经由批发市场的比率高达80%。日本很早就颁布了《中央批发市场法》，明确了批发市场在农产品流通体系中的主导地位，确保了批发市场的运营规范化、法制化。随着近些年日本农业生产规模化推进，国内的农产品需求旺盛，对价格和交易公平的诉求越来越高，日本农产品批发市场发展也在不断地调试，以适应市场和环境的变化。日本的农产品一般要经过两个环节才能到达零售商，参与流通的主体包括种植户、批发市场、批发商和各类零售终端。研究发现日本的场外流通比较普遍，为了减少流通成本，很多农户选择与销售商直接交易。这也反映出日本的农产品流通模式向多元化方向发展，虽然批发市场仍然是流通中的主渠道，但是场外流通的规模越来越大，20世纪90年代以来这也使经由批发市场流通的农产品比例逐年下降。日本的场外流通形式有两种，一种是农协组织的，另一种就是直销。其中农协成员涵盖了日本九成的农户。在日本的东京、大阪等大中型城市农协都设立了生鲜食品集配中心，中心直接向各类零售终端企业配送生鲜农产品，绕过了批发市场环节，节省了很多成本和费用。事实上直销也分为很多种类型，比如早市、地头、合同、农户庭园等直接销售方式，在日本比较常见。此外日本关于农产品流通的法律法规建设的较早，例如《中央批发市场法》《批发市场实施法则》等，此外还有行业条例，比如《大阪中央批发市场业务条例施行规则》，经过不断的修订，日渐完善，这些法律法规以及行规的制定和实施极大地提高了日本农产品流通效率。

（二）日本农产品流通经验

日本人口老龄化严重，农业生产的比较收益低，所以农户兼职的比较多，农产品进口率较高，农业机械化程度高，其中水稻的种植机械化水平世界第一。面对日本自然、人口以及市场情况，日本的农产品流通采取了一系列举措用于提高农产品流通效率，很多经验值得我们借鉴。

1. 信息化广泛应用于批发市场

日本农产品批发市场推出了农产品供应链信息追踪系统，实现了各类农产品的信息共享，为追溯农产品提供技术支撑。对于消费者而言，发现农产品质量问题可以及时反馈和解决，提高了消费者满意度。通过产地和批发市场信息共享也拉近农户和批发商户距离。市场内使用共同配送系统，也极大地降低物流成本，对客户的需求快速响应。

2. 政府积极投身批发市场的管理

日本农产品批发市场从兴建、管理到运营都是在政府的主导下进行的，他们对进驻市场的交易主体进行严格的资质和身份审查，确保了市场主体遵守规则，为此日本政府制定了各类法律法规来规范市场主体的权利和义务，地方法令以及行业规章制度等用于约束商户行为，极大地保护农户和消费者的利益。此外日本根据市场和外部环境的变化及时调整批发市场的布局和发展规划，以适应新形势的变化。必要情况下，日本政府对于批发市场会给予一定的资金、技术、土地、财政等方面的扶持。[57]

3. 鼓励拍卖交易方式，实现交易电子化

在日本，为使价格更加透明，农产品送达批发市场后，一般可以选择拍卖、预售、投标等方式形成价格，拍卖过程中，基本上出价最高的买主获得竞拍的农产品，这也是发现市场价格最为科学的方法，实现了批发市场发现价格的功能。农协与批发市场间是一种委托代理关系，农协组织所辖农户，统一分拣、包装，统一配送至批发市场，交由市场拍卖。进场的批发商会提前向市场申报农产品的需求信息，以便市场及时调整货源。三方之间的合作是建立在高度信任的基础之上的。市场交易采用电子化结算，方便快捷，几分钟内就可以完成一批交易。

4. 等级包装、质量检测标准化

在日本，农产品的质量检测、分级包装都有严格的标准。为节约成本，提高效率，农产品物流配送采用共同运销体制即由农协将农产品集中组织，统一供应，统一运销。分级包装环节由农协完成，质检由销地批发市场完成。市场采取"进口管制"，禁止不合格产品入场，确保场内农产品的质量。

5. 先进的农产品流通体制提高了流通效率

在日本，由农业行政管理部门负责农产品流通链条中的各个环节，这样可以实现简化流程，提高流通效率的目的。为了维护农户生产积极性，管理部门成立保种基金会，资金由国家、地方政府、种植户三方类同出资，用于调节农产品价格波动，减少或降低市场风险带给农户的经济损失。

6. 农协是流通中重要的主体

在日本，农协对农户生产和生活的影响是实实在在的，日本九成以上的农户都加入了农协，这在生产中构建了一个巨大的关系网络，并形成了一种力量。农协为农户提供的服务贯穿于产前、产中、产后，从组织生产、分拣、包装、初加工或深加工到物流仓储、拍卖和结算全链条式的参与。同时，各大农协建立起信息网络，便于在农产品流通中共享信息，在更大的范围内调配产品，同时该网络还与批发市场、加工企业、配送公司及各类零售终端的信息保持关联，实时更新，为农户开辟更大的市场。[57]

三、韩国农产品流通发展现状与经验

韩国农产品生产、流通、消费情况与我国相近，农业发展也具备小生产大市场的特点，因此农产品批发市场在韩国的农产品流通体系中同样占据着主导地位。

（一）韩国农产品流通发展

在韩国，批发市场是农产品流通的主渠道，而农业合作组织即农协是流通的主体，协会的口号是"身土不二"，就是号召当地人要吃当地的食物才健康。在韩国水果和蔬菜类的农业合作组织称之为"青果人协会"。大约韩国62%的农户都加入该协会，青果人协会的决策原则是入会农户的利益最大化，与此同时还有约束会员的行为，防止个人行为损害集体利益。协会的工作人员受命于政府，在农户和中间商之间架起一座桥梁。协会农户的生产计划有协会决定，协会会做好前期市场调研，预判行情并代替农户预交一部分定金，农户根据协会的指令来组织农产品生产，采摘后的农产品由协会运送到批发市场，卖给中间商。在韩国，农产品经过生产、收购、批发再进入各类零售终端。农产品流通组织将小规模农户生产出来的农产品集中起来，对其进行初加工或者深加工后，再通过批发市场销售。政府出台了各类法律法规保障农产品流通业稳定发展，例如1951年颁布的《中央批发市场法》、1976年颁布的《关于农水产品流通及其价格安定的法律》，这些法律的颁布实施使农产品批发市场运营管理步入法制化轨道。东亚地区的农产品批发市场基本上都是公益性的，这一点韩国也不例外。出资、建设、管理都是由政府完成。此外也有一类批发市场是社会资本投资筹建即一般法定批发市场和民营批发市场，这里民营批发市场是社会资本筹建的，而一般法定批发市场是公私合营的，这类批发市场的数量很少，占比不到10%。①

---

① 该部分参考米新丽. 国际视野下批发市场主导型农产品供应链研究 [D]. 保定：河北大学，2017.

(二) 韩国农产品流通经验

1. 农产品批发市场公益属性突出

如前所述，根据资金来源，韩国农产品批发市场可以分为三种类型：公营、民营以及一般法定批发市场①。自 20 世纪 80 年代以来，韩国政府主推公营批发市场建设，在全国主要大城市构建了完善的大型农产品批发市场网络体系。目前韩国基本上形成了以公营农产品批发市场为主体，以一般法定批发市场和民营批发市场为辅助的农产品批发市场体系，农产品批发市场的公益属性日益突出。

2. 确保批发市场在农产品流通中的主体地位

由于韩国农业分散，农业规模化程度不高，碎片化的农业产能孕育了复杂的流通体系，相对于欧美发达国家的农超对接模式来说，韩国的超市业发展规模不大，因此批发市场是农产品流通渠道的核心也是十分必要的。韩国农产品批发市场立法较早，例如《客主制度》《中央批发市场法》确立了批发市场的流通主体地位。

3. 完善相关法律法规建设

韩国早在 1951 年就颁布了《中央批发市场法》，在东亚国家中算是比较早的，以立法的形式明确了政府调控农产品批发市场依据和权利，随着经济发展和消费升级，该法也历经几次修订，后经几次更名最终成为今天的《农水产品流通及价格安定法》，在批发市场运营管理中法律的作用就是约束流通主体行为，保障农户和消费者利益，维护农产品流通秩序和社会的稳定。[66]

第二节　欧 盟 模 式

一、欧盟模式及特点

(一) 欧盟模式的内容

法国、德国、英国等主要欧盟国家的农业发展水平高，历史悠久，经

---

① 潘伟光，党国英，郑靖洁. 韩国农产品市场体系发展特征及启示——以蔬菜、牛奶滞销为例 [J]. 世界农业，2009 (5)：37–40.

验丰富。这些国家的农产品批发市场虽然在所有制形式、市场规模、组织方式等方面各具特色，但基本上都是公益性批发市场，例如法国在 1953 年就制定出台了《批发市场法》，国家公益性农产品批发市场共计 23 个，这些批发市场由国家投资建设，并组织专门管理机构负责运营管理。欧盟农业基金的 1/4 用于这些农产品批发市场的基础设施建设。在批发市场中价格是通过公开拍卖形成的，农业合作组织作为主体代替农户参与市场交易中。欧盟模式的农产品市场流通体系一般分为两级：一级网络以大型农产品批发市场为主，通常设立在大城市交通枢纽地区，形成农产品集散网络，既有利于生产，又有利于出口贸易；二级网络以农产品零售终端为主，人口密集地居多，方便消费者购买。①

（二）欧盟模式农产品流通经验

1. 农产品批发市场现代化水平高、公益性明显

欧盟国家的农产品批发市场一般规模庞大，具有公益性特点，例如 1969 年由法国政府兴建并沿用至今的汉吉斯批发市场，占地面积达五十万平方米，不仅配有现代化冷藏库，还设立了先进的检测室，汉吉斯批发市场是法国历史最悠久的、最具代表性的农产品批发市场。法国政府对市场行使监督权，政府派驻事业法人代表对市场的运营实行管理，发挥公益性职能。[66]

2. 农业合作社在农产品流通中的核心地位

为了实现规模经济和范围经济，欧盟模式的农产品流通产业发展过程中，农业合作社、工会和农产品专门协会等农业组织形式是农产品流通核心力量，这些组织一般遵循"小规模、大合作"的原则。农业合作社在欧盟由来已久，例如荷兰的农业合作社数量达到 2000 多个，成立的目的就是负责将社员生产的农产品卖出去，经合作社销售的比例很高，其中果蔬类占比高达 70% ~96%。在德国，农业合作社数量有 13000 多家，社员占农民总数的 70% 以上，合作社在组织社员生产、加工、销售方面发挥了重要的作用。

3. 高度发达的物流设施

欧盟对农产品运输过程中的冷藏保鲜、物流配送时间、速度等方面

---

① 国际农产品交易模式——欧盟模式［OE］. 知识交易所网，https：//baijiahao. baidu. com/s？id = 1689559277761496640&wfr = spider&for = pc.

制定了一套严格的标准体系，为了达到这样的标准，配送商会选择在批发市场附近建立中转站，用于预冷和快速周转。农产品在送达目的地之前先集中配送到就近的中转站，然后由中转站运达配送中心，在那里对农产品进行标准化分拣、分级、初加工、包装，然后在规定的时间内将农产品运送到零售商处。信息系统在农产品流通过程中发挥了重要的作用，极大地提高了流通效率，法国的汉吉斯批发市场采用最先进的信息技术确保物流快捷高效，将全链条各环节之间的农产品流通信息连接起来，降低流通费用和损失。此外欧盟各国政府预算中设立了专门用于维修更换农产品流通基建设备的专项财政基金，确保流通基建设备的高效运转。[66]

二、德国农产品流通发展现状与经验

（一）发展现状

德国是欧洲主要的有机农产品生产和消费国，这类农产品消费量占欧洲总消费量的30%以上。德国农产品流通业十分发达，较早就实现了规模化、规范化，形成了"三大主体"和"四大保障"为核心的农产品流通体系。德国农产品流通主体主要有农场主、企业和零售商。除此之外，由农业衍生出来的食品加工业，可以说是德国的第四大工业，占比较大。深加工农产品的种类繁多，丰富了消费市场，增加了附加价值。同时政府、合作社、物流商作为流通中重要的中介组织通过颁布法令法规、展会、仓储等形式为农产品流通提供各种服务。①

（二）德国农产品流通经验

1. 物流网点布局合理

德国对农产品流通网点进行了统一规划和布局，农产品流通网点分为两级，一级农产品流通网点一般设置在各大城市和交通枢纽地区，二级流通网点设立在销售地附近。通过整合批发市场、中间商和零售商等流通主

---

① 该部分参考周强. 我国农产品流通效率及其提升路径研究［D］. 北京：北京交通大学，2019.

体，促进了农产品生产、加工、流通、销售等各个环节有效对接，构建了一个多维、立体、高效的农产品流通体系。

2. 零售体系连锁化

德国的零售体系实施的是连锁化经营。商业布局和运作模式已经达到相当成熟和完善程度。农产品经由批发市场进入零售系统，庞大有序的商业模式解决了流通体系的"最后一公里"的成本激增问题，通过连锁网点广泛分布、服务民众，使得德国零售系统的竞争力享誉全球。

3. 农产品会展成为独特的营销手段

大型会展作为德国农产品订单交易平台，其标准和影响力也是国际一流，成为德国重要的农产品营销手段。会展的形式丰富多彩，包括产品展示、论坛、研讨会在内的多种形式，为前来参展和采购的食品加工企业、外贸企业以及农协等交易主体创造了一个面对面洽谈合作的商机，创新了农产品营销模式。在德国举办的大型农产品会展很有影响力，吸引了众多来自国内外的展商，因此每一届规模和成交量都比较大，专业会展也比较多，例如法兰克福肉类食品加工展、纽伦堡有机农业展、柏林绿色周等，吸引了来自海内外许多知名的加工企业、采购商。

4. 农业专业合作社是农业产业化的重要组织机构

德国农业合作社发展比较早，贯穿于农产品流通的各个环节，发挥着组织生产、统一销售、提供信贷等一系列配套服务的功能，其目的是为农户生产出来的农产品快速、安全地销售出去，保护农户生产的积极性，让农业生产持续下去。在德国，农业专业合作组织有很多种形式，例如农业专业合作社、农产品专业协会、农工会等。他们分布广泛，确保了农业流通产业顺畅运行，因此是农业产业化的重要组织机构。

5. 建立了严格的食品与安全监管体系

食品质量和安全始终是德国农产品的核心竞争力，因此德国对食品品质和食品安全方面制定了一系列严格的监管法律法规，并贯穿于农产品的生产、加工、包装、物流、销售等各个环节，实施全程标准化监管。

6. 信息技术在农产品流通中广泛应用

在德国农产品交易已实现电子化，农协、批发市场、零售企业分别建立了内联网，同时不同主体间也实现了信息平台共享，使得产供销衔接更加紧密，减少了交易成本，预判更加精准，资源调配更加优化，流通效率更高，供应链的竞争力更强。[57]

三、法国农产品流通发展现状与经验

（一）法国农业发展现状

法国人口的比例不足总人口的2%，农业劳动力短缺严重，耕地面积占国土面积的1/3。面对这一自然资源先天不足的农业情况，法国政府以工业促农业，集中有限的耕地，通过农业生产技术来客服农业资源的匮乏，二战后，法国农业迅速崛起，产业集约化、机械化程度在全世界都是首屈一指的。

法国的农业合作社包括不同行业、不同行政层级的合作社，专业合作社负责将农户生产的农产品集中起来，并以契约的形式与农民签订合同，农户只管生产，采摘后按合同将农产品交给合作社，后续环节由合作社负责。年终，合作社扣除基本风险金和储备金后，余下的农产品收益按比例分配给签约的农户，签约农户的收益有保障，同时还能稳定国内农产品市场价格和供求。法国农户对农业合作社十分信任和依赖，近90%的农民都签约了合作社，经合作社销售的农产品份额接近100%，特别是生鲜蔬菜。政府也重视合作社，因此出台了一系列扶持政策和财政支持，用于支持和保护合作社发展（见图5－1）。

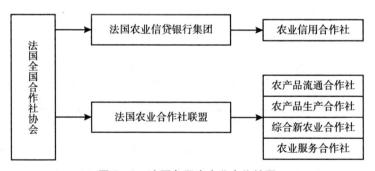

图5－1　法国各层次农业合作社图

法国是世界上发展市场经济最早的国家之一，市场经济体制健全，经验政策丰富。在法国，设有专门的蔬菜拍卖市场，拥有一整套高效、科学、完备的运行模式，因此法国的农产品流通效率极高，市场供求稳定。为促进蔬菜产品出口，政府会运用财政和货币政策助力。同时与周边国家就农产品市场标准上达成一致，促进欧盟关于蔬菜质量、数量和规格等使用统一的标准细则。

（二）法国农产品流通经验

1. 政府公益性支持

法国政府公益投资建设、改造现代化蔬菜批发市场，聘请专业代理人代表政府进行市场管理。批发市场除销售等传统职能外，更增加了实验室职能，加大农业产品科技研发。[57]

2. 合作社制度健全

法国农业合作社制度以与其交易额为股金，社员自愿加入，若社员不遵守社内制度，合作社会将其清退以保障大部分社员公平利益。合作社聘请专业运营及财务管理人员负责合作社日常工作，合作社内部盈余除保留部分发展基金其余按股金股份分配给社员。

3. 物流信息网络密集

法国所在欧盟组织统一了关于农产品物流配送的具体规定，严格的配送时间、环节等保障了蔬菜高效的流通速率，减少了流通成本。政府有规划地对物流基础设施进行维护更新，推进蔬菜流通产业链的升级革新。

四、荷兰农产品流通发展现状与经验①

（一）荷兰农业发展现状

荷兰是一个典型的人口稠密、资源匮乏国家。人口密度是中国的2.8倍，耕地面积只有中国的0.5%，人均耕地小于两亩，从事农业的人口比例不足3%，但是荷兰是世界农产品出口大国之一，依靠的就是通过发展高新农业技术，采用现代化管理经营。

在荷兰作为蔬果花卉生产销售大国，对流通产业的流通效率、流通设施要求较高，荷兰政府牵头在国家中央地区设立各类专业农产品批发市场，经过多年的升级改造，近80%以上的生鲜类农产品经由批发市场进行分销。蔬菜批发市场管理委员会是由作为股东的蔬菜生产者选出，进行专门的市场监管。

---

① https://www.sohu.com/a/338687140_756397.

　　家庭式农场与农业合作社的完美融合为荷兰农业生产现代化提供良好的制度支撑。荷兰典型的小农经济带来的生产分散化不可避免，而农业合作社的设立为分散式的生产提供集中服务。合作社有益于实现农民利益最大化，多方面保障农民生产销售便捷性，其中包括提供专业技术服务、市场信息公开、产品销售渠道等。合作社还在蔬菜初级加工、仓储、包装、运输等多方面提供专业化服务，这能够在保证蔬菜新鲜度、降低腐损率的前提下提高蔬菜产品的竞争力。

　　荷兰蔬菜流通的中心环节——拍卖制度，拍卖制除产品竞价拍卖外，还会提前对蔬菜产品进行分类整理，通过品质检测进行不同等级分级、初级包装等，并提供专业的仓储服务。通过质检的蔬菜才能进入拍卖竞价环节（见图5-2）。拍卖整体流程通常不超过几个小时，保证了一体化流通效率。

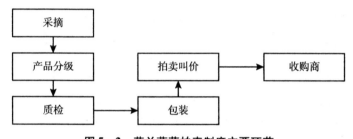

图5-2　荷兰蔬菜拍卖制度主要环节

（二）荷兰农产品流通经验

1. 发达的农产品流通运输设施

　　荷兰十分重视公共设施服务建设和网点布局的优化，为农产品流通提供了完善的公共服务基础。在荷兰，农产品流通除了可以使用发达便利的海陆空交通工具完成生鲜农产品运送，荷兰还拥有欧洲第三大航港谢尔伯机场在内的六个航空港，可以在几小时内将生鲜农产品运送到世界任何地方。

2. 农产品物流组织化程度高

　　荷兰的拍卖协会是专门负责协助农产品物流的组织，在协会的运作下使分散的农户有了代言人，自我保护意识和议价能力增强，生产组织化程度提高，生产积极性被调动起来，向着规模化、专业化的方向发展。

3. 注重流通人才素养的培育

在荷兰，从事农产品流通的物流管理人才中，九成以上拥有学士学位，四成以上拥有硕士学位，两成以上拥有各类相关行业的职业资格证书，职业教育在荷兰盛行，这为农产品流通产业培育了大量的专业人才。

第三节　北　美　模　式

一、北美模式及特点

北美流通模式通常都是大农场对接大超市，最具代表性的国家为美国和加拿大。这些国家的农产品生产以大农场为主要形式，区域化、专业化、规模化明显，由于该模式下的农产品流通市场化程度较高，基本上不存在日韩模式下小生产与大市场的矛盾，因此批发市场在整个农产品流通体系的集散功能不突出，批发市场的地位相对来讲不是十分重要。统计数字显示，北美地区的农产品批发市场经由率不到20%，农产品流通以大农场直接对接大超市来实现。总结北美农产品流通模式特点如下：首先，整个农产品链条上的第一个价格形成中心在大规模农场的地头，大超市或零售连锁企业和大农场在地头市场形成该类农产品的第一个价格。其次，农产品流通主体中大型超市和零售连锁企业占据核心地位。再次，政府在农产品批发市场建设中不参与投资，一般是由社会资本投资兴建，政府主要是通过实施法律法规或者派出监管人员对批发市场营运进行管理。最后，大型批发商在农产品批发市场处于领导型地位，对市场交易额和价格有一定的影响力。

二、美国农产品流通发展现状与经验

（一）美国农业特点

美国国土总面积两成以上为耕地面积，而农业人口仅为总人口的2.7%左右，典型的地多人少，但是世界粮食产量中有20%以上来自美国。美国作为世界超级经济大国，各产业经济产值均为世界前列，工业发达，农业机械化、集约化特征明显。由于其地广人稀、气候特征复杂多样、耕地面积广阔等特点，美国农业机械化起步较早。农业科技始终是美国发展农业的重中之重，其巨大的农业科研教育及教育科研经费财政投入为美国成为农业大国的建设提供强大的背景支撑。因此美国成为世界最早拥有其特色专区农业带以及完整的农产品流通体制的国家。美国政府不断推陈出新，制定了全面性、多样化的农蔬产品法律政策。这些法律政策不断完善成为整体的农蔬流通制度，不但保证了农民的合法权益，更使得整个农业产业链得到完善。美国农业产业中最具特色的就是专区化、集约化、规模化生产，这为农业机械化推广提供了较大的便利条件，同时为销售规模化提供了必要准备。

（二）美国农产品批发市场的发展现状

美国是农业生产大国，农业发达不仅仅体现在生产上，更重要的是流通。美国的农产品流通体系非常发达，组织化和规模化的程度极高。从生产、批发、加工、仓储、物流、零售整个链条信息协同性极强，其中美国农场式的生产方式，农业生产者规模较大，完全区别于我国的小农生产，在与市场对接过程中具备一定的谈判优势。同时美国有完善的产地交易市场，在主产区建立了大量的产地批发市场，因为农产品一旦采摘就要求立即出清，时效性较强，因此美国构建了连接全国核心城市的体系庞大的农产品流通网络，实现了高效送达。此外，美国生鲜农产品冷链运输率高达80%~90%，快速的物流、先进的保鲜技术，损耗率控制住5%，其他国家这一比率在20%左右。标准化也是美国农产品流通的一大特色，流通工具、检验检测设备、包装流水线等都将果蔬损耗降到最低，同时还提高了农产品的品质。信息技术在美国农业生产中发挥了重要的作用，这与美国农民的信息化程度密切相关，在美国，20%的农民都具有大学学历，58%的农民都拥有个人电脑并能够熟悉掌握上网技术，从事网上农产品交易的农民达16%。同时美国有300多个农业信息服务系统，为农户提供各种专业的农业服务信息。大约有10万个专门从事农业信息统计的工作人员，对各地的农作物的品种、涨势、产量进行全面追踪，他们定期采集相关的信息，通过汇总处理过后由政府定期向社会发布，帮助农民解决生产、销售、流通等一系列的问题。①

---

① 来看看美国农产品流通究竟是如何运营的［OE］. 搜狐网，https：//www. sohu. com/a/428154646_120656612.

三、美国农产品流通经验

1. 先进的产销地市场

经济发展水平决定农业产业的先进性。美国农业具有鲜明的地理特征，农业生产可以划分为各类农产品专业生产区域。生产呈现高度聚集，例如纽约州、华盛顿州和密歇根州的农产品产量占据全美总产量的70%以上。交易量的80%左右是通过产地批发市场与零售商完成的，因此美国一般在主产区都要设立多个大型的批发市场，便于农产品销售。在人口密度大、需求量大的城市附近设立销地批发市场，选址一般靠近铁路沿线，便于接受来自产地的农产品，然而经由销地批发市场的农产品比例并不大，一般在20%上下，这是因为美国的农产品流通主要是以农超对接模式为主。但是批发市场对满足消费者对农产品的需求以及价格形成发挥了重要作用。①

2. 完善的农业社会化服务

在美国，发达的农产品流通离不开基础设施建设、金融、物流等社会化服务体系，美国的农业社会化服务体系分为三级即政府、公司、农业合作社。提供的服务包括农业教育、农业科普，私人公司还可以根据农户的要求提供个性化的农业产前、产中、产后等服务。而农业合作社一般是以股份公司的形式存在，既不同于政府提供的公益性服务，也不同于私人公司提供的收费性服务，而是以互助互利为原则，以共赢为目标建立起来的农户组织，是美国社会化服务体系重要的组成部分。[66]

3. 加强基础设施建设

基础设施是农产品流通提质增效的重要保障，从20世纪20年代，批发商在政府的协助下通过优惠的信贷自建仓储预冷设施，为全美拥有世界级农业仓储设施打下了坚实的基础。此外政府十分重视农产品流通中的信息化建设，政府每年投入15亿美元用于农业信息网络的维护和升级，美国农业信息化网络以市场为中心，贯通全美农业生产、批发、零售等各个环节，基本上参与农业的所有主体都可以根据行业的需要共享相关信息服务，覆盖范围和服务范围非常广泛。美国的农产品电商发展迅猛，由于美

---

① 该部分参考米新丽. 国际视野下批发市场主导型农产品供应链研究 [D]. 保定：河北大学，2017.

国农产品标准化程度高,农户互联网普及率和信息化应用广泛,因此每年有近20%的农产品是在生鲜电商平台交易完成的。[66]

第四节　国内外农产品流通模式比较

一、主导流通模式比较

一国自然资源、人口结构以及经济发展制度的演化历程都会影响农产品流通模式的构态。以日本为代表的东亚模式,农业特点相近,地少人多,农业生产规模小,小生产与大市场的矛盾始终是困扰农业发挥规模经济效应的门槛,因此只能借助农产品批发市场来缓解这一矛盾,批发市场主导模式在农产品流通体系的主导地位短期内不会改变。相对美国而言,无论从耕地面积,还是农业生产专业化、规模化程度来看,具备了资源发挥规模经济效应的条件,生产规模化带来的产地集中,大农场可以多品种大批量的供给能力增强,农产品经过标准化分级包装后就可以配送大型商超进行销售。美国零售业的特点是发展大型商超,货源可以直接到产地市场采购,与农场主或农协签订协议即直销模式。法国农业资源丰富,农业比较普遍采用租赁经营的方式,农业生产呈现规模化特征。荷兰的农业条件不是十分理想,和法国一样,租赁经营也可以带来规模化和集约化的效果。租赁经营中的农业合作组织,如农协、合作社是小规模、大合作的中坚力量。①

我国农业以家庭农户式生产方式为主,生产分散,单产少,种类繁杂,缺乏组织,抗风险能力弱。此外,我国的零售业也没有形成大型商超的气候,因此不具备发展集约化、规模化大生产方式的农超对接流通模式,至少目前农超对接模式在我国无法大范围推行。在梳理日韩为代表的东亚流通模式特点中我们发现,以小规模分散经营的农业生产为特征的国家和地区,在农产品流通体制漫长的演进过程中都不约而同地选择批发市场作为农产品流通体系的核心。中国与东亚地区的国家地缘接近、文化背

---

① 该部分参考米新丽. 国际视野下批发市场主导型农产品供应链研究 [D]. 保定:河北大学,2017.

景类似，在经济发展过程中都曾经在或长或短的时期内采取过工业优先发展战略。在消费习惯方面共性的地方也多，果蔬占食品消费的比例较大，因此农产品的品类相近，替代性较强。因此在发展我国农产品流通产业中，要结合我国农业区位特征、城市化发展、生态环境、商业布局等，从整体规划布局我国农产品批发市场的发展战略。

二、流通主体比较

发达国家农产品流通主体的组织化程度较高，主要形式有农场主、批发企业、大型商超、专业合作社等，每一类型的主体规模较大，易于协同，因此交易成本低，特别是农业合作组织高效运转，各类协会的普及使得各类流通主体的行动高度协同，也减少了市场波动带来的风险。在日本，为了抵御自然和市场风险，近九成的农户都加入了农协，并且以立法的形式确立农协的合法地位和运作规则，虽然农协是农户自愿联合的组织形式，但是政府协同管理，目的是保障农民生产的积极性，提高农户的谈判能力，保护农民的合法权利。在韩国，农协负责向农户发布市场信息等社会化服务，农户根据市场信息来组织生产，减少生产的盲目性。同时，将生产信息反馈给市场，促进了信息的共享性和对称性。[66]

目前，我国农产品流通中扮演中介的主体有农民合作组织、经纪人，各级批发商等，其中，批发商是在农产品流通中发挥着主力军的作用，他们活跃在产销两地批发市场，几乎参与了农产品流通整个产业链条中的各个环节。根据货源地不同，批发商分为一级批发商和二级批发商，一级批发商一般是一手货源，来自农户，二级批发商主要来自一级批发商，这些批发商数量众多，但是经营的农产品规模不大，对市场行情变化的适应能力较差，他们即是风险的承担者，也是风险的助推者。而农业合作组织在我农产品流通中的功能没有充分发挥出来，农户加入的积极性不高，因此我国如何进一步壮大农业合作组织队伍，完善组织内部各项法律法规，使其成为真正意义上农户的代言人，尚有巨大发展空间。[66]

三、质量安全管理比较

当前各国都十分重视农产品质量安全问题，出台了各种法令法规确保本国生产和进口的农产品是优质的和安全的，并以国际或国家或地区的形式，对农产品从种植、采摘、包装、加工、运输、仓储以及零售各环节的标识、时间、合格率等做统一的、标准化的规定。这也为实现全国一体化的拍卖业务打下了基础，同时减少了农产品贸易中的文书解释和争议。

食品安全不仅关系着百姓的生命健康，也关系着民众对政府的社会信任。近些年我国关于食品安全事件频发，苏丹红、三聚氰胺、抗生素超标、化肥使用过量等新闻报道引起了社会各界的关注。首先，这与我国食品安全监管体制有关，职责交叉，缺乏沟通和协调，形成人人都在管却无人负责的局面。其次，虽许多大型农产品批发市场配备的检疫检测设备，但是没有检查资质，没有执法权，同时缺少相关的专业人员，技术手段跟不上发展，资金完全依靠财政，因此形同虚设，流于形式。根据国外的先进经验，应该尽快完善我国食品安全追溯技术体系，特别是对农产品批发市场的食品安全溯源技术进行推广和应用。

四、信息化建设比较

从各国农产品流通发展比较可以看出，发达国家的农产品批发市场在前期建设和后期发展中都不同程度和形式的获得了政府在资金、土地、政策等方面的扶持，软条件和硬件建设都实现了现代化，特别是信息系统和信息技术的使用，生产者、销售者和消费者可以共享信息平台，减少了不确定性，降低了市场风险，保证了供需一致，农户的收入有保障，农业生产可以持续下去。同时节省了流通费用，缩短了流通时间，最终实现了流通效率的提高，消费者的福祉增加。此外，信息化建设中，政府可以从市场调控中更加精准的实施各种手段，使得政策供销迅速传达到各环节并发挥作用，减少时滞，提高研判的准确性。

近年来，我国农产品流通体系的信息化建设水平显著提高，然而普及率和应用情况不是十分理想，存在信息不对称和信息失真现象，流通体系的公序良俗对于产业链条的顺畅运行十分重要，因此对流通主体交易过程中的短期行为可以通过信息化平台建设来加以识别、限制和监督，从而提供农产品流通体系的竞争力，营造一个良好的流通生态。

五、公益性比较

批发市场主导模式在东亚农产品流通体系同样居于核心地位，基于此，东亚模式中的农产品批发市场建设是由政府亲力亲为的，采取法制化手段对其进行管理，从批发市场布局、投资到监管全程参与。欧盟国家农产品批发市场政府负责投资，所有权归政府，这样可以对市场进行有效的宏观调控，而具体管理委托专业机构，使得管理更加科学、高效，政府对其进行监管和考核。

我国农产品批发市场建设之初采取的是"谁投资、谁管理、谁运营、谁收益"的原则，当时批发市场业务是批零兼营，纯粹意义上的批发市场为数不多。服务功能比较单一，批发市场仅仅是为农产品提供一个集中交易的场所。因此公益性属性不强，虽然在多年的批发市场建设发展中，政府也为市场选址、资金筹集、市场管理、检测检疫设备、交通通行等方面在人力、物力、财力方面投入巨大，但是农产品批发市场，特别是大城市中的农产品批发市场仍然长期处于低水平发展状态。近些年，学界对农产品批发公益性回归的呼声越来越高，特别是疫情期间农产品在保供应、稳价格方面的强大功能，使得政府非常重视农产品批发市场的公益性建设。因此政府有必要对现有批发市场资源进行整合，通过批发市场改造升级，突出其公益性职能，助力批发市场向着信息化、数字化、智慧化方向发展。

六、法律法规的比较

从国际横向对比来看，凡是农产品流通体系发展先进的国家，往往在农产品批发市场设立之初就出台了农产品批发市场法律法规，并在长期的发展演化中逐步完善，此外除了专门的农产品批发市场法外，各级地方政府以及相关行业也分别制定并实施了不同等级的规章制度，明确了农产品批发市场的法律地位和法律责任，捋顺了各职能部门的职责，赋予了各类市场流通主体和广大消费者的权利和义务，确保了批发市场有序、高效、安全的运行。

在探索我国农产品批发市场法律法规实践中，虽然政府和相关职能部门制定了一系列管理市场的规章制度，同时也在相关法律中明确了批发市场以及流通主体和消费者的部分权利和义务，但是没有一部关于农产品批发市场的专门法律，系统、全面的规定政府、市场、主体的责任、权利、义务、标准等。农产品批发市场发展需要这样一部法律，相关部门也正在酝酿这样一部法律，为畅通农产品流通市场秩序营造公平、公正、有序的市场竞争环境。[66]

第六章

批发市场主导模式下蔬菜流通效率
提升路径及政策保障体系

　　根据以上章节的定性和定量研究，可以得出批发市场主导模式下蔬菜流通效率的影响因素主要包括四个层面即政策、技术、体系、零售业态。因此本部分研究这四类因素是如何共同作用，促进批发体系的改造和升级，然后设计提升路径，最终设计优化政策保障体系。

第一节　批发市场主导模式下蔬菜流通
　　　　效率提升路径分析

一、蔬菜批发体系流通效率提升的影响因素

（一）市场体系的演化

　　我国农产品批发市场经过 40 多年的演化和成长，已经由最初的以零带批的小市场发展成为以批发为主体业务的庞大市场体系，批发业务基本覆盖全国，并与各种流通模式相融相生，成为我国农产品流通产业的主导模式。随着大体量、跨区域农产品大流通格局的形成，批发市场的集散功能进一步显现，调控市场的能力越来越强。除此之外，零售终端快速发展，在流通体系中的地位越来越强，消费者的需求得到更加充分的满足。批零市场体系的发展，有效提升了消费者的需求满意度，降低产消对接的成本，缩短了农产品从菜园子到消费者菜篮子的流通时间，是蔬菜流通效率提升的重要影响因素。

（二）消费者购买模式的变化

消费结构的升级使得消费者对鲜活农产品不满足于数量和品种，而转向追求质量。农产品的选择空间和余地更大，而且出现消费需求的多元化、多层级，对质量、安全、品牌、便利性及快捷性成为鲜活农产品的新卖点。消费模式的变革促进农产品流通方式的革新。标准化生产实现对农产品质量安全的要求；专业的物流配送降低了流通成本，稳定了农产品价格；多种零售终端布局满足了各层级消费者购物要求，生鲜电商的快速发展，实现了消费的个性化需求。

（三）流通技术的发展

现代信息与物流配送技术的进步不断地驱动鲜活农产品流通模式的嬗变。首先是优化传统农产品流通体系。利用信息技术改造批发市场，电子结算是信息管理系统在批发市场业务中广泛应用的标志，特别是食品安全追溯系统的使用，极大地降低了流通成本和费用，提高了农产品流通效率。其次，信息技术为载体的流通模式创新型发展和交融为生鲜农产品网络化经营提供了可能。生鲜电商可以说是电商领域的一片蓝海，吸引了众多平台电商的关注，纷纷注资抢占市场，当前电商平台以快捷、便利、价优等特点吸引了大量中青年消费者，特别是极大地满足了消费者的个性化需求和选择，生鲜农产品通过电商平台交易量持续上升，特别是在疫情期间，生鲜电商在众多流通模式中实现了逆袭。迅猛发展的物流技术为农产品流通模式的升级改进提供了技术支持。生鲜农产品本身是非标产品，不同于工业品，从生产周期、运输条件以及流通时间等方面受到了诸多的限制。随着大流通格局的形成以及生产集中化趋势，农产品跨区域流通的半径越来越大，为了保障区域、市场和主体间产销对接顺畅，最大限度降低流通中的损耗，物流条件和技术就显得尤为重要。先进的、发达的物流技术和装备水平，以及相对合理的物流环节的合约安排与制度设计，可以确保鲜活农产品流通高效运行。事实上，鲜活农产品流通模式革新无不是源自现代交易方式的改进，比如期货交易和拍卖交易等方式的引入，省却了流通中的部分环节，迅速形成透明度极高的价格，降低了的交易成本，推进了农产品流通渠道变革。

（四）流通制度的优化

政策法律因素直接作用于鲜活农产品流通的不同阶段和渠道，对鲜活农产品流通模式创新具有重要的影响。一般来说，公共政策的基本功能包括引导功能、调控功能和分配功能。近年来，我国出台了一系列促进鲜活农产品流通模式创新的导向性制度。《国务院办公厅关于加强鲜活农产品流通体系建设的意见》明确要创新鲜活农产品流通模式，提高流通组织化程度，缩减流通环节，提高流通速度，要引导鲜活农产品经销商转变交易习惯，发展线上线下相结合的鲜活农产品网。《商务部关于加快推进鲜活农产品流通创新的指导意见》指出，创新主要指鲜活农产品流通交易、管理和制度创新三方面内容。法律的影响主要表现在法律对鲜活农产品流通模式创新的激励与约束方面。例如，《食品安全法》等相关法律越来越强调食品的可追溯性，这将成为流通渠道成员加强合作、推动鲜活农产品流通模式创新重要的外部力量。

二、蔬菜批发体系流通效率提升的动力机制

根据 1996 年联合国可持续发展委员会提出的"驱动力–状态–响应"（以下简称 DSR）分析范式，分析蔬菜批发体系流通效率提升的动力机制（见图 6 – 1）。[67]

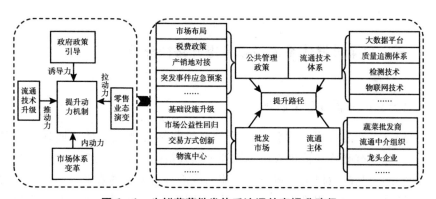

图 6 – 1　生鲜蔬菜批发体系流通效率提升路径

该动力机制分析框架的基本结构为：为了提升蔬菜批发体系流通效率，通过技术升级的推动和来自市场变革的内部动力以及为适应零售业态演变以及政策调控引导的外力驱动的共同作用下，对当前蔬菜批发体系的主体、功能、效益等状态产生影响，并借助驱动力及发展状态的改变来影响政府、消费者、相关利益主体作出响应，根据响应结果对流通状态再次

产生阶段性逆向影响,最终实现蔬菜批发体系可持续的不断提升。由此可见,驱动力、状态、响应三者之间具有一定的耦合逻辑,为提高流通效率提供动力。①

基于 DSR 范式分析我国蔬菜批发体系流通效率提升的动力机制及传导路径,能够清晰阐述蔬菜批发体系流通效率的影响因素及作用机理,同时更强调了"响应"对批发体系的演化具有不容忽视的逆向作用。如果能够深刻认识到产生"响应"这一结果的深层次原因,可以通过作用于"响应"来促进蔬菜批发体系发展。蔬菜批发体系流通效率提升的驱动力包括内部驱动力及外在驱动力两种。内部驱动力主要源于蔬菜批发体系内部演化升级及科技创新等方面影响。其中,科技创新的驱动作用最直接和深刻。而外部驱动力主要来源于蔬菜批发体系外部环境因素的影响。蔬菜批发体系发展状态就是某一时期蔬菜批发体系的发展水平。一个良性的可持续的蔬菜批发过程必然要建立信息化、标准化、集约化的新型蔬菜批发体系,最基本的表征由规模化、组织化的渠道主体、健全完善的渠道功能和良好的渠道效益三个方面指标综合体现。蔬菜批发体系升级演化的响应就是政府、消费者和上下游成员对蔬菜批发体系升级演化的态度及对策。蔬菜批发体系升级演化是一个探索过程,需要各级政府扶持,提升政策有效性、针对性和导向性。

三、蔬菜批发体系流通效率提升路径分析

(一)公共管理政策创新

建立农产品现代流通公共管理创新机制是实现农产品流通现代化基石。因此,有必要在梳理农产品流通公共政策的分类体系基础上,构建科学合理的公共政策框架,将农产品流通政策融入国家的农业政策、商业政策、贸易政策中,明确农产品流通公共政策方向、工具、对象和效果以及相互关系。设计政策提出模式,遵循相关政策与环境在"压力 - 状态 - 响应"过程中的表现,在不同阶段根据政策目标不断地调整和适应以期提高政策的有效供给。同时在资金扶持、应急管理、价格调控方面依据政策目

① 该部分参考赵大伟,景爱萍,陈建梅. 中国农产品流通渠道变革动力机制与政策导向 [J]. 农业经济问题,2019 (01):104 – 113.

标的变化有所侧重，当下我国农产品现代流通公共政策的目标着眼于安全化、平价化、标准化和敏捷化四个方面，处理政策实施过程中复杂的府际关系时，要注重在政府嵌入农产品流通公共管理中确保各流通主体关系，通过利益和权力博弈的方式实现政策目标。

（二）流通技术体系创新[①]

加快推广信息技术在农产品流通领域中的应用，依托互联网技术，实现农产品流通中商流、物流、信息流、资金流的高度融合。培养传统农产品流通企业宣传互联网思维，鼓励农产品批发市场升级改造，发展智慧农批，构建覆盖农产品流通全产业链的共享型大数据平台，汇聚全国的农产品信息并及时向与农产品相关的部门、经营主体发布，以便于指导相关主体对农产品生产、流通和销售提早干预。农产品电商可以通过线上和线下在农产品流通企业与批发市场之间开展一体化经营，拓展农产品交易的品种，拓宽配送半径，促进农产品产销与物联网、互联网协同发展。培育生鲜电商平台，鼓励各类流通主体参与电商平台运作。建立政府部门与第三方检测机构相结合的农产品检验检测制度。建立农产品质量安全追溯管理体系，提高食品安全管理水平。同时进一步规范市场准入、票证管理、信息发布等管理制度。

（三）批发市场的升级改造[②]

重点改造全国性、区域性产销和中转地农产品批发市场，科学布局农产品物流节点，加强具有国际影响力的农产品会展中心建设。加快对产区农产品流通基础设施建设，强化农产品产地集配中心、田头市场的仓储、物流、冷链设施建设。推进农产品批发市场升级改造，通过标准化检测检验、仓储冷链以及节能环保等设施设备的配套建设，引导农产品批发市场绿色转型。冷链物流基础设施是现代农产品流通体系高质量发展的技术支撑，在大型农产品批发市场、商超、物流企业倡导现代冷链物流管理经验和技术，兴建具备大规模采购和远距离运输能力的冷链物流集散中心，配备冷链设施设备，建立覆盖流通产业链全链条的全程冷链物流体系。鼓励各类零售农产品终端和业态打造农产品零售网络基础设施，形成广覆盖的

---

① 国家电子商务进农村政策汇总 ［OE］. http：//www. yjbys. com.
② 全国农产品市场体系发展规划 ［OE］. 中华人民共和国中央人民政府官网，http：// www. gov. cn/xinwen/2015 – 08/31/content_2922608. htm.

零售网络。探讨农产品批发市场的公益性回归的实现方式，采用投资入股、股权回购等多种方式，建设改造一批公益性的全国骨干农产品批发市场，重点支持检验检测中心、消防安全监控中心等公共服务设施建设，建立完善农产品流通基础设施公益性功能刚性约束机制，发挥示范带动作用。各地合理规划布局建设一批区域公益性农产品批发市场和平价菜市场、平价社区菜店等公益性零售网点。做好田头公益性市场的布局，发挥试点的示范效用。加大对公益性农产品市场的投入力度，保障政府对市场宏观调控能力和民生保障能力。

（四）流通主体的培育扶持

通过参股控股、兼并收购、特许经营等方式促进农产品流通企业和批发市场实现跨区域融合发展。整合农产品供应链，扶植农产品物流企业向集约化和规模化方向发展，完善现有的农产品流通社会化的公共物流服务体系。鼓励农村供销合作社和国有农产品流通企业积极参与农产品产销体系建设，同时助力各类农产品流通主体的经营业务向农产品深加工领域延展，提高附加价值，扩大销售规模，增强这些主体在流通价值链条中的议价能力和抗风险能力。发展农业协会以提高组织化程度，对那些批零大户引导其向企业化方向发展，做大做强，形成批发、购销联合体。通过农产品流通主体创新，实现农产品流通领域的革新。

第二节　批发市场主导模式下蔬菜流通效率提升的政策保障体系

一、优化农产品市场体系

（一）完善农产品市场骨干网络

龙头农业企业对于产区、销区、还是批发市场而言的示范和带动作用是显而易见的，同类小企业间的同质化竞争反而会出现"内卷"。依托互联网平台创新农产品批发市场体系，龙头农业企业的带头作用是不可或缺的。因为作为行业的龙头企业，具备信息优势，这是平台建设的基础和根基，这样才具备了共建信息平台的实力，从而在农产品流通产业链条中的各个节点和优势产区，推动各类农产品批发市场进行升级改造，提高市场调控功能，建设一系列知名的农产品集散中心、价格形成中心、物流加工配送中心和国际农产品展销中心。

（二）加强流通基础设施建设

生鲜蔬菜作为重要的民生商品之一，蔬菜流通基础设施本身具有一定的公益性，属于准公共产品，因此政府在资金、土地、财税方面的支持是必然的。特别是对农产品市场流通设施、农产品批发市场配送中心以及农产品加工企业的扶持是政府工作的重点。应该将与农产品流通相关的基建列入农村基础设施建设的范畴，使蔬菜流通基础设施得到常态化的建设和维护。同时对蔬菜采摘后的分拣、包装、预冷、加工、配送等配套设施增加投入，逐步建设各产区共享的集配中心、仓储、物流、冷链设施和中心，提高农产品批发市场的技术水平和规模，进一步完善标准化交易专区、集配中心、冷藏冷冻、电子结算、检验检测等设施设备，同时在批发市场经营过程中要注重绿色转型，鼓励市场应用节能设施设备，加强废弃物循环利用与处理、安全监控等设施建设，引导批发市场向着智慧型、环保型转变，从而提升农产品批发市场综合服务功能。

（三）推动零售市场多元化发展

对于各类蔬菜零售终端建设，积极发展多种零售业态，通过实行连锁经营来实现农产品网络化零售。将社区内的菜店纳入公益性基础设施进行城市规划，由各地政府投资改建农产品零售市场网络基础设施，在对蔬菜零售终端进行规划布局时，要充分考虑各种业态的特色，结合不同区域的人口密度、交通条件、地形状况、周边居民收入水平、消费者的消费行为、地租水平等因素，对各业态的服务半径、经营规模、具体选址、与其他服务设施的整合等方面进行统筹规划，合理布局，以避免零售终端过于集中导致经营者竞争过于激烈，或者零售终端过于稀疏导致居民购物的不便。

（四）推进公益性农产品市场建设

蔬菜批发市场是批发商从事蔬菜批发业务的物质载体，为蔬菜价格的有效形成、降低蔬菜交易成本、扩大蔬菜运销空间、确保食品安全提供了有力保障。但蔬菜批发市场在发展过程中，逐步偏离了其公益属性，在一定程度上成为蔬菜价格上涨的重要推手。调查显示，国内的蔬菜批发市场均采取企业化运营，经营方凭借其区位及功能上的垄断性，收取高昂的场地费，这些费用最终要转嫁到消费者身上，推动菜价走高，这与批发市场建设的公益性目标相悖。多年来政府主管部门在土地审批、税费、食品安全监测仪器设备等方面为批发市场公益性回归投入了大量的财力，然而收效甚微。原因在于公益性农产品市场建设不只是一个市场的问题，需要营造一个网络体系环境，搭建一整套完整的购销体系即从投资到监管、从产地到销地、从批发到零售等环节，全方位的软硬环境建设筹划，因此合理选择政府嵌入方式，做到既能维护市场秩序而又能保证各主体利益，同时要注意在嵌入过程中避免出现有增长无发展的"内卷化"局面。各地合理规划布局建设一批区域公益性农产品批发市场和平价菜市场、平价社区菜店等公益性零售网点。选择组织化程度高的产区和乡镇，建设一批田头公益性市场，作为试点。通过农产品市场的公益性改造，确保政府对农产品市场的宏观调控能力和民生保障能力。①

二、培育农产品现代流通主体

（一）着力培育规模化经销主体

实行蔬菜流通的市场准入制度，提高蔬菜流通领域的进入壁垒和门槛，壮大经销主体的规模，减少个体零星的经营户，发挥蔬菜流通的规模经济和范围经济的效能。建设一批有实力的规范化蔬菜经销企业，通过对经销主体在获取信息、公司化运作、品牌化意识以及直营等方面培育和推进，提高其防范和抵御自然风险和市场风险的能力。对于蔬菜批发商的个人行为要予以正确引导和监督，为杜绝个人利益损害集体利益，积极将批发商纳入现有的蔬菜经济合作组织或行业协会，利用合作组织和协会的力量助力蔬菜经销商守法诚信经营，以形成行业风清气正之势。

（二）加强农产品流通合作组织建设

将蔬菜种植户纳入专业农业合作社中，鼓励引导蔬菜经纪人发挥桥梁

---

① 该部分引自张磊，王娜，吴金超. 中国蔬菜批发行业结构、行为及绩效研究——以山东寿光到北京的蔬菜流通为例［J］. 农业经济问题，2018（02）：115－126.

作用，将合作社、农场、种植规模大户向深加工领域引导和转型，通过农产品初加工来提高农产品附加价值，通过设立共享的仓储冷链设施和集配中心提高农产品保有时间从而获得更大的议价能力。对那些种植大户和经营大户，鼓励其发挥自身信息和规模优势，向流通两端拓展经营，通过建立稳定的产销关系，节省流通环节，提升利润空间。同时在各产销区省际范围内成立产销合作基金，专门用于支持发展订单农业。

（三）加强农产品流通主体协同发展

促进农产品批发市场与批发商户合作共建流通产业链，建立市场培育和稳定现代批发商的长效机制。在批发市场内建立批发商联合体，提高其组织化程度。同时在种植大户、合作社、农场等形式的规模型主体中积极推广"农批零对接""农超对接""农社对接"等产销对接，以委托生产、订单农业等形式，与农产品生产企业和合作社建立利益联结机制，形成长期稳定的产销关系。支持农产品批发市场、农产品生产企业和合作社通过建设直供市场或菜店、在农产品销地批发市场和农贸市场设立农民和合作社免费直销专区等形式，发展直供直销，带动农产品基地发展和品牌建设。

三、推动农产品流通的创新发展

（一）大力发展农产品电子商务

第一，依托互联网，利用大数据、人工智能等先进技术引领农产品批发市场向现代化、智慧型转型。将互联网、大数据、人工智能等新技术广泛地应用于农产品批发行业的各个环节、各个链条，为填补实体市场平台在进出口贸易、集成集配、消费体验等方面的不足和局限，发挥电商平台在这些领域的新功能和集客力，同时借助电商平台放大实体市场的交易集散、价格发现、仓储物流等功能，以信息化为基础，努力打造标准化、系统化、模块化的智慧新农批。未来电子商务在农产品批发市场领域的功能将会有更广的空间，形成线上线下融合并行、协同发展的格局。批发市场为电商提供线下仓储、物流、配送等服务，而批发商达成的交易是在电商平台上完成的，农产品标准化问题可能是今后农产品电商需要解决的重点问题。

第二，农产品电商发展需要适宜的软硬件环境，以促成实体农产品批发市场与电子商务之间的和谐共生发展。当前生鲜电商势头正猛，某种意义来讲，在生鲜电商的货源组织来源中，农产品批发市场是其重要的渠道，其强大的集散功能可以为生鲜电商省却许多环节，同时生鲜电商也为实体市场带来客源，根据偏好差异提供个性化服务，开发了许多增值服务，增加了客户的黏性和营销主体的收益，因此农产品批发市场转型势在必行，可以尝试在枢纽型农批市场设立电商产业孵化园，营造适应生鲜电商发展的基建和政策环境，发挥电商企业集群效应，从而带动实体市场的蓬勃发展。

（二）建设互联互通的信息化体系①

第一，依托农产品批发市场和各类流通主体，整合市场信息资源，构建覆盖流通全产业链条的全国性的共享公共信息服务平台和多层次的区域性信息服务平台，积极推进移动互联网、物联网、二维码、无线射频识别等信息技术的各流通环节中的应用，及时发布各类农产品交易指数、价格指数和统计数据，充分利用流通节点交易数据的互联互通。联合各大职能部门、批发市场、企业参与到农产品流通追溯体系建设中去，实现来源可追、去向可查、责任可究。

第二，为弥补蔬菜流通市场失灵，政府可以利用大数据平台优势，研判供求发展趋势，将结果反馈给生产者和批零者，提前调控干预市场。蔬菜产业属于弱质产业，自然风险和市场风险交织，供求矛盾复杂多变，因此对于多而分散的流通经营主体的经营风险大。同时，在蔬菜的生产端，种植的盲目性经常会出现区域性蔬菜短缺或过剩交替出现，随之传导至批发环节，批发主体的避险行为，抢购或拒收带来了大量的资源浪费，这也是批发商无奈的选择。因此，建立健全信息共享机制、减少信息采集和处理中的重复和浪费，实现资源的合理配置。完善市场监测、预警和信息发布机制，对涉及民生商品领域的信息及时传达给生产者和经营者，以便做好预案，减少社会损失。

（三）提高农产品冷链流通率

冷链物流在我国农产品批发市场发展中始终是短板，高成本和低消费

---

① 商务部等13部门关于进一步加强农产品市场体系建设的指导意见［OE］. 中华人民共和国商务部官网，http://www.mofcom.gov.cn/article/b/d/201403/20140300525530.shtml.

间的矛盾成为主要的制约因素。从国内外经验和我国农产品流通实践来看，农产品批发市场做大做强离不开冷链物流的高水平发展，特别是电商对农产品领域异军突起的时代，高品质和标准化是生鲜类农产品进入电商领域的首要条件，先进的冷链物流是重要的技术支撑，可见，农产品冷链物流是农产品批发市场发展的重点攻关内容。首先要加大对农产品冷链物流基础设施投入的力度，在批发市场、商超和流通企业普及冷链物流管理理念、标准和技术，科学选址建设农产品冷链物流集散中心，配置冷链设施设备，建立覆盖农产品生产、加工、运输、储存、销售等环节的全程冷链物流体系。

四、维护农产品市场安全稳定运行

严格执行蔬菜的市场准入制度，完善农产品市场准入、索证索票、信息传递与查询等管理制度，确保农户和消费者的合法权益，对市场中通过不正当交易和恶性竞争行为取得的垄断利益及带来的不利影响依法查办，同时接受社会舆论监督，肃清整顿市场秩序。在市场中建立所辖各类流通主体的信用档案，构建多元多渠道的市场监管体系，主张流通主体诚信经营，强调经营商户的契约精神，推动农产品流通市场信用体系建设，并积极对接国家统一的信用信息平台，实现全国农产品信息共享。为确保农产品检测检疫的专业性和公正性，引入第三方检测机构，同时结合政府部门监督抽检结果，提高检测检疫结果的可信度，实现双重监督的效果。积极推进农产品质量安全追溯管理。依托农产品批发市场进一步强化重要农产品储备制度的执行情况，特别是重要农产品商业储备，提高社会危急时刻农产品跨区域调运的能力和反应。

五、完善政策支持体系

灵活运用税收政策和工具推动农产品市场和批发主体的健康发展。对于专门经营农产品的批发市场、农贸市场使用的房产、土地，按规定享受税收支持政策。对于使用电子结算的农产品批发市场及批发商，符合税法规定小型微利企业条件的，享受相关企业所得税优惠政策。创新金融信贷产品，在有关农产品仓储设施抵押、订单、仓单质押贷款方面提供更多优惠的、便利的服务，创新"农产品流通企业 + 农产品批发市场 + 专业大户"等供应链融资模式，扩大农产品市场抵押担保范围。积极推动各类金融机构通过银团融资等方式助力农产品市场建设和农产品流通企业发展。利用融资担保公司为批发市场及经营户提供增信服务。提高农产品市场交易电子结算和银行结算系统的利用率，对刷卡手续费实施优惠措施。统筹安排农产品批发市场用地，优先保障符合农产品市场发展规划土地供应，鼓励改造旧厂房、仓库和存量土地资源兴办农产品市场。

第七章

研究结论与研究展望

第一节 研究结论

中国农产品批发市场历经三十多年的时间探索，发展成为中国农产品流通的主渠道，随着大流通格局的形成，网络技术和物流技术的发展，各类新型流通模式不断涌现和交融，然而农产品仍然有 70%~80% 经由批发市场流向各类零售终端的，未来农产品批发市场的"集货"功能和"散货"功能仍将不可替代的。即便在农产品流通高度发达的在日本、韩国及中国台湾，批发市场也依然是生鲜类农产品流通的主要渠道。因此，在小生产、大市场的国情和农情下，农产品批发市场在我国农产品流通主渠道的地位是不会改变的。

蔬菜产销地批发市场之间存在协整关系，不同类型批发市场的平均纯技术效率存在一定的差别。协整检验结果说明，除产地市场与销地二级市场间是在显著性水平为 5% 的情况下拒绝零假设外，其他配对市场检验都在显著性水平为 1% 的情况下拒绝零假设。这说明各蔬菜批发市场之间存在着协整关系，蔬菜产销地各蔬菜批发市场之间的联系是比较密切的，没有哪一个市场与其他市场是分割的，每一个市场都会受到其他市场变动的影响。大多数误差修正项系数的绝对值比较小，说明大多数市场在偏离长期均衡后调整的速度比较慢，需要几天才能重新回到原有的均衡。不同类型批发市场的平均纯技术效率存在一定的差别。在不同的市场属性中，集散中心型批发市场的平均纯技术效率相对较高，销地型批发市场的平均纯技术效率略高于产地型批发市场的平均纯技术效率，但相差很小。在不同市场类别中，综合市场型批发市场的平均纯技术效率高于专业市场型批发市场的平均纯技术效率。

绝大多数蔬菜批发商是价格的接受者，只有少量的大型批发商拥有一定的垄断势力，蔬菜批发主体的风险规避行为很大程度上成为蔬菜"卖难"的重要推手。蔬菜批发行业集中度低、产品差异化小、进入壁垒高但退出壁垒低，近似于竞争型市场结构，这就决定了蔬菜批发商在正常情况下都是价格的接受者，很少采取促销经营战略。但其中也有少量的大型批发商拥有一定的垄断势力，具备风险转移的能力。从市场绩效来看，蔬菜批发商的销售收入净利率不高，说明蔬菜批发是一个风险较高的行业。批发商一旦遇到不可控因素，就有可能出现零利润甚至严重亏损。但是，批发商的流动资产净利率较高，这主要是由蔬菜批发行业的资金周转率比较高以及该行业体力精力消耗较大所要求的高回报决定的。这在一定程度上弥补了销售收入净利率较低给批发商带来的高风险。可以说，蔬菜批发行业是一个高回报、高风险、高负荷的行业。[①]

在农产品滞销情况下，由于露天市场的整治、电商对农产品的渗透率不高以及合作社发展不成熟等原因，生产过剩的农产品更多依赖于农产品批发商实现上行，然而此时的批发商也会采取谨慎的风险规避行为，减少收购量，批发高的这一行为动机加剧了滞销事态，成为农产品"卖难"的重要推手。而"最后一公里"存在的各项加价及零售摊贩赚取的用于维系生计的经营利润是终端零售价格难以大幅下降的重要阻力，最终形成"卖难"与"买贵"并存的窘境。[60]可见，生鲜农产品流通中无论是批发商的避险减量收购，还是零售商的高幅加价售卖，其行为决策都符合理性经济人的逻辑，是利益权衡之下的无奈选择。[②]

蔬菜流通技术的发展和应用对蔬菜流通效率有着重要的影响。运输技术的提高主要表现在运输车辆的性能、时速、装载量、贮藏设施等方面的提高。运输技术的提高使得缩短蔬菜流通时间成为可能，进而提高时间效率，同时因为大多数蔬菜具有易腐性、不耐贮藏的特点，所以缩短蔬菜流通时间可以降低蔬菜的损耗率。贮藏保鲜技术可以有效地降低蔬菜的损耗率。质量安全检测技术的快速发展和广泛应用有效地提高了蔬菜流通过程中的蔬菜质量抽检率，提高了蔬菜的质量合格率，从而通过提高蔬菜质量

---

① 该部分引自作者 2018 年发表于《农业经济问题》第 2 期论文《中国蔬菜批发行业结构、行为及绩效研究——以山东寿光到北京的蔬菜流通为例》。

② 该部分引自作者 2021 年发表于《中国流通经济》第 6 期论文《生鲜农产品"卖难买贵"原因解析及纾困策略——基于中间商购销行为的视角》。

安全效率提高了蔬菜流通效率。信息技术打破了农产品交易空间限制，省却了交易环节，将交易市场由线下发展到线上，开拓了更多的附加服务，满足客户个性化的需求，提高了生鲜类农产品线上购买的体验感、创新了农产品流通模式。

蔬菜流通制度对流通效率的提高有着重要的影响。流通制度有宏观、中观和微观之分。总体来说，蔬菜的流通体制在宏观层面的变迁是一种强制性的制度变迁，其结果就是提高了农产品流通效率，当然现有的流通制度还有完善和改进的空间。在中观层面上，各级产区和销区的地方政府制定并实施的各种促进蔬菜生产和流通的制度，在节约流通费用、缩短流通时间，进而提高流通效率方面也起到了积极的作用。微观层面的各类流通主体也试图通过对自身改造升级，实现了企业增效提质，降低了企业内部的交易成本；同时，确保了流通过程中蔬菜的质量安全性，最终促进了蔬菜流通效率的提高。

批发市场主导模式下的蔬菜流通效率提升路径。通过技术升级的推动和来自市场变革的内部动力以及为适应零售业态演变以及政策调控引导的外力驱动的共同作用下，对当前蔬菜批发体系的主体、功能、效益等状态产生影响，并借助驱动力及发展状态的改变来影响政府、消费者、相关利益主体做出响应，根据响应结果对流通状态再次产生阶段性逆向影响，最终实现蔬菜批发体系流通效率的不断提升。基于此，提出批发市场主导模式下的蔬菜流通效率提升路径：公共管理政策创新，流通技术体系创新，批发市场的升级改造，流通主体的培育扶持。

第二节 研究展望

目前，学者们更多地是从宏观视角对农产品流通效率进行评价及因素分析，在缺少官方统计数据情况下，宏观视角下的农产品流通效率评价结果往往存在一定的偏误，影响因素分析也过于笼统。而不同类别的农产品在不同的流通模式下，其流通特征差异较大，总结的"经验"也各不相同，因此，不能用同一个评价指标体系对各种流通模式进行测度和比较后，就认为传统模式下的农产品流通是低效率的。事实上，每种流通模式都有其存在的客观条件，各自服务于不同层次的消费群体。如同坐飞机，直飞成本高，但最省时；转机虽然耗时，但相对便宜，从社会整体来看，中转还可以充分地利用社会闲置资源，实现更高的资源配置和利用效率。所以，研究视角可以进一步细化，结合农产品种类特质，对其在不同流通模式下的流通效率分别进行评价，解释和解决现有的问题和矛盾，有针对性地提出对策建议，更好地服务于社会。此外，学术研究与本土情境是密不可分的，在借鉴国外先进经验的过程中，我们应该坚持学术研究必须具有指导社会实践的功能，不同的社会情境和历史文化有适用于自己的理论假设，对于农产品流通模式来说，并无孰优孰劣或高下之分，只有适合不适合。[64]流通生态的进化是一个漫长复杂的过程，当前我国多层次、多样化的流通渠道和环节基本是市场自组织与演化的产物，一方面我们要保持对市场必要的"敬畏"，尊重各流通主体的"理性"；另一方面也需要科学的顶层制度设计和高效的协同推进。对于这个"难以廓清边界"的独特产业来说，只有对多主体、多市场、多区域进行资源整合、体系搭建以及协同推进，做到既维护市场秩序又保证主体利益，才能从根本上解决积习已久的农产品流通之困[77]，推动生鲜农产品批发体系建设更好地融入国家公共服务发展战略。我们坚信，农产品流通的"中国之治"终将在开拓者们孜孜不倦的探索中渐行渐近。

参 考 文 献

[1] Das, B. , Das, K. K. , Roy, T. N. . Study on Marketing System and Value Addition of Pineapple Fruit in West Bengal [J]. Agricultural Economics Research Review, 2017, 29 (2): 279 –285.

[2] He S. . Modeling China's Agriculture Support Policy Effects [J]. Journal of Economic Studies. 2017, 43 (5): 763 –779.

[3] Wollni Meike, Fischer Elisabeth. Member Deliveries in Collective Marketing Relationships: Evidence from Coffee Cooperatives in Costa Rica [J]. European Review of Agricultural Economics. 2016, 42 (2): 287 –314.

[4] Huang Z. , Fu Y. , Liang Q. . The Efficiency of Agricultural Marketing Cooperatives in China's Zhejiang Province [J]. Managerial & Decision Economics. 2015, 34 (3): 272 –282.

[5] Hoppner J. Looking Back to Move Forward: a Review of the Evolution of Research in International Marketing Channels [J]. Journal of Retailing, 2015, 91 (4): 610 –626.

[6] Watson G, Worm S, Palmatier W, et al. The Evolution of Marketing Channels: Trends and Research Directions [J]. Journal of Retailing, 2015, 91 (4): 546 –568.

[7] Luan Q. , Liu N. . Effects of E – commerce Channel Entry in A Two-echelon Supply Chain: A Comparative Analysis of Single and Dual-channel Distribution Systems [J]. International Journal of Production Economics, 2015, 165 (7): 100 –111.

[8] Alho E. Farmers' Self-reported Value of Cooperative Membership: Evidence from Heterogeneous Business and Organization Structures [J]. Agricultural and Food Economics, 2015, 3 (1): 1 –22.

[9] Balios D, Eriotis N, Fragoudaki A, et al. Economic Efficiency of Greek Retail SMEs in a Period of High Fluctuations in Economic Activity: a

DEA Approach [J]. Applied Economics, 2015, 47 (33): 3577 – 3593.

[10] Sellers – Rubio R, Mas – Ruiz F. Economic Efficiency in Supermarkets: Evidences in Spain [J]. International Journal of Retail & Distribution Management, 2013, 34 (34): 155 – 171.

[11] Sidhu. R. S, Sidhu. M. S, Singh. J. M. Marketing Efficiency of Green Peas under Different Supply Chains in Punjab [J]. Agricultural Economics Research Review, 2011, (24): 267 – 273.

[12] Mavi. H. K, Sidhu. R S, Sidhu. J. S. Investigating the Efficiency of Various Marketing Models and Problems of Kinnow Growers of Punjab [J]. Agricultural Economics Research Review, 2012, (25): 87 – 97.

[13] Gopi Muralidhar, P. Radhika, Seema and M. H. V. Bhave. Efficiency of Marketing Channels for mango in Mahabubnagar district of Andhra Pradesh [J]. The IUP Journal of Management Research, 2012, (6): 30 – 49.

[14] Otero L. D. , Centeno G. , Otero C. E. , Reeves K. A DEA – Tobit Analysis to Understand the Role of Experience and Task Factors in the Efficiency of Software Engineers [J]. IEEE Transactions on Engineering Management, 2012, 59 (3): 391 – 400.

[15] Lu W. , Wang W. , Hung S. & Lu E. The Effects of Corporate Governance on Airline Performance: Production and Marketing Efficiency Perspectives [J]. Transportation Research Part E: Logistics and Transportation Review, 2012, 48 (2): 529 – 544.

[16] Panda, Rajeev Kumar. Marketing Channel Choice and Marketing Efficiency Assessment in Agribusiness [J]. Journal of International Food & Agribusiness Marketing. 2012, 24 (3): 213 – 230.

[17] Gopi Muralidhar, P. Radhika. Efficiency of Marketing Channels for mango in mahabubnagar district of Andhra Pradesh [J]. The IUP Journal of Management Research, 2012, (6): 30 – 49.

[18] Lu X, Zou L, Lu Q. Agricultural production inputs comprehensive efficiency: a view of Jiangsu Province China second agricultural census [J]. Global Business and Management Research, 2012, 4 (1): 46 – 60.

[19] Chahal S. S, Singh S, Sandhu J. S. Price spreads and marketing efficiency of inland fish in Punjab: a temporal analysis [J]. India Journal of Ag-

ricultural Economics, 2011, (7): 487 -498.

[20] Sidhu. R. S, Sidhu. M. S, Singh. , J. M. Marketing Efficiency of Green Peas under Different Supply Chains in Punjab [J]. Agricultural Economics Research Review, 2011, (24): 267 -273.

[21] Kumar R, Husa in N. Marketing efficiency and price spread in marketing of grain: a study of Hamirpur district [J]. India Journal of Agricultural Economics, 2011, (7): 390.

[22] Park A, Jin H, Rozelle S, et al. Market emergence and transition: arbitrage, transaction costs, and autarky in China's grain markets [J]. American Journal of Agricultural Economics, 2011, (16): 67 -82.

[23] Pramanik, Rupali, Prakash, Gyan. Marketable Surplus and Marketing Efficiency of Vegetables in Indore District: A Micro – Level Study [J]. IUP Journal of Agricultural Economics. 2010, (3): 84 -93.

[24] Jins, Mah, Huang J, Hu R. Productivity, Efficiency and Technical Change: Measuring the Performance of China's Trans-forming Agriculture [J]. Journal of Productivity Analysis, 2009, 33 (3): 191 -207.

[25] Kalaignanam K. Marketing Operations Efficiency and the Internet: An Organizing Framework [J]. Journal of Business Research, 2008, (4): 300 -308.

[26] Banterle A, Stranieri S. The Consequences of Voluntary Traceability System for Supply Chain Relationships. An Application of Transaction Cost Economics [J]. Food Policy, 2008, (6): 560 -569.

[27] Wiskerke J. S. C. , Roep D. Constructing a Sustainable Pork Supply Chain: A Case of Techno-institutional Innovation [J]. Environmental Policy & Planning, 2007, (3): 51 -70.

[28] Manikas I. , Manos B. Design of an Integrated Supply Chain Model for Supporting Trace Ability of Dairy Products [J]. International Journal of Dairy Technology, 2008, (9): 126 -138.

[29] Bolotova, Y. , Connor, J. M. , Miller, D. J. Factors Influencing the Magnitude of Cartel Overcharges: An Empirical Analysis of Food-Industry Cartels [J]. Agribusiness, 2007, (1): 17 -33.

[30] Metters, R. , Walton, S. Strategic Supply Chain Choices for Multi – Channel Internet Retailers [J]. Service Business, 2007, (4): 317 -331.

[31] Hean Tat Keh. Efficiency, Effectiveness and Productivity of Marketing in Services [J]. European Journal of Operational Research, 2006, (1): 265 – 276.

[32] Sungwook Min, Mary Wolfinbarger. Market Share, Profit Margin, and Marketing Efficiency of Early Movers, Bricks and Clicks, and Specialists in E – commerce [J]. Journal of Business Research, 2005, (8): 1030 – 1039.

[33] Wu Z., Seamus Merlean. Market Efficiency in the Reformed Chinese Grain Marketing System [J]. China Economic Review, 2003, (2): 115 – 130.

[34] Chen Z.. Technical Efficiency of Chinese Grain Production—a Stochastic Production Frontier Approach [R], Iowa State University Working Paper, 2002 (11).

[35] Fred E. Clark. Criteria of Marketing Efficiency [R]. This paper was read at the thirty-third annual meeting of the American economic association, held in Atlantic city, December 29, 1990.

[36] Farrell M J. The Measurement of Economic Efficiency [J]. Journal of the Royal Statistical Society, 1957, (3): 253 – 281.

[37] Kostov Philip, Davidova Sophia, Bailey Alastair. Comparative Efficiency of Family and Corporate Farms: Does Family Labour Matter? [J]. Journal of Agricultural Economics, 2019, 70 (1): 101 – 115.

[38] Martinez Cillero Maria, Thorne Fiona, Wallace Michael et al. The Effects of Direct Payments on Technical Efficiency of Irish Beef Farms: A Stochastic Frontier Analysis [J]. Journal of Agricultural Economics, 2018, 69 (3): 669 – 687.

[39] Liang Lu, Thomas Reardon. An Economic Model of the Evolution of Food Retail and Supply Chains from Traditional Shops to Supermarkets to E – Commerce [J]. American Journal of Agricultural Economics, 2018, 100 (5): 1320 – 1335.

[40] Xiaobo Zhang, Shenggen Fan. How Productive Is Infrastructure? A New Approach and Evidence from Rural India [J]. American Journal of Agricultural Economics, 2004, 86 (2): 492 – 501.

[41] Wackernagel, Mathis. Our ecological footprint: reducing human impact on the earth. New Society Publishers, 1996, 1 (3): 171 – 174.

［42］ Samuelson R A. Spatial Price Equilibrium and Linear Programming，American Economic Review，1952（42）：283 – 303.

［43］ WANG J，LIM M K，TSENG ML，et al. Promoting low carbon agenda in the urban logistics network distribution system ［J］. Journal of cleaner production，2019，211：146 – 160.

［44］ 王建永，路云广. 我国蔬菜产业标准化生产的问题与发展建议 ［J］. 中国果菜，2021，41（04）：76 – 80.

［45］ 张磊，王娜，吴金超. 中国蔬菜批发行业结构、行为及绩效研究——以山东寿光到北京的蔬菜流通为例 ［J］. 农业经济问题，2018（02）：115 – 126.

［46］ 王娜，张磊. 基于产业链视角的生鲜蔬菜流通效率的度量及提升对策研究——以山东到北京蔬菜流通为例 ［M］. 北京：经济科学出版社，2019.

［47］ 邓进利. 农村电商热的"冷思考"与新模式 ［J］. 农村新技术，2019（05）：4 – 7.

［48］ 陈劲松，窦志慧，徐大佑. 供给侧视角下"农产品上行"电商渠道模式研究 ［J］. 商业经济研究，2018（14）：123 – 126.

［49］ 李靓. 基于产业链视角的蔬菜价格形成研究 ［D］. 北京：中国农业大学，2018.

［50］ 马增俊. 中国农产品批发市场发展现状及热点问题 ［J］. 中国流通经济，2014，28（09）：8 – 12.

［51］ 孙冶方. 流通概论 ［J］. 财贸经济，1981（01）：6 – 14.

［52］ 周强. 对流通基础性问题的再认识 ［N］. 国际商报，2017 – 06 – 22.

［53］ 张磊，王娜，谭向勇. 农产品流通效率的概念界定及评价指标设计 ［J］. 华东经济管理，2011（4）：18 – 21.

［54］ ［美］库尔斯，乌尔著，孔雁译. 农产品市场营销学 ［M］. 北京：清华大学出版社，2006：6.

［55］ 安玉发，张浩. 果蔬农产品协议流通模式研究 ［M］. 北京：中国农业大学出版社，2010：14.

［56］ 周强. 我国农产品流通效率及其提升路径研究 ［D］. 北京：北京交通大学，2019.

［57］ 洪岚. 我国城市农产品流通主要特点及发展趋势 ［J］. 中国流

通经济，2015，29（05）：20-26.

[58] 寇荣. 大城市蔬菜流通效率研究［D］. 北京：中国农业大学，2008.

[59] 张磊，王娜，盛丽颖. 生鲜农产品"卖难买贵"原因解析及纾困策略——基于中间商购销行为的视角［J］. 中国流通经济，2021，35（06）：28-36.

[60] 张磊，王娜，张桂梅. 蔬菜一级批发商技术效率研究——基于寿光农产品物流园蔬菜批发商户的调查［J］. 商业研究，2018（01）：19-27+86.

[61] 张磊，谭向勇，王娜. 猪肉批发主体技术效率分析——基于北京市场猪肉二级批发商户的调查［J］. 中国农村经济，2009（10）：67-76.

[62] 济南市人民政府办公厅关于加快肉类蔬菜流通追溯体系建设的意见［J］. 济南政报，2011（08）：23-26.

[63] 徐振宇. 国外鲜活农产品流通"经验"之再审视［J］. 经济与管理，2015（3）：85-90.

[64] 陈秀兰，章政，张喜才. 中国农产品批发市场提档升级的模式与路径研究——基于世界农产品批发市场五大通行原则的经验借鉴［J］. 中国流通经济，2019，33（02）：30-37.

[65] 米新丽. 国际视野下批发市场主导型农产品供应链研究［D］. 保定：河北大学，2017.

[66] 赵大伟，景爱萍，陈建梅. 中国农产品流通渠道变革动力机制与政策导向［J］. 农业经济问题，2019（01）：104-113.

[67] 何小洲，刘丹. 电子商务视角下的农产品流通效率［J］. 西北农林科学大学学报（社会科学版），2018（1）：58-65.

[68] 浦徐进，金德龙. 生鲜农产品供应链的运作效率比较：单一"农超对接" vs. 双渠道［J］. 中国管理科学，2017（1）：98-105.

[69] 李志博，米新丽. 农产品批发市场公益性职能缺失的经济分析［J］. 经济问题，2017（1）：110-114.

[70] 李靓，穆月英. 批发市场主导模式下不同渠道蔬菜流通效率的比较——基于微观农户视角的 DEA-Tobit 模型［J］. 中国流通经济，2017，31（04）：69-76.

[71] 郭鸿鹏，于延良，赵杨. 电商平台农产品经营主体空间分布格

局及影响因素研究——基于阿里巴巴电商平台数据 [J]. 南京农业大学学报（社会科学版），2016，16（1）：42 - 48.

[72] 彭晖，南昕岭. 中国东西部地区蔬菜流通效率差异的比较研究 [J]. 华中农业大学学报（社会科学版），2016（4）：17 - 23.

[73] 许文富，萧清仁. 农产品运销服务业发展之研究：主要农产品市场结构与运销效率 [R]. 台北：台湾大学农业经济研究所，1990.

[74] 张喜才，张利庠，张屹楠. 我国蔬菜产业链各环节成本收益分析——基于山东、北京的调研 [J]. 农业经济与管理，2011（5）：78 - 90.

[75] 刘刚. 鲜活农产品流通模式演变动力机制及创新 [J]. 中国流通经济，2014，28（01）：33 - 37.

[76] 秦渝红，秦江. 农产品流通模式演变的动力机制与创新——以鲜活农产品为例 [J]. 商业经济研究，2018（06）：126 - 128.

[77] 亓朋，艾洪山，徐昱东，邓丽娜. 中国各地区生态福利绩效评价及贸易开放影响效应研究 [M]. 北京：经济管理出版社，2020：121 - 123.

[78] 徐昱东. 俄罗斯地区营商环境与中资进入的区位选择研究 [M]. 北京：中国社会科学出版社，2019：34 - 35.

[79] 金赛美. 我国农产品流通效率测量及其相关因素分析 [J]. 求索，2016（9）：129 - 132.

[80] 王娜，张磊. 农产品流通效率的评价与提升对策研究——基于流通产业链视角的一个分析框架 [J]. 农村经济，2016（04）：109 - 114.

[81] 王娜，张磊. 中小城市居民对生鲜蔬菜零售终端的选择行为研究——基于排序多元 Logit 模型的实证分析 [J]. 商业经济与管理，2016（09）：5 - 13.

[82] 李崇光，肖小勇，张有望. 蔬菜流通不同模式及其价格形成的比较——山东寿光至北京的蔬菜流通考察 [J]. 中国农村经济，2015（8）：53 - 66.

[83] 张复宏，霍明，柳平增，郑军. 苹果产销流通效率及其运行机制分析——基于山东省5地市的调查 [J]. 农业经济问题，2015（12）：103 - 109.

[84] 张磊，王娜，赵爽. 中小城市居民消费行为与鲜活农产品零售终端布局研究——以山东省烟台市蔬菜零售终端为例 [J]. 农业经济问题，2013（6）：74 - 81.

[85] 赵晓飞，李崇光. 农产品流通渠道变革：演进规律、动力机制与发展趋势 [J]. 管理世界，2012 (3)：81-95.

[86] 蔡伦红，吴全，刘素强，李中林. 基于渠道权力理论的茶叶流通效率提升研究 [J]. 西北农林科技大学学报，2012 (9)：61-72.

[87] 龚梦，祁春节. 我国农产品流通效率的制约因素及突破点——基于供应链理论的视角 [J]. 中国流通经济，2012 (11)：43-48.

[88] 马增俊，徐振宇，纳绍平. 中国农产品批发市场交易技术的演化：基于激励相容视阈的研究 [J]. 北京工商大学学报 (社会科学版)，2011 (6)：1-8.

[89] 杨宜苗，肖庆功. 不同流通渠道下农产品流通成本和效率比较研究——基于锦州市葡萄流通的案例分析 [J]. 农业经济问题，2011 (2)：79-88.

[90] 欧阳小迅，黄福华. 我国农产品流通效率的度量及其决定因素：2000—2009 [J]. 农业经济问题，2011 (2)：76-84.

[91] 徐柏园. 公益性：农产品批发市场性质的正本清源 [J]. 中国流通经济，2011 (5)：92-97.

[92] 孙剑. 我国农产品流通效率测评与演进趋势——基于 1998 ~ 2009 年面板数据的实证分析 [J]. 中国流通经济，2011 (5)：21-25.

[93] 张闯，夏春玉，梁守砚. 关系交换、治理机制与交易绩效：基于蔬菜流通渠道的比较案例研究 [J]. 管理世界，2009 (8)：124-156.

[94] 李骏阳，余鹏. 对我国流通效率的实证分析 [J]. 商业经济与管理，2009 (11)：14-20.

[95] 寇荣，谭向勇. 论农产品流通效率的分析框架 [J]. 中国流通经济，2008 (5)：12-15.

[96] 卢凌霄，周应恒. 农产品流通效率衡量的研究：一个文献综述 [J]. 财贸研究，2008 (6)：34-38.

[97] 罗必良，王玉蓉，王京安. 农产品流通组织制度的效率决定：一个分析框架 [J]. 农业经济问题，2000 (8)：26-31.

[98] 小林康平等. 体制转换中的农产品流通体系——批发市场机制的国际对比研究 [M]. 北京：中国农业出版社，1998.

[99] 姚力鸣. 现代日本流通结构和流通效率及其与欧美的比较 [J]. 日本学刊，1992 (2)：46-56.

[100] 杨瑞龙，侯方宇. 产业政策的有效性边界——基于不完全契约

的视角 [J]. 管理世界, 2019, 35 (10): 82-94+219-220.

[101] 郭华, 蔡建明, 汪德根. 大流通背景下北京外埠蔬菜供应时空格局及效应分析 [J]. 经济地理, 2012, 32 (03): 96-101.

[102] 尹德洪, 赵娴. 分工、交易效率与流通空间结构 [J]. 商业经济与管理, 2016 (09): 22-29.

[103] 李霖. 蔬菜产业组织模式选择及其对农户收入和效率的影响研究 [D]. 杭州: 浙江大学, 2018.

[104] 樊杰. 人地系统可持续过程、格局的前沿探索 [J]. 地理学报, 2014, 69 (08): 1060-1068.

[105] 张倩, 平阳, 于峰, 鲁建斌, 陈蕾. 京津冀地区蔬菜生产空间集聚演变分析 [J]. 中国农业资源与区划, 2020, 41 (07): 94-101.

[106] 徐依婷, 穆月英. 基于碳足迹的设施蔬菜生产环境效率及其分解 [J]. 中国农业资源与区划, 2020, 41 (05): 16-25.

[107] 彭晖, 张嘉望, 李博阳. 我国农产品生产集聚的时空格局及影响因素——以蔬菜生产为例 [J]. 西北农林科技大学学报 (社会科学版), 2017, 17 (06): 81-90.

[108] 纪龙, 李崇光, 章胜勇. 中国蔬菜生产的空间分布及其对价格波动的影响 [J]. 经济地理, 2016, 36 (01): 148-155.

[109] 宋博, 穆月英. 我国省域设施蔬菜生产碳排放的影子价格 [J]. 农业技术经济, 2015 (08): 53-63.

[110] 范垄基, 穆月英, 付文革. 大城市蔬菜生产影响因素分析——基于对北京市 196 个蔬菜种植户的调研 [J]. 调研世界, 2012 (12): 17-20.

[111] 高静, 刘卫东, 高唐, 刘雨松. 城市蔬菜供应链价格纵向传导机制研究——以重庆市为例 [J]. 价格理论与实践, 2014 (10): 77-79.

[112] 徐健, 郭进, 吕怀涛. 我国大中型城市蔬菜价格调控问题研究——基于大连市的调查 [J]. 财政研究, 2014 (10): 72-75.

[113] 张哲晰, 穆月英. 产业集聚能提高农业碳生产率吗? [J]. 中国人口·资源与环境, 2019, 29 (07): 57-65.

[114] 郑纪芳. 国外农产品流通问题研究述评 [J]. 世界农业, 2016 (7): 44-49.

[115] 陈祥升, 向云. 农产品滞销、政府干预与农业供给侧改革 [J]. 三峡大学学报 (人文社会科学版), 2019, 41 (03): 76-80.

[116] 戴欧阳, 任利成. 流通视角下山西农产品供销研究——基于农民 "买难卖难" 问题 [J]. 农学学报, 2015, 5 (3): 128-135.

[117] 陈军, 陈祥云. 生鲜蔬菜产地滞销预测模型与应用 [J]. 江苏农业科学, 2018, 46 (2): 274-277.

[118] 王小宁, 王明. 基于 SNA 的农产品滞销信息微博传播研究——以 "西安临潼芹菜滞销" 为例 [J]. 西安石油大学学报 (社会科学版), 2017, 26 (5): 7-14.

[119] 马晓春, 宋莉莉. 我国鲜活农产品滞销频发的原因及对策研究——以蔬菜、牛奶滞销为例 [J]. 当代经济管理, 2015, 37 (9): 59-62.

[120] 刘俊华, 才奇, 长青. 初级农产品滞销的关键控制点判别与定位研究——基于 32 个农产品滞销事件的实证分析 [J]. 农村经济, 2013 (2): 51-55.

[121] 王怀栋. 物流便捷程度对大宗农产品滞销的影响研究 [J]. 物流技术, 2014, 33 (23): 234-235+238.

[122] 崔艳红. 农户视角下农产品滞销的网络营销策略研究 [J]. 农业经济, 2016 (6): 119-121.

[123] 郑风田. 鲜活及小宗农产品 "卖难价跌" 现象的深层次思考 [J]. 价格理论与实践, 2013 (1): 21-22.

[124] 伍山林. 大数据能否破解农产品滞销难题 [J]. 人民论坛, 2017 (21): 63-65.

[125] 赵晓飞. 蔬菜流通渠道中的价格波动规律与利益协调机制 [J]. 中国流通经济, 2014, 28 (07): 101-109.

[126] 马增俊. 电子商务是农产品批发市场的创新机会 [J]. 农经, 2013 (05): 11.

[127] 武广汉. "中间商 + 农民" 模式与农民的半无产化 [J]. 开放时代, 2012 (03): 100-111.

[128] 施烨, 王怀明, 沈建新. 基于农民专业合作社视角的农产品滞销原因分析及其对策 [J]. 江苏农业科学, 2015, 43 (11): 596-598.

[129] 杨大蓉. 农民专业合作社农产品 "卖难" 的原因分析及策略实证分析 [J]. 农业经济, 2013 (10): 116-118.

[130] 张磊, 王娜, 谭向勇. 猪肉价格形成过程及产业链各环节成本收益分析——以北京市为例 [J]. 中国农村经济, 2008 (12): 14-26.

[131] 马文军. 产业最优需求测度与生产过剩预警调控——基于构建与钢铁、水泥产业的实证 [M]. 北京：经济科学出版社，2014：54 - 55.

[132] 孔德树，张迎春. 供销社领办农民专业合作组织发展情况分析及建议——以沈阳市为例 [J]. 农业经济，2013（05）：104 - 105.

[133] 赵锋. 广西农产品流通效率评价探析 [J]. 物流工程与管理，2011，33（12）：99 - 100.

[134] 寇荣，谭向勇. 论农产品流通效率的分析框架 [J]. 中国流通经济，2008（05）：12 - 15.

[135] 陈耀庭，戴俊玉，管曦. 不同流通模式下农产品流通效率比较研究 [J]. 农业经济问题，2015（3）：68 - 74.

[136] 张雯丽. 蔬菜流通效率分析与探讨——基于纵向产销环节和横向流通模式视角 [J]. 经济研究参考，2014（28）：28 - 39.

[137] 张永强，张晓飞，刘慧宇. 我国农产品流通效率的测度指标及实证分析 [J]. 农村经济，2017（04）：93 - 99.

[138] 周峻岗，尚杰. 基于不同流通模式的农产品流通效率评价研究 [J]. 安徽农业科学，2015，43（02）：317 - 321 + 325.

[139] 陈鸿，陈娟. 我国蔬菜产业现状分析与发展对策 [J]. 长江蔬菜，2018（02）：81 - 84.

[140] 2011 ~ 2020 全国蔬菜产业发展规划之流通发展重点 [J]. 中国果菜，2012（09）：41 - 42.

[141] 朱爱萍，周应恒. 我国蔬菜市场需求分析 [J]. 华中农业大学学报（社会科学版），2001（03）：26 - 31.

[142] 龙文军，王慧敏. 中国生鲜蔬菜流通模式：观察与探讨——基于山东、海南、北京三地的调查 [J]. 经济研究参考，2014（62）：20 - 28.

[143] 张振. 蔬菜流通主体发展问题研究——基于山东、上海、海南、北京调研 [J]. 经济研究参考，2014（62）：13 - 19.

[144] 徐克，李辉尚，马娟娟，王鑫. 2015 年中国蔬菜进出口贸易状况及展望 [J]. 农业展望，2016，12（05）：72 - 76.

[145] 农业部农村经济研究中心市场与贸易研究室课题组. 我国蔬菜流通效率与安全研究 [J]. 经济研究参考，2014（62）：3 - 7.

[146] 曲文超，宫钦涛，于善增. 山东蔬菜产业的发展现状与对策 [J]. 科技信息，2012（32）：437 - 438.

[147] 吴舒. 蔬菜供给、地区结构及供给效应研究 [D]. 北京: 中国农业大学, 2017.

[148] 王秀杰. 批发市场主导的蔬菜流通渠道的变革和创新 [J]. 经济与管理研究, 2015 (5): 62 - 67.

[149] 徐振宇. 现代流通体系基本结构初探——基于关键术语的考证与概念界定 [J]. 北京工商大学学报 (社会科学版), 2021, 36 (06): 90 - 100.

[150] 古川. 农产品公益性批发市场和民营批发市场的机制比较研究 [J]. 农业技术经济, 2015 (3): 99 - 107.

[151] 李骏阳. 论电子商务对流通效率与交易费用的影响 [J]. 商业经济与管理, 2002 (08): 5 - 8.

[152] 郭磊. 中国牛肉流通效率研究 [D]. 北京: 北京林业大学, 2015.

[153] 刘红英, 张明. 市场结构与经济效率的研究 [J]. 财政研究, 2007 (08): 35 - 37.

[154] 郑娟. 基于农业政策性金融支持的农产品批发市场发展研究 [D]. 福州: 福建农林大学, 2013.

[155] 马永泽. 批发市场农产品质量安全监管体系研究 [D]. 石河子: 石河子大学, 2015.

[156] 马增俊. 智慧化: 农产品批发市场的未来 [J]. 中国流通经济, 2015, 29 (08): 6 - 8.

[157] 马增俊. 中国农产品批发市场发展 30 年回顾及展望 [J]. 中国流通经济, 2015, 29 (05): 5 - 10.

[158] 徐柏园. 我国农产品批发市场现状分析 [J]. 农产品市场周刊, 2004 (26): 26 - 29.

[159] 杨青松. 农产品流通模式研究 [D]. 中国社会科学院研究生院, 2011.

[160] 周静, 李珍. 水果批发市场技术效率及影响因素研究——基于对经营商户的调查 [J]. 沈阳农业大学学报, 2014, 45 (03): 380 - 384.

[161] 张克荣, 刘武艺. 价格波动的研究方法及其模型 [J]. 统计与决策, 2011 (07): 44 - 47.

[162] 余建斌, 乔娟, 乔颖丽. 中国大豆市场竞争性实证分析: 1998 ~ 2004 [J]. 中国农村经济, 2006 (02): 27 - 34.

[163] 何瑞彪. 长沙市农贸市场规划布局研究 [D]. 长沙：湖南大学，2006.

[164] 叶堃晖. 城市土地多中心结构优化模型理论探索 [D]. 重庆：重庆大学，2004.

[165] 许海晏，张军. 北京农产品批发市场疏解升级问题研究 [J]. 商业经济研究，2016 (13)：215－217.

[166] 陈耀庭. 农产品流通效率研究——以漳州市香蕉流通为例 [D]. 福州：福建农林大学，2013.

[167] 王花娥，王革辉，张渭源. 服装消费者满意度的模糊综合评判 [J]. 国际纺织导报，2003 (02)：82－84.

[168] 周应恒，吕超，周德. 我国蔬菜主产地形成的影响因素——以山东寿光为例 [J]. 地理研究，2012 (4).

[169] 周章跃，万广华. 论市场整合研究方法 [J]. 经济研究，1999 (3).

[170] 朱信凯. 对我国农产品拍卖交易方式的思考 [J]. 经济问题，2005 (3).

[171] 朱学新. 降低农产品交易费用的制度选择 [J]. 农业经济问题，2005 (12).

[172] 朱智林，杨为民，陈娆. 蔬菜生产者认知行为的影响因素分析——基于山东寿光的安全生产调查 [J]. 北京农学院学报，2013 (3).

[173] 朱智强. 山东蔬菜产业出口竞争力的比较分析 [J]. 山东工商学院学报，2010 (4).

[174] 张巧云. 蔬菜流通效率研究——以北京市为例 [D]. 北京：中国农业大学，2002.

[175] 张顺江，彭鹰. 中国蔬菜流通模式构建：一个比较分析的启示 [J]. 中国农村经济，2004 (4).

[176] 张静，傅新红，杨锦秀. 蔬菜超市化经营及供应链参与者行为研究——以四川省成都市为例 [J]. 农村经济，2006 (6).

[177] 曾寅初，全世文. 我国生鲜农产品的流通与食品安全控制机制分析——基于现实条件、关键环节与公益性特征的视角 [J]. 中国流通经济，2013 (5)：16－21.

[178] 张德荣. 工业化和市场化进程中的农民收入问题——基于青岛市三乡镇蔬菜批发市场的案例研究 [J]. 公共管理学报，2011 (2).

[179] 张复宏，霍明，柳平增，郑军. 苹果产销流通效率及其运行机制分析——基于山东省5地市的调查 [J]. 农业经济问题，2015 (12): 103 – 109.

[180] 杨宜苗，肖庆功. 不同流通渠道下农产品流通成本和效率比较研究——基于锦州市葡萄流通的案例分析 [J]. 农业经济问题，2011 (2): 79 – 88.

[181] 杨志宏. 超市农产品供应链流通成本分析——以沈阳市蔬菜市场为例 [J]. 农业经济问题，2011 (2).

[182] 袁玉坤. 武汉市居民生鲜农产品渠道终端选择研究——以农贸市场和超市选择为例: [D]. 武汉: 华中农业大学，2007.

[183] 武拉平. 中国农产品市场行为研究 [M]. 北京: 中国农业出版社，2002.

[184] 夏春玉. 当代流通理论——基于日本流通问题的研究 [M]. 大连: 东北财经大学出版社，2005.

[185] 魏希琳，孙萍. 物流成本与当前中国的农业产销效率——以湖南汉寿农民自毁万亩蔬菜为例 [J]. 湖北师范学院学报（哲学社会科学版）.2013 (4).

[186] 乔颖丽. 中国城市生鲜食品超市业态形成机理研究 [D]. 北京: 中国农业大学，2006.

[187] 李志博. 都市社区居民选择蔬菜购买场所影响因素分析——以北京为例 [J]. 经济问题，2012 (12).

[188] 科斯等. 财产权利与制度变迁: 产权学派与新制度学派译文集 [M]. 上海: 上海三联书店，2004.

[189] 胡定寰，俞海峰，T. Reardon. 中国超市生鲜农副产品经营与消费者购买行为 [J]. 中国农村经济，2003 (8).

[190] 洪涛. 降低流通成本、提高流通效率的路径选择 [J]. 中国流通经济，2012，26 (12): 30 – 35.

[191] 古川. 社区蔬菜直销模式的形成与运作机制研究——以北京绿富隆合作社为例 [J]. 农业经济问题，2013 (1).

[192] 范成方，史建民. 粮食生产比较效益不断下降吗——基于粮食与油料、蔬菜、苹果种植成本收益调查数据的比较分析 [J]. 农业技术经济，2013 (2).

[193] 穆月英，赖继惠. 生计资本框架下农户蔬菜流通渠道及影响因

素 [J]. 农林经济管理学报, 2021, 20 (04): 429 –437.

[194] 穆月英, 李红岑. 防疫期对北京市蔬菜生产和供应的影响及对策建议 [J]. 蔬菜, 2020 (06): 36 –38.

[195] 李建平, 王吉鹏, 周振亚, 李俊杰. 农产品产销对接模式和机制创新研究 [J]. 农业经济问题, 2013, 34 (11): 31 –35 +110.

[196] 曾亿武, 郭红东, 金松青. 电子商务有益于农民增收吗?——来自江苏沭阳的证据 [J]. 中国农村经济, 2018 (02): 49 –64.

[197] 吴舒, 穆月英. 中间商介入的蔬菜流通模式选择及影响因素分析 [J]. 经济问题, 2016 (12): 99 –105.

[198] 韩喜艳, 高志峰, 刘伟. 全产业链模式促进农产品流通的作用机理: 理论模型与案例实证 [J]. 农业技术经济, 2019 (04): 55 –70.

[199] 李丽, 胡紫容. 京津冀农产品流通体系效率评价及影响因素研究 [J]. 北京工商大学学报 (社会科学版), 2019, 34 (03): 41 –50.

[200] 吕建兴, 叶祥松. 中国农产品流通效率及其演变特征——基于流通环节的视角 [J]. 世界农业, 2019 (06): 46 –57.

[201] 王伟. 鲜活农产品流通价值链价值增值机理研究 [J]. 吉首大学学报 (社会科学版), 2019, 40 (S1): 91 –94.

[202] 卢奇, 耿丽丽. 基于京津冀协同发展的区域农产品流通力研究 [J]. 当代经济管理, 2019, 41 (10): 41 –46.

[203] 纪良纲, 王佳淏. "互联网+"背景下生鲜农产品流通电商模式与提质增效研究 [J]. 河北经贸大学学报, 2020, 41 (01): 67 –75.

[204] 于海龙, 武舜臣, 张振. 供应链视角下鲜活农产品流通模式比较——兼论环节多、链条长的流通难题 [J]. 农村经济, 2020 (02): 89 –97.

[205] 肖文金. 风险社会视角下突发疫情对生鲜农产品流通的影响及对策 [J]. 经济与管理评论, 2020, 36 (04): 25 –33.

[206] 郭玉冰, 鲁锦涛, 许冰. 典型农产品流通渠道借鉴与启示 [J]. 世界农业, 2020 (08): 86 –92 +113.

[207] 闫浩楠, 叶欠, 丁宁. 疫情对鲜活农产品流通的启示 [J]. 宏观经济管理, 2020 (09): 34 –35.

[208] 安玉发. 我国生鲜农产品流通渠道优化的有益探索 [J]. 中国流通经济, 2020, 34 (11): 126.

[209] 赵晓飞, 付中麒. 大数据背景下我国农产品流通渠道变革实现

路径与保障机制 [J]. 中国流通经济, 2020, 34 (12): 3 - 10.

[210] 顾焕章. 我国生鲜农产品流通渠道的优化研究 [J]. 农业经济问题, 2021 (01): 144.

[211] 李超凡. 产业互联网背景下的农产品流通数字化变革: 理论与对策 [J]. 中国流通经济, 2021, 35 (10): 12 - 20.

[212] 张宇翔. "十四五" 时期优化农业生产布局的思考与建议 [J]. 宏观经济管理, 2020 (08): 6 - 12 + 20.

[213] 刘天军, 胡华平, 朱玉春, 霍学喜. 我国农产品现代流通体系机制创新研究 [J]. 农业经济问题, 2013, 34 (08): 20 - 25 + 110.

[214] 郭守亭, 俞彤晖. 中国流通效率的测度与演进趋势 [J]. 北京工商大学学报, 2013 (11): 12 - 19.

[215] 徐良培, 李淑华. 农产品物流效率及其影响因素研究——基于中国 2000 - 2011 年省际面板数据的实证分析 [J]. 华中农业大学学报 (社会科学版), 2013 (06): 71 - 79.

[216] 曾寅初, 全世文. 我国生鲜农产品的流通与食品安全控制机制分析——基于现实条件、关键环节与公益性特征的视角 [J]. 中国流通经济, 2013 (5): 16 - 21.

[217] 温思美, 黄冠佳, 郑晶, 李飞飞. 改革开放以来我国三农问题关注重点变化及其演进逻辑 [J]. 农业经济问题, 2018 (12): 4 - 13.

[218] 罗必良. 论服务规模经营——从纵向分工到横向分工及连片专业化 [J]. 中国农村经济, 2017 (11): 2 - 16.

[219] 项朝阳, 李崇光, 周娜. 南菜北运/北菜南运经济边界研究——以山东和海南的番茄、黄瓜为例 [J]. 华中农业大学学报 (社会科学版), 2014 (01): 44 - 48.

[220] 黄祖辉, 马彦丽. 再论以城市化带动乡村振兴 [J]. 农业经济问题, 2020 (09): 9 - 15.

[221] 马恩朴, 蔡建明, 郭华, 林静, 廖柳文, 韩燕. 城市化背景下食物系统耦合研究的理论框架及优先方向 [J]. 地理学报, 2021, 76 (10): 2343 - 2359.

[222] 郑纪芳. 国外农产品流通问题研究述评 [J]. 世界农业, 2016 (07): 44 - 49.

[223] 陈鹏. 农产品流通效率的评价及其影响因素研究 [D]. 沈阳: 沈阳师范大学, 2014.

[224] 缪梦丹．基于 DEA 我国东中地区农产品流通效率评价研究 [D]．南京：南京理工大学，2016.

[225] 李燕京．农产品流通效率测量与指标选择研究 [J]．价格月刊，2015（01）：88-90.

[226] 汪旭晖，张其林．电子商务破解生鲜农产品流通困局的内在机理——基于天猫生鲜与沱沱工社的双案例比较研究 [J]．中国软科学，2016（02）：39-55.

[227] 李泽华．我国农产品批发市场的现状与发展趋势 [J]．中国农村经济，2002（06）：36-42.

[228] 王科．资源整合——农副批发市场质变之路——访全国城市农贸中心（批发市场）联合会常务副会长马增俊 [J]．中国物流与采购，2005（08）：18-22.

[229] 陈宇晗．不同流通渠道下农产品流通绩效比较研究 [D]．重庆：重庆工商大学，2013.

[230] 孙哲琦．寿光市生鲜农产品流通问题研究 [D]．长沙：中南林业科技大学，2020.

[231] 寇荣，谭向勇．蔬菜批发主体技术效率分析——基于北京市场的调查 [J]．中国农村观察，2008（02）：2-12+81.

[232] 亢霞，刘秀梅．我国粮食生产的技术效率分析——基于随机前沿分析方法 [J]．中国农村观察，2005（04）：25-32.

[233] 刘东英．我国生鲜蔬菜物流体系研究 [D]．杭州：浙江大学，2006.

[234] 姚涛．互联网驱动下我国农产品批发市场体系的优化路径 [J]．商业经济研究，2019（18）：136-139.

[235] 吴梦秋．电子商务发展对农产品批发市场的影响分析 [J]．上海商业，2020（Z1）：112-115.

[236] 陈明．我国农业供给侧结构性改革对策研究 [D]．沈阳：沈阳工业大学，2019.

[237] 纪晨光．黑龙江省大型商品批发市场发展对策研究——以战略规划为视角 [J]．知与行，2017（07）：131-138.